ドイツ観念論の歴史意識とヘーゲル

ドイツ観念論の歴史意識とヘーゲル

栗原　隆著

知泉書館

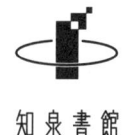

まえがき

遅れて来た青年

一八世紀から一九世紀への転換期のイェーナ、シラーやゲーテはもとより、シュレーゲル兄弟を初めとするロマン派が集い、イェーナ大学では、ラインホルト、フィヒテ、そしてシェリングと哲学の主流が受け継がれていた。ドイツ観念論はそのイェーナを中心に展開された、〈絶対的なもの〉を確証せんとする一連の思潮であった。だが、ロマン派が解体に臨んでいた一八〇一年一月、七年にも及ぶ家庭教師生活に区切りをつけ、フランクフルトから遅れて来た青年がいた。G・W・F・ヘーゲル、若くして「ご老体」と渾名されたヘーゲルは、三〇歳にして漸く本格的な哲学研究の道に進み出したのである。

一八〇〇年一一月のシェリング宛書簡からは、ヘーゲルには「手がけ始めた仕事と研究に打ち込むため」に、「イェーナの文学的な喧騒」（Br. I, 59）の只中に身を置くことが憚られる思いのあったことがうかがわれる。五歳年下であるにもかかわらず、既に天分を発揮して、イェーナ大学の教授になっていたシェリングに、ヘーゲルは友人として再会したいと支援を願い出つつ、運命に身を託す決意を伝えていた。「僕の学問的な教養形成が進むにつれて、人間の低次元な欲求から始まったものだったけれど、学問へと駆り立てられざるを得なかった。そして若い時の理想は反省の形を取って、同時に体系へと転じなければならなかった。今、僕は、そうしたことに携わりながらも、人間の生活へと入り込むためには、どのような帰路が見出されなければならないか、自問している」（Br. I,

59f.)。家庭教師生活はいわば身過ぎ世過ぎであって、学問と生活とは別立てでなければならない。そうした生活から、学問しながら生活を立てるにはどうしたらいいかをヘーゲルは考えて、イェーナに赴いたのである。

イェーナでヘーゲルは活発な執筆活動を始める。七月までに『フィヒテとシェリングの哲学体系の差異』を書き上げ、一〇月に上梓する。さらに、ブーテルヴェクの『思弁哲学の原理』に対する批評を、九月一五・一六日の『エアランゲン文芸新聞』に発表する。加えて一〇月一八日までに、教授資格論文である『惑星軌道論』を著わし、冬学期からヘーゲルはイェーナ大学の私講師として、「論理学および形而上学」と「哲学入門」の講義を行なうことになる。境遇の急変は疾風怒濤の荒ぶような日々であったに違いない。年が改まり、一八〇二年一月から、シェリングと共同で『哲学批判雑誌』の発行を始める。もとより雑誌発行は、シェリングとフィヒテとの間で、ラインホルトやバルディリらに対抗するために構想されていたが、体系構想の違いが際立ってきたシェリングとフィヒテの訣別によって、ヘーゲルが共同編集者になった経緯があった。この雑誌を拠点としてヘーゲルは同時代の思想に対して「哲学的な批判」を加えてゆくことになるが、当初は「シェリングの盾持ち」(FiG, II, 86 u. 172) としか見做されなかったようである。しかし、そうした論争のなかで自らの理念を磨くとともに、思想の中心地に出てきた遅れを取り戻そうとするかのように、授業を自らの鍛錬の場として、些か性急なまでに次から次へと体系構想を試みては改訂し、また新たに構想を立てる概念の労苦をヘーゲルは続ける。そして友人であるニートハンマーやシェリングが去ったのち、体系構想が具体化してゆく。

本書は、ドイツ観念論の渦巻くさまざまな思潮との対決を通して、ヘーゲル哲学が醸成されてきたという観点で貫かれている。

論争の中にもあらゆる時代にわたって唯一つの哲学だけが存在した

論争の中で、〈批判〉を通してヘーゲル哲学の骨格が形成されてゆくことになる。〈批判〉が成り立つには、批判するものと批判されるものとの他に、〈批判〉という評価を下す尺度が必要になる。その基準が恣意的であったり、一面的であったり、根拠がなかったりするなら、水掛け論に陥る。「文芸は文芸によってのみ批判され得る」（『リュツェウム断章』一一七）と語ったのは、F・シュレーゲルであった。批判の対象となる思想がどの程度、哲学の理念を実現しているかどうかと見極めることができるのは、哲学を措いて他にない。ヘーゲルをして、「理念が哲学の学問体系にまで仕上げられていた範囲をはっきりさせること」を哲学的な批判の要件だと自覚させたのは、「〈絶対的なもの〉が意識にとって構成されるべきだ、というのが哲学の課題である」（GW. IV, 16）と考えていたからである。

「文芸や学問のどんな分野で行なわれるにせよ、批判は一つの尺度を必要とする。（……）美的文芸の理念が文芸批判によって初めて創り出されたものでも、案出されたものでもなく、端的に前提されているのと同様に、哲学的批判においても、哲学そのものの理念は、条件にして前提なのである」（GW. IV, 117）。ある意味では、予め哲学の理念を前提した上でこそ、どの程度まで知が体系化されているかを評価するというのであるから、「循環」である。しかし、ドイツ観念論、とりわけ超越論的観念論は、そうした循環を敢えて引き受けてこそ成り立つものであった。哲学が他の哲学を批判する営みは、ヘーゲルにしてみれば、批評者が、外部にある他の思想を批判するという関係のものではない。「理性の真理も美も、ただ一つであることによって、客観的な評価一般としての批判が可能になる」（GW. IV, 118）。つまり、大きな思想の営み内部での、哲学自身による、自らに対する批判としての位置づけである。そうなると、絶対的な知に到るまで続けられる意識の自己検証を叙述する『意識の経験の学』の基本的なモチーフの淵源を我々は、イェーナ初期の思索にまで遡及することができる。

批判の営みが思想内部での自己批判だということになれば、歴史的にもその把握は適用されることになる。人類の精神史にあって古代ギリシア以来二五〇〇年、幾多の哲学体系が歴史的に登場してきた。哲学史は蹉跌の道であるかのように、真理は一つであるにもかかわらず、それを巡って多くの論争が展開され、顧みられることのなくなった思想もあまたある。それにもかかわらず、ヘーゲルには、あらゆる時代にわたって哲学はひとつだけであるという把握があった。「〈絶対的なもの〉が、その現象である理性と同様に、永遠にして同一であるならば（実際そうなのだが）、自己自身を目指し、自らを認識した理性はどれも、一つの真の哲学を産出して、あらゆる時代にわたって同一の課題を解決してきたのであって、その解決も同一である」（GW. IV, 10）。同一の課題とは、理性による〈自己知〉だと見てよい。ただ、あらゆる時代にわたって、哲学の課題は一つ、〈自己知〉である、というのならまだ分かる。しかし、ヘーゲルにとっては、哲学は唯一つだけ、なのである。「哲学がただ一つであり、またただ一つだけが可能である、ということは、理性がただ一つであるということに基づいている」（GW. IV, 117）。

こうした把握は、確かに、〈自分で考える〉ことがもてはやされ、たとえ「哲学の理念を欠いたお喋り」（GW. IV, 120）でしかなくても、思索の独自性がしばしば強調された時代に対するアンチテーゼであったのかもしれない。さまざまな言説が流行を追いかけるように登場してくる状況は、ヘーゲルにしてみれば、〈自分〉という檻に永劫に縛られているか、それとも次々と救いを求めてはすぐにまたこれを放り出さざるを得ないような、「呪詛された者たちの苦悶の姿」（GW. IV, 121）に他ならなかった。「哲学が広く一般的な注目を集めたために、哲学になんら精通することができていないのに、哲学にせめても外野から群がり、唸りをあげてでしゃばるような人々のどんちゃん騒ぎは、ますます大きくなってしまった」（GW. IV, 188）。しかし、また、哲学史上のすべての論争を、

〈知〉の内部の自己検証の契機として捉えるならば、哲学史の総体を、真理に到る途として自覚することに繋がる。「あらゆる哲学の原理を真に認識するなら、あらゆる時代にわたって存在していたのは、ただ一つの、まさに同一の哲学だけであったという確信が生まれるでしょう。したがって私が、これをもって諸君に約束するのは、新しいことばかりではなく、むしろ哲学的に努力を重ねるなかで、最も古い古代の原理を、本来的に回復して、そして非哲学の近代によって陥れられた誤解から純化する、ということなのです。(……)望むなら、最古の原理は、哲学が真の哲学のうちに自らを認識するかどうかという、真正の哲学の試金石として通用するに違いありません」(GW. V, 274)。これは、イェーナ大学で一八〇一年冬学期に行なわれたヘーゲルの最初の授業、「論理学および形而上学」にある言葉である。ヘーゲルにとって哲学史そのものが、真の哲学に到る過程であった。

本書が、ドイツ観念論の思潮に見られた歴史意識から、ヘーゲルの「哲学史」や「歴史哲学」へと検証を進めるのは、ヘーゲル哲学にあって、「哲学史」や「歴史哲学」が中心的な位置を占めていると見たからではない。哲学史の総決算であるところにヘーゲルは自らの哲学を構築しようとした、と見るからなのである。

批判を通して真の哲学に到る

近代主観主義の克服にまずは向かったヘーゲルの〈哲学的な批判〉は、思想に対する批判のみならず、時代に対する批判でもあった。「哲学がその時代から生まれるのはもちろんである。そして人が時代の分裂状態を非人倫的状態と捉えたいのなら、非人倫的状態から生まれると言ってよい。――といっても、それは、時代の混乱に対して、人間を自らの内から回復して、時代が引き裂いてしまった統体性を獲得するためなのである」(GW. IV, 80f.)。ここで述べられる「時代の分裂状態」とは何であったか。統一国家の成立していなかったドイツにあって、近代市民社会の弊害ばかりが目立ったのかもしれない。また、国民の間にも公共性への意識が希薄であったことについては、『ドイツ憲法論』で「ドイツ的自由」[1]として、ヘーゲルがその淵源の解明を迫られていた問題であった。ドイツは私人の群れに堕してしまうという危機感がヘーゲルを駆り立てたのかもしれない（Vgl. GW. V, 58 u. 60）。それだけではない。「哲学はなるほど、民衆を哲学にまで高める可能性を認識しなければならないが、哲学が民衆にまで自らを貶めてはならない。しかし、今日の自由と平等の時代にあっては、教養を積んだ非常に多くの公衆は、自分には何ら欠けるところがないと思いたがる。（……）こんな時代にあっては、最も美しいものや最も善きものでさえ、〈通俗化という〉運命を免れることができなかった」（GW. IV, 125）。啓蒙ならまだしも、哲学が通俗化した時代に、カントやフィヒテ、そしてヤコービらの哲学にあって、〈絶対的なもの〉が見出されないまま、それぞれの形で「主観性」が救済されたことを批判することを通して、有限で制約された認識を超克してゆく理路を確立することへと、ヘーゲルの批判的な思索は焦点を定めてゆく。[2]

「批判の手によって真の哲学の根拠と基盤とが、自ずと形成され得て、静かに立ち現れるであろう」（GW. IV, 504）。このように「哲学批判雑誌の新聞広告」で語った自信の裏には、「論理学および形而上学」講義で語られた論理学構想があった。「真の論理学の対象は、次のようになるでしょう。（I）有限性の諸形式を樹てること。（……）（II）悟性の努力を叙述すること。（……）（III）結局私たちは、悟性的な諸形式そのものを理性によって止揚して、こうした認識の有限な諸形式がどのような意義や形態を理性のために持っているか、ということを示さなくてはなりません。したがって理性の認識は、それが論理学に属している限りで、理性の否定的な認識に過ぎないということになるでしょう。私が思うのは、論理学だけがこうした思弁的な側面から、哲学への緒論として役立つことが出来る、ということなのです」（GW. V, 272）。弁証法の核心とも言うべき、制約された認識からその否定を経て思弁的な認識を拓くという論理が、ここには語られている。

ヘーゲルが、〈絶対的なもの〉を構成し得ない思想に対する批判を通して、〈絶対的なもの〉の知に到る道を準備しようとしたのは、次の論述からも明らかである。「〔毎年新たに生じてくる哲学の諸形式を〕批判する真の成果が、つまりこれらの制限されたものを単に否定的に粉砕するのではなく、真の哲学に入門する途を批判によって準備することが期待されるべきである」(GW. IV, 127)。実際、ヘーゲルは、イェーナ時代初期の批判活動を通して、理性の否定的な作用を、肯定的で思弁的な認識を拓く契機として知に内在化させる論理である「弁証法」を確立して、哲学体系への入門である『精神の現象学』を書き上げる。批判活動は、ヘーゲル哲学の成立にとって本質的な契機となったのである。

「信と知」でヘーゲルは言う。「カント、ヤコービ、フィヒテの哲学において、主観性の形而上学がその形式の円環を遍歴して、(……)形成を完了した。ここに直ちに真の哲学が、これら〔主観性の形而上学の〕教養・形成から蘇生し、教養・形成のさまざまな有限性が絶対化されることを無化しつつ、(……)自らを完成した現象として呈示することが外的に可能になっている」(GW. IV, 413)。ヘーゲルにあって〈哲学〉は自己形成する全体として捉えられることによって、歴史的な経過を通して展開される。そうした観点のもとで、批判する対象の哲学と単に訣別するのではなく、それらを自らの思想を形成する契機として「克服」したところに、ヘーゲルが自らの哲学を真の哲学として捉えることを宣している箇所である。ヘーゲル哲学は、ドイツ観念論の最高の華にして総決算であるとともに、哲学史を通して形成された一つの〈知〉の成果なのであった。

本書は、批判的な論争を〈知〉の形成における否定的な契機として捉え直すことを通して、ヘーゲル哲学が形成されたという基本認識に支えられている。ヘーゲル哲学にとっては、批判されたドイツ観念論のさまざまな思想もまた、重要な意義を持っていたのである。そしてヘーゲルへと到るドイツ観念論という思潮の奔流の魅力を、さらにはヘーゲル哲学の中で生きることになった、それぞれの思索にあって煌めいていた細かな結晶を、歴史意識という問題に限ってではあるが、読者諸賢にご覧いただきたいという願いとともに書き上げられた。

(1) 拙稿「共同に服しながら自由であるとはどのようなことか」(安彦一恵・谷本光男編『公共性の哲学を学ぶ人のために』世界思想社刊、二〇〇四年所収)を参照願いたい。

(2) この問題について、思想史的な脈絡と理路を掘り起こそうと試みた筆者の研究は、「懐疑と否定——ヘーゲル『懐疑論論文』の研究——」(東北大学哲学研究会刊『思索』一三号、一九八〇年所収)、さらには「無化と構成——ヘーゲル『信と知』への一考察」(東北大学哲学研究会刊『思索』一四号、一九八一年所収)以降、続けられてきているが、本書には収められていない。最近では、「懐疑と思弁——ヘーゲル弁証法の原像と彫琢——」(『ヘーゲル論理学研究』七号、二〇〇一年所収)で論じている。

目次

引 用 略 号

本書では，ヘーゲル哲学のモチーフを，ドイツ観念論の思潮に探るという意図から，多くの思想家の文脈から引用がなされている。第二章の「哲学の歴史が作られる現場」では，出典は章の末尾に一括して「註」として掲げられるが，それ以外の章では，引用文の出典は，以下の略号でもって典拠を示すとともに，巻数をローマ数字で，頁数をアラビア数字で表示する。

Ast	F. Ast: Grundriss einer Geschichte der Philosophie (Joseph Thomann) 1807
Aenesidemus	G. E. Schulze: Aenesidemus (Aetas Kantiana)
Bardili	C. G. Bardili; Epochen der vorzüglichsten philosophischen Begriffe (Aetas Kantiana)
Beytr.	K. L. Reinhold: Beyträge zur Berichtigung bisheriger Missverständnisse der Philosophie. Bd. I, 1790
Beytr.I～VI	C. L. Reinhold: Beyträge zur leichtern Uebersicht des Zustandes der Philosophie beim Anfange des 19. Jahrhunderts. 1801～1805
Br.	Briefe von und an Hegel. Hrsg. v. J. Hoffmeister (Felix Meiner)
Buhle	J. G. Buhle; Geschichte der neuern Philosophie. Bd. I (Aetas Kantiana)
BüKP.	C. L. Reinhold: Briefe über Kantische Philosophie. Leipzig, 1790 u. 1792.
EGdP.	G. W. F. Hegel: Einleitung in die Geschichte der Philosophie. hrsg. v. J. Hoffmeister (Felix Meiner)
Einl.	G. W. F. Hegel; Einleitung in die Geschichte der Philosophie. hrsg. v. Johannes Hoffmeister (Meiner)
FdpW.	K. L. Reinhold: Über das Fundament des philosohischen Wissens (Felix Meiner)
FiG.	J. G. Fichte im Gespräch (Fromman)
Fülleborn	Beyträge zur Geschichte der Philosophie. hrsg. v. G. G. Fülleborn (Aetas Kantiana) Bd. I

GA.	J. G. Fichte: Gesamtausgabe der Bayerischen Akademie der Wissenschaften. (F. Frommann)
GdeL	C. G. Bardili: Grundriss der ersten Logik (Aetas Kantiana)
GW.	G. W. F. Hegel: Gesammelte Werke. (Felix Meiner)
Hanser-HW.	J. G. Herder: Werke. hrsg. v. Wolfgang Pross (Carl Hanser)
Hanser-Schiller	F. Schiller: Sämtliche Werke. (Carl Hanser)
Hermeneutik	Seminar: Philosophische Hermeneutik. hrsg. v. Hans-Georg Gadamer und Gottfried Boehm. (Suhrkamp)
HW.	J. G. Herder: Sämtliche Werke. hrsg. v. Bernhard Suphan (Georg Olms) Bd. XVIII
Jerusalem	M. Mendelssohn: Jerusalem. (Aetas Kantiana)
Kant	I. Kant: Werke in sechs Bänden (Wissenschaftliche Buchgesellschaft)
KFSA.	F. Schlegel: Kritische Ausgabe. hrsg. v. E. Behler (Verlag Ferdinand Schöningh)
Lessing	G. E. Lessing: Werke in drei Bänden. (Carl Hanser) Bd. III
Mendelssohn	M. Mendelssohn: Ästhetische Schriften in Auswahl. hrsg. v. Otto F. Best (Wissenschaftliche Buchgesellschaft)
Neue Log.	S. Maimon: Versuch einer neuen Logik oder Theorie des Denkens. Rep. Berlin 1912
Preifrage	I. Kant: Über die von Königl. Akademie der Wissenschaften zu Berlin für das Jahr 1791 ausgesetzte Preisfrage. hrsg. v. F. T. Rink (Aetas Kantiana)
Preisschriften	Preisschriften über die Frage: Welche Fortscritte hat die Metaphysik seit Leibnizens und Wolffs Zeiten in Deutchland gemacht ? (Wissenschaftliche Buchgesellschaft)
Ros.	Karl Rosenkranz: G. W. F. Hegels Leben. (Wissenschaftliche Buchgesellschaft)
Sch.	F. W. J. Schelling: Schellings Werke. hrsg. v. M. Schröter (Beck)
Schelling	F. W. J. Schelling: Historisch—Kritische Ausgabe. (Frommann)
Schiller	F. Schiller: Schillers Werke. Nationalausgabe. (Hermann Böhlaus Nachfolger)
StA.	F. Hölderlin: Stuttgarter Hölderlin -Ausgabe. hrsg. v. F. Beißner (Kohlhammer)

Storr	G. C. Storr: Bemerkungen über Kants philosophische Religionslehre. (Aetas Kantiana)
SW.	G. W. F. Hegel: Werke in zwanzig Bänden. (Suhrkamp)
Tennemann	W. G. Tennemann: Geschichite der Philosophie. Bd. I, (Aetas Kantiana)
Troxler	K. Düsing (Hrsg.) : Schellings und Hegels erste absolute Metaphysik-Zusammenfassende Vorlesungsnachschriften von I. P. V. Troxler (Dinter)
VidG	G. W. F. Hegel: Vernunft in der Geschichte. hrsg. v. J. Hoffmeister (felix Mener)
Vorl.	G. W. F. Hegel: Vorlesungen. Ausgewählte Nachschriften und Manuskripte (Felix Meiner)
Winckelmann	J. Winckelman: Sämtliche Werke. (Otto Zeller)
久保	久保陽一『初期ヘーゲル哲学研究』(東京大学出版会)

ドイツ観念論の歴史意識とヘーゲル

I　哲学と哲学史
──ラインホルト、テンネマン、ブーレ、アスト、ヘーゲル──

はじめに

ヘーゲルが歴史に、出来事そのものとしての Geschichte と史料としての Historie との二面を見たのは、周知のことである。ヘーゲルの『哲学史講義』を論じようとすると、まさにこうした歴史の有する二面性と、哲学の歴史というものが担うアポリアとに直面せざるを得ない。ヘーゲルは、哲学史を、一八〇五年冬学期以降、九回講ずる中で、形成と彫琢を重ね、十回目の講義半ばにして病いに斃れた。しかし、グロックナー版やズールカンプ版として残されているテクストは、その編集者カール・ミシュレによって、さまざまな時代の、いくつかのノートから合成され、またミシュレ自身の手も加えられたものである(1)。

哲学は永遠の真理性を持つ精神の自己知を目指すが、その歴史の物語るものは、時にして種々の学説の生成消滅であり、さりとて史料の列挙では歴史にならない。哲学の目標が真理であるのは勿論だが、真理は歴史を持たない。ところが、哲学の歴史はおろか、哲学史の歴史さえもある。とはいえヘーゲルにしてみれば、哲学の理念は一つであり、さまざまな哲学はその理念を実現する契機に他ならなかったのである。

本章は、哲学史記述が盛んに行なわれ始めた時代の、さまざまな哲学史記述に現出した歴史意識を瞥見することを通して、哲学史の哲学とも称されるヘーゲル哲学の根源的な構造に想到することを課題として担う。そして本書そのものが、ドイツ観念論期に登場したさまざまな思潮の中から醸成されたヘーゲル哲学という、いわば本流に収斂する全体像を、とりわけ歴史意識を照射しながら明らかにすることを目指すものである。

一　千年も我々の前では一日の如く

一八世紀の末、ドイツでは哲学史の研究が盛んに行なわれた。(2)一七八八年にバルディリが、『最も優れた哲学的諸概念の時代』を刊行し、形而上学の諸概念の「段階的展開について、哲学的－歴史記述的な探求を若干試みる端緒」(Bardili, III) にしようとした。バルディリは、精神や神性そして人間の魂についての把握が、古代ギリシアの神話時代から、ギリシア哲学の「論弁的悟性の時代」やキリスト教を経て、デカルト哲学で最高の理念に達する、という見取図を描いている。続いて、ラインホルトの『哲学史の概念について』(一七九一年)、ティエデマンの『思弁哲学の精神』全六巻 (一七九一－九七年)、そしてフューレボーンが編集して、ラインホルトの「哲学史の概念について」を巻頭に再録した『哲学史のための寄与』全一二冊五巻 (一七九三－九九年) が出版される。さらには、一七九八年から一二巻にも及ぶテンネマンの『哲学史』(一七九八－一八一九年) が刊行され始める。一八〇〇年から一八〇五年にかけて、ブーレは『近世哲学史』全六巻を刊行する。ラインホルトは、一八〇一年の『一九世紀初頭における哲学の状況を一層容易に概観するための寄稿』(以下、『寄稿』と略記する) 第一分冊及び第二分冊で、バルディリ哲学こそ最高度に完成した哲学であるという観点から、ベーコンからシェリングまでの哲学史の記述を試みている。そして一八〇七年にはアストの『哲学史綱要』が出版されている。

これらのうち、ティエデマンの哲学史は、タレスからバークレーまでを収め、テンネマンは、「批判哲学の発見」(3)に到るまでを叙述している。これに対し、古代哲学史をも含むブーレの近世哲学史はフィヒテまでを論じ、その自我の無際限な努力に際して生じる自我に対する障碍の根拠が、知識学では確証され得ていないことを指摘し、稿を閉じている。その中で、第五巻（一八〇三年九月序文脱稿）では、アダム・スミスについて、ヘーゲルもいわゆる『実在哲学（I）』で要約している箇所を含めて詳細に紹介し、第六巻（一八〇五年四月三〇日序文脱稿）ではステュアートにも論及している。ヘーゲルが、「ブーレ〔情人〕は進めば進むほど細やかになっていく」（Einl. 257）と語るのもうなずける。

アストの哲学史は極めて整った論理的な構造を有している。つまり、「哲学の生は有機的な生であり、統一から対立へと現出し、対立から統一へと還帰する」（Ast, 6）と見たアストは、「統一、対立そして統一、或いは生成、形成そして解体（輝かしい統一）」（Ast, 7）という論理で哲学史を構成したのである。「未分化で未展開の統一」（Ast, 6）を呈示する第一の時代には東洋の哲学を配し、この「原哲学」が分裂して生じた実在論と観念論とに、ギリシア・ローマの哲学、そしてブルーノやベーメらをも含む中世哲学が位置付けられる。これが第二の時代、第三の時代とされる。さらに第四の時代は、実在論と観念論の統一の時代であって、デカルトにおいて「哲学の真の再生」（Ast, 358）が果たされたというのである。

ブーレは、中世を「美しい時代にとって代わった夜」（Buhle, 5）と捉え、ルネサンスを「諸学の再興の時代」と位置付けて、ここに近世哲学の出発点を見た。またラインホルトも中世を「長い野蛮」（Beytr. 7）と捉え、哲学史を「諸学の再興以来」に見定めた。これに対しヘーゲルは、ルネサンスにおいて再興された哲学を、「かつての思想のミイラ」(Einl. 123) だと語り、デカルトに近世哲学の端緒を求めたことは周知のことである。アストも、かなりの紙幅を中世哲学にも費やした上で、近世哲学をデカルトから始めている。アストによれば、デカルト哲学は、無限なもの、もしくは神的なものに依拠したが、スピノザだけが免れた近世の反省哲学の欠陥である存在と思惟との二元論的な観点に立脚していたので、「絶対的なものにただ自らの避難所を求めたに過ぎない」(Ast, 369) という。アストによれば、近世哲学を形成した三つの最高の契機は、スピノザ、フィヒテ、シェリングである。スピノザは近世哲学の根源的統一を示している実在論であり、フィヒテは統一の反対を示す「最高度に完成された観念論」(Ast, 377) であり、さらにシェリング哲学の原理は「理性、すなわち主観的なものと客観的なものとの絶対的な同一性」(Ast, 369) であって、この観念実在論においてスピノザの実在論とフィヒテの観念論は合一され、「それらが自己自身を認識する統一」(ibid.) が創出される、というのである。このようにアストは哲学史を、実在論から観念論へ、そして両者の合一へ、という相で捉えた。「哲学は、存在と知、実在的なものと観念的なものとが根源的にそれ自体で一つである、ということを認識する。つまり、哲学は存在と知の無制約的な統一を認識するところに生きる以上、実在論でも観念論でもなく、同時に双方である哲学において、実在論と観念論との対立が解消する時代、両者の調和的和合の時代を認識するのである」(Ast, 13)。こうした把握は、ヘーゲルから見れば「いくぶん形式的なやり方で観念論と実在論とを区別している」(Einl. 259) ものかもしれない。だが、ヘーゲルがアストの哲学史を「比較的良く出来ている綱要の一つ」(ibid.) と称えたのは、『差異論文』や「信と知」がフィヒテについての参考文献として挙げられていたことを捨象しても、十分な理由があったと考えられる。(4)

ヘーゲル哲学における哲学史の持つ意味、そしてヘーゲルにおける歴史の構造を検討するためには、その理念と構造の成立する光景をヘーゲル自身の初期の思索の中に訪ねるとともに、同時代の哲学史記述に現出している哲学史の理念とその構造とを対比的に検討して手掛かりを探ることが有効である。

二　羅針盤もないまま私念の海を

哲学史はテンネマンの言うように（Vgl. Tennemann, VIII）、哲学と歴史とから合成された概念である。哲学史の理念を明らかにしようとして、先ず哲学の意味を明確にすることに向かった思想家にラインホルトがいる。「哲学史とは何かという問いは、哲学とは何かという問いに精通しない限り答えられない」（Fülleborn, 10）と見た彼は、「経験から独立的に規定された、諸事物の連関の学」（Fülleborn, 11）という哲学の規定から、哲学史の概念の基礎付けに向かった。ラインホルトによれば、経験に依存している認識が歴史記述的であるのに対し、思惟に依存している認識は哲学的だという（Vgl. Fülleborn, 10）。そして通俗的な哲学は偶然的な所見から成っているのに対し、学問的な哲学は、「理性そのものの精神的な欲求を、諸事物の意図的な連関を目的とする」（Fülleborn, 13）省察の結果を把握することに他ならない、という。しかしこの「連関」をラインホルトは、歴史に適用しはしない。曰く、「哲学史は、諸事物の必然的な連関の学が、諸事物の生成について、我々の時代に到るまで蒙った諸々の変化を叙述した綜括である」（Fülleborn, 19f.）と。したがって、哲学史に名を留めるのは、ラインホルトによれば「学の形式において本質的な変化をもたらし、学のその都度の状況を規定したエポック・メイキングな著作」（Fülleborn, 28）ということになる。そしてこの文脈で、諸々の私念（Meinung）が斥けられるのである。つまり、ラインホルトは「別名なき哲学を、哲学そのものを、普遍妥当的な根本命題に立脚することでありとあらゆる哲学を駆逐してきた哲学を、我々が持つようになる」（Fülleborn, 32）ところに哲学史の目的を捉えた。だが、ここに到って本当の意味の哲学の歴史が始まるというのなら、そこに到るまでの「変化の主要な転機」（Fülleborn, 35）を叙述するのが哲学史ということになる。こうしてラインホルトは哲学史を「愚者の歴史（Geschichte der menschlichen Thorheit）」（Fülleborn, 31）と捉えたのである。

これに対して、歴史の意味の解明に向かったテンネマンによれば、「学の歴史は、学に向けられた努力と、それによって次第次第に生じた学の形成との叙述である」（Tennemann, XVII）という。したがって、学の理念を実現することが歴史の進展の目標となる。こうした歴史の内容を構成するのは、「人間の内面において生じた何らかの出来事」（Tennemann, XVIII）であり、「内容の連関における現実的なものを、時代順に従って歴史として叙述する」（Tennemann, XIX）ところに歴史の形式が存立する。このように、理念の実現過程を連関において叙述せんとする時、「哲学史は哲学の変化の叙述である、と言うと不当な表現である」（Tennemann, XXIXf.）ことになり、「目標への生成と進展、すなわち形成と展開」（Tennemann, XXX）が歴史を構成することになる。テンネマンの見るところ「哲学史は、哲学の継起的な形成の、もしくは〈学問の理念を究極の根拠や自然と自由の法則から実現しようとする〉理性の努力の、叙述」（Tennemann, XXIX）なのであった。

ラインホルトの言うように、自らの構想する「別名なき哲学」なるものをもって初めて哲学の歴史記述家とみなされるのなら（Vgl. Fülleborn, 32）、哲学史は、哲学史の記述者が自ら信奉する哲学を歴史的に正当化する手段に堕す。後年、『寄稿』第二分冊でラインホルトは、「認識の実在性の基礎付け」（Beytr. 2）を哲学の第一の課題とし、その解決を哲学的営為の進展の目標として捉えた時も、当時の彼が身を寄せていたバルディリの思索に哲学の完成態を見て、哲学史を叙述することになった。これに対してテンネマンは、歴史記述に際して「非党派性」（Tennemann, LV）を求め、自分で哲学することを放棄していた。「より多くの体系について精通し、そのうちの一つか、すべてのうちで彼にとって最も良いと思われるものしか想定しようとしない人は、哲学史の真の価値と目的を誤認し、（……）さまざまな私念の海を確実な羅針盤もないまま漂流する」（Tennemann, LIII）ことになると見たからである。こうしてテンネマンは、「重要な研究や偉大な解明への萌芽」（Tennemann, XXXII）をも哲学史の素材として採り上げつつ、「理性の努力のすべてが向けられている目標」（Tennemann, XLIV）を捉えることによって、歴史という多様なものを統一的な連関にもたらそうとしたのである。

ヘーゲルの教養形成期に出たこれらの著作が、ヘーゲルの歴史観に少なからず影響を与えたことは、容易に見てとることができる。『ドイツ憲法論』や「自然法論文」等で散見されるヘーゲルの歴史把握は、歴史的な事象を、個々の出来事として見るのではなく、内面的な精神の連関にその根拠を捉え（Vgl. GW. V, 163）、これによってその事象の必然性を認識し、「精神の現象」（GW. IV, 428）の内に精神を直観して「完全な人倫」（GW. IV, 484）を提示するところに、人倫の哲学を定位する、というものであった。そして『差異論文』でヘーゲルは、「どんな哲学体系も歴史的に取り扱われてしまう」（GW. IV, 9）ラインホルトの哲学史では、「体系を死せる私念へと、それも最初から過去のものに変えることになる」（GW. IV, 9）と批判する。哲学に息づく生き生きとした精神は、さまざまな私念について知ろうとするやり方の前を過ぎ去り、「ミイラを余計に収集したり、偶然的なものを一般的に集積すること」（ibid.）には関心を寄せないとする。後年ヘーゲルは、「さまざまな哲学的私念を枚挙しなければならない」（Einl. 25）とする哲学史についてのありふれた見解をつきつめると、哲学史が「愚者の画廊」（ibid.）に堕すと見て、繰り返し「哲学史は偶然的な私念の集積ではなく、必然的な連関である」（Einl. 7; Vgl. 35, 86ff. u. 122f.）旨語った時に批判の矛先が向けられていたのは、ラインホルトの哲学史観であったに違いない。

ヘーゲルにとっては、偶然的な私念はもとより、過ぎ去った時代の思想は、我々の精神の外部にあって、死せるものであった（Vgl. GW. IV, 479, 482 u. 484）。こうした生命なき対象に携わる手法をヘーゲルは、歴史記述的と称する。現在との連関を欠いたまま、過去の思想を叙述する哲学史の全体は、「肉体的に亡び果てただけではなく、精神的にも葬り去られた者どもの国」（Einl. 90）でしかない、という。こうした観点からヘーゲルはテンネマンを批判する。テンネマンによる哲学史における非党派性の要求も、自分の精神を放棄して、思想を外面的なものとして取り扱おうとする彼の歴史記述的な手法に根差したものだ（Vgl. Einl. 135f. u. 282f.）、とヘーゲルはみなす。ヘーゲルにしてみれば、「個々人の私念、思想、概念の為には党派を組まない」（Einl. 135）ところに非党派性の所在があるにせよ、「哲学の為には党派を組まなければならない」（ibid.）。そこで、単に否定的な非党派性にのっとった哲学史は、「思想も内容もないものであり、さまざまな部分を連関にもたらさないままの単なる羅列、枚挙」（Einl. 136）に過ぎない。それはヘーゲルにとっては、歴史という名の下に挫折した試みを提示する「痛ましい仕事」（Einl. 136）に他ならないのである。

確かにテンネマンは、自らは積極的に哲学を樹てようとはしなかった。しかし、ヘーゲルによるテンネマンへの批判は、哲学史が過ぎ去った死せる意見を扱うものではない、という基本了解に重きがあるのなら、この批判は、我々にしてみれば、テンネマンを誤解した、あるいはラインホルトをテンネマンに重ね合わせて見たが故のものだ、と見なければならない。ヘーゲルの哲学史を支えているのは、「理性はただ一つの理性である」（Einl. 123）という基本認識である。既にイェーナ時代の初期からヘーゲルは、客観的な評価としての批判が成り立つ可能性を、「一にして同一の哲学という理念」（GW. IV, 118）に根差すことによってであるとしていた。そしてテンネマンも、哲学史の研究対象を「さまざまな装いをまとった一つの理念」（Tennemann, LII）に見定めて、理性の成立を、学としての哲学の実現という歴史の目的を捉えつつ叙述することを、哲学史に課したのであった（Vgl. Tennemann,

XXXVIII)。

三　迷宮に分け入るような理性の跡は

「絶対的なものがその現象である理性と同様に、永遠にして同一であるなら（実際にそうであるのだが）、自己自身を目指し、自らを認識した理性ならどれも、一つの真なる哲学を生み出し、あらゆる時代にわたって同一のものである課題を解決してきたし、その解決も同一であった」(GW. IV, 10)。『差異論文』でこのようにヘーゲルが哲学の同一性を強調した時、それは、『寄稿』第一分冊で「哲学の第一の課題は、さまざまな時代に、そして同じ時代でもさまざまな哲学者によって、さまざまなやり方で樹てられ、解決されている」(Beytr. 4) と語ったラインホルトの哲学史把握に対する批判に他ならなかった。後年『哲学史講義』でもヘーゲルは、「一つの哲学しか存在しない」(Einl. 123; Vgl. 124, 131 u. 148f.) と、繰り返し哲学の唯一性を語った。この理念がイェーナ時代初期に形成されたのは間違いない。だが『哲学史講義』で強調された哲学の唯一性というのは、「さまざまな哲学は、自分自身の意識に到る理性の必然的な発展段階、一つの哲学の発展段階である」(Einl. 123) という観点である。哲学の歴史を哲学そのものが成立する経緯と捉えることによって、さまざまな哲学もそれぞれ、一つの哲学が完成に到る過程にあって必然的な契機となる (Vgl. Einl. 131)。こうした観点に立ってこそ、哲学の歴史にあって、すべての哲学が亡ぶことなく現在の哲学のうちで生きていることになり (Vgl. Einl. 126)、過ぎ去ったものが歴史記述的に論じられるのではなく、生ける現在的なものだけが扱われ得ることになる (Vgl. Einl. 134)。「以前の段階の初歩的なものは、形成の全体のために、より以後のものと合一している。同様に、先行するものは、哲学史において保存されている。何も捨て去られてはいないのである」(Einl. 125)。

一八二九－三〇年の『哲学史講義』でヘーゲルは、哲学史の論理を「新大陸発見のメタファー」にことよせて語っている。「ヨーロッパ人は西に向かってカナリア諸島を発見した。人はこれを世界の限界とみなした。これが否定される。のちに人はアゾレス諸島を発見した。それが同じように限界となった。これもまた否定された。コロンブスがアメリカを発見して、これをアジアの一部だと考えたのである。これもまた否定された。全てはこうして否定されてきた。だがそれでも、カナリア諸島やアゾレス諸島はそのままで、そして本質的な部分では、地球についての我々の知識になっている」(Einl. 275)。こうした「真理の発見の旅」(Einl. 276)では、新しい島の発見は次の発見への橋頭堡となり、ある思想は次の思想を生み出す契機となる。ここでは、〈否定〉に新たな肯定的なものを生み出し、全体を展開させる意義が込められている。同じ箇所で、『精神の現象学』でも語られている「植物のメタファー」を引き合いに出して、精神の自己展開が否定的な契機を肯定的な成果として捉え返すことを通して、一連の必然的な段階を経ることが語られる。そして、そのように経過した哲学の歴史は、「この我々の生成、我々の学の生成を叙述するもの」(Einl. 14)であることを前提していてこそ、単なる〈変化〉の連続ではなく、理念の〈展開行程〉となるのである。

哲学史においては、亡んで捨て去られるものは何もなく、全てが保存されているとみなされるのは、哲学史が自己形成を行なう一つの全体として捉えられているからである。「理念の展開の行程」(Einl. 35)としての哲学史は、自己形成、すなわち自らが自らを形成する回路を内蔵しているので、従来の哲学に対する反駁・否定作用も、哲学史を形成する肯定的な作用へと転ずることになり、全体は、哲学の理念が自らを超出することを通して自らを実現してゆく過程になる。しかも「哲学的理念の展開における超出は、変化や他のものになることではなく、自己内に入っていくことであり、自己内深化である」(Einl. 32)。すなわち自己知を深めるわけである。もとよりヘーゲルにとって哲学は、精神の自己知を目指すものであった(Vgl. Einl. 124)。そうした「理念の展開の体系」(Einl. 35)が哲学史として構成されるにあたって、理念の目指す目標とされたのは、理念の自己実現であり(Vgl. Einl. 101)、自らが自由な精神であることを自覚する(Vgl. Einl. 36f., 109f., 116 u. 245)ということであった。

このような哲学史の展開を導くのは、「より後の哲学の原理は、より高次、あるいは(同じことではあるが)より深い原理である」(Einl. 132)という、制約されたあり方を否定する論理である。この哲学の展開を根拠付ける、制限性を自己否定してゆく論理を、ヘーゲル自身、『哲学史講義』の中で「弁証法」(Einl. 117, 126 u. 146)と呼ぶ。そして歴史における哲学体系の継起と論理的な導出における理念の規定の継起とを並行して捉えるのである(Vgl. Einl. 34)。

『エンツュクロペディー』でも弁証法は、「〔学問の〕進展を動かす魂であって、学問の内容に唯一、内在的な連関と必然性とをもたらす原理」(【GW. XX, 119】GW. XIX, 92)だとされた。学問のさまざまな内容に内在的な連関と必然性を見ることが出来るとしたら、弁証法的な論理に基づいていることが必要であったことを物語っている。したがって、ヘーゲルが哲学史を講ずるまでには、『哲学批判雑誌』の諸論文を通して弁証法が確立し、いわゆる『実在哲学(I)』以降、意識の自己実現、すなわち精神の自己認識を目指す展開過程を再構成する精神哲学が構想されるのを俟たなければならなかったのも、必然的なことであったとも言える。

だがイェーナ時代初期のヘーゲルの歴史把握は、確かに、先行するものの否定に後継のものを生み出す意義を認めてはいたが、言わば「不死鳥史観」(Vgl. Einl. 217)とも言うべき、亡びから蘇生へという観点をとっていた。つまり、「哲学的批判一般の本質」では、「精神は、亡びた教養・形成の分解から新たな生へともがき上がり、灰の下から若返った形態に向かって迸り出る」（GW. IV, 126）と、「懐疑論論文」では、「哲学という学もまた、常に一にして同一の理性的な同一性を繰り返す。だがこの繰り返しにとって、さまざまな教養・形成からさまざまな新たな教養・形成が湧き出して来る」（GW. IV, 224）と語られた。こうした論理で哲学の歴史を構成したら、それは亡びと蘇りという〈変化〉の連続になってしまう。

ここで想起されるべきは、一八〇五年冬学期のヘーゲルの「哲学史」講義について、ガープラーが伝える逸話、すなわち、イェーナでのヘーゲルの講義は、学生たちには不死鳥史観の印象を与えていたということである。「不死鳥史観」（VidG, 35）とは、「変化や没落が同時に新たな生命の生成や現出であり、死から新たな生命が復活する」（Vorl. XII, 18）という東洋の形而上学に見られるとされる歴史観である。[5] ベルリン大学での一八二二年冬学期の「世界史の哲学」講義でも、ヘーゲルは学生にこう述べている。「不死鳥は自らの灰に自己自身を立てるのです、それよりも美しく若返って、立派にそして初々しく灰の中から生まれ出るのです。しかし（……）その比喩が当てはまるのは肉体や自然的なものでしかなく、精神に相応しいものではありません」（ibid.）。これに対してヘーゲルの見るところ、「精神はなるほど新たな領域へと移行しはしますが、自らの灰の中から同じ形態で復活するものではありません。西洋では精神は単に若返って現れるだけではなく、高められて聖化されるのです」（ibid.）という。一八三〇年冬学期での「世界史の哲学」講義でも、「〈変化〉のこうしたカテゴリーは直ちに死から新たな生が復活するというまた別の一面が結びつきます。この思想は東洋人たちが捉えた思想であって、おそらく彼らの最も偉大な思想でありましょう。（……）その思想は、個人に関しては輪廻の表象ということで括られるのでしょうが、もっと一般的に知られているのは不死鳥の比喩です」（VidG, 35）と、〈変化〉を物語るものでこそあれ、精神の〈高揚〉や〈聖化〉には相応しくない歴史観であることが講じられている。ヘーゲル自身、不死鳥史観を、「体系」期と称される時期の講義では明確に斥けているにもかかわらず、イェーナ大学での講義が、不死鳥史観のような印象を学生たちに与えたのはどうしてであろうか。

それには、当時のヘーゲルにはまだ、哲学の展開の目標とも言うべき絶対知を呈示する「学の体系」を構築し得ていなかったことも、一つの要因として考えられる。翌年出版されたアストの哲学史は、その論理的な構成の整合性もさることながら、哲学の歴史を哲学の成立過程と捉え、その目標を全体への還帰とみなした点では、ヘーゲルに先駆するものがあったようにも思われる。テンネマンでさえも哲学史に、「迷宮にわけ入るような謎めく理性の行程が跡付けられ」(Tennemann, XLV)、「学へ到る道程」(ibid.) が証される意義を見ていた。無論、「歴史の行程は（……）我々の生成、我々の学の生成を叙述するものである」(Einl. 14) とハイデルベルク大学で語ったヘーゲルは、哲学史に哲学そのものの成立の叙述を見出していた。それだけに、学の体系がいまだ成立していなかったイェーナ大学での講義は、学生には「最も豊かな形姿、最も美しい生が歴史において没落して、我々は素晴らしいものの廃墟を彷徨う」(VidG. 34f) かの思いを抱かせたのかもしれない。

四　灰色に灰色を重ね塗り

個々人にとっての哲学の究極目標を自己知に見るなら、哲学の歴史も「精神の自己知」(Einl. 124) の過程となる。「哲学史の研究は哲学そのものの研究なのである」(Einl. 35)。もとより「哲学は精神の自己自身についての思惟である」(Einl. 72) にもかかわらず、幾多の哲学が現出したのは、それらすべて、「自己自身を把捉する思想」(Einl. 124) が展開する中で、政治、国家体制、宗教等と相互に関連し合って顕現した時代精神であったからだ

（Vgl. Einl. 148）とヘーゲルは見る。こうした哲学史の構造に関して、ブーレの哲学史は、それぞれの記述については、ヘーゲルに裨益するところが少なくなかったとも思われる。例えば「懐疑論論文」でヘーゲルは、セクストゥス・エンピリコスによって「実際のところ独断論者だった」と伝えられているアルケシラオスを、懐疑論者と見なすにあたっては（Vgl. GW. IV, 209f.）、テンネマンやブーレによる記述はヘーゲルにとって心強かったと思われる。しかし、ブーレの哲学史は、理念や論理を欠いた歴史記述に留まっていた。テンネマンは、哲学史を哲学から区別して（Vgl. Tennemann, XXXIIIf.）、人類の歴史や国家の歴史、宗教の歴史、他の学問の歴史、哲学者の生涯の記述や文献史などに拡散した結果、自ら避けようとした「出来事の比較」（Tennemann, XLIII）に陥っていたとヘーゲルには見えたであろう。

これに対しアストは、哲学の歴史を人類の歴史に包含させ、ある時代のある国民において哲学が成立する基盤を、「風土、土壌、国家体制、文化、芸術、そして学問が密接に相互作用の内にある」（Ast, 10）ところに捉えた。ヘーゲルの哲学史にあっても、歴史を貫く精神が、特定の民族にあって特定の時代に特定の形式をとる（Vgl. Einl. 37f.）。「どんな哲学も、それが特殊な発展段階の叙述であるが故に、その時代に属し、その時代の制限に囚われている」（Einl. 72）。しかし、ヘーゲルにとって哲学は、「時代の実体的なものが何であるのかということを考える」（Einl. 149）ことによって、知としては時代を超えてもいる。しかも哲学は、精神が自己自身を把握する営みである以上、自己自身をも超えることになる。

「哲学史の究極の目標、並びに我々の時代の学の目標は、絶対的なものを精神として捉えることである。そこに到ることが二五〇〇年経ている世界精神の仕事であった」（Einl. 238）。ヘーゲルによれば、哲学の歴史は、絶対的なものを未展開の普遍者として捉えられるところに端を発し、精神が自らを疎外することを通して自らを絶対的なものとして見出し、自らに還帰する行程である。こうなってこそ、近世哲学において意識されている思惟と存在、個体性と実体性、主観と客観、精神と自然の対立は、統一され、思弁的理念を我々は有するに到る、という（Vgl. Einl. 247）。この、言わば近世を超克せんとする宥和が、ゲルマン世界に委ねられた仕事である（Vgl. Einl. 245）。こうした精神が自己実現を目指して自己展開する運動にこそヘーゲルは、自由を見る。こうして、精神が自由を実現する営みである哲学をある国民が創出するには、自由の意識が必要であるのと同時に、自由がその国民の体制の基礎になっていなければならない、というのである（Vgl. Einl. 226）。

周知のようにヘーゲルは、自由の歴史的形態をめぐって、東洋、ギリシア、ゲルマンと世界史を地域別に三段階に区分した（Vgl. Einl. 235）。その際、ヘーゲルが東洋哲学を、精神と自然との直接的な統一として捉え、哲学の端緒をギリシアに求めた点では、アストと軌を同じくしていた。しかし、哲学史を、ギリシア哲学とゲルマンの哲学とに大別した上で、それによってキリスト教哲学をゲルマンの哲学に重ね合わすことになり、ゲルマンの哲学を、更に中世哲学と近世哲学とに区分しなければならなくなった。しかしそうなると、近世を支配する対立を超克せんとする哲学史の課題は、キリスト教世界を超克して、言わば哲学的世界を実現することに繋がっていく。

ここで我々は、一八〇二年から五年にかけて、イェーナ大学で講じられた「自然法講義」に想到する。その講義でヘーゲルは、宗教の世界史的な発展形態を「理性の普遍的な三つの次元」（GW. V, 460）に区分した。つまり「精神とその実在態とが根源的に宥和している同一性の形式」（ibid.）にあるギリシアの自然宗教、次に、「同一性の無限な差異」（GW. V, 461）を示していたユダヤ教、ならびに、「相対的な同一性を再構成」して宥和された原始キリスト教である。さらに、自然の分裂という痛みから癒されるべく、「無差別な調和の再構成」（GW. V, 463）を目指したのがキリスト教、というわけである。ヘーゲルによると、キリスト教も、宥和を直観する美しき宗教としてのカソリシズムから、次に、この宥和への確信を無限な憧れに転化して苦痛とその宥和との全サイクルを主観に委ねるプロテスタンティズムへと展開する。さらに「キリスト教から哲学を媒介とすることによって宗教の第三の形式が形成される」(GW. V, 464) という。ここでこそ、「精神は自らを精神として独自の形姿において正当化して、自分自身との根源的な宥和を新たな宗教において回復する」(GW. V, 465) という。

ヘーゲルは「新たな宗教」とは言っている。しかし、その宗教にあっては、自由な国民が存在して、理性が自らの実在性を人倫的精神として再び産出するなら、対立がことごとく消失することをヘーゲルは期待する (Vgl. GW. V, 465)。ヘーゲルが「神の歴史は全人類の歴史であり、どの個人も人類のこの歴史全体を経て進む」(GW. V, 463) と語り、哲学に世界史の対立と苦悩を包括してその対立を超える認識を求めたところに、「歴史においても個々人の発展におけるのと同じような展開がある」(Einl. 125) と語り、哲学に「その時代に、宗教や国家などについて現に在るところのもの」(ibid.) の認識を求める哲学史の原型を見ることもできる。そして我々は、ヘーゲルが、二元論的な対立に囚われている近世の超克を目指す哲学に、宗教や国家を超え出て、知のうちに宥和を回復することを期待していたことについて確認しておきたい。(6)

ヘーゲルは、哲学の出現を、「ある国民の人倫的生活が解体され、そして内面の国を求めて精神が思想の空間へ逃亡する時」(Einl. 153) に捉える。哲学が把握する対象は、哲学に座を譲って歴史の舞台から退いたものである。哲学史においてすべてを総括するということはすなわち、今の哲学のうちに生きているとはいえ、そのものとしては終わったからこそ、哲学によって把握され得る、という新たなパラドキシカルな事態を招来する。実在的世界の亡びに際して始まる哲学の営みは、「灰色に灰色を重ね塗る」((Einl. 151) と表現される。得られる宥和はもはや、「思想の世界における宥和」(ibid.) でしかない。灰色に灰色を重ね塗るという、徒労の果てに懐く黄昏の侘しさに似た思いはまるで、哲学史を講じるに能う「観察者」(Einl. 35) が、予め「理念の認識」を持っていることが求められるにしても、すべては現今の哲学において生きているとはいえ、生き生きとしていた美しき人倫的な生活や国家、藝術や宗教のすべてが終焉した果てに、自らが立っていることを自覚した感慨であるかのようなのである。

〔註〕

(1) この問題に関しては、本書第一一章「『哲学史講義』における重層と変奏」で詳述している。

(2) この件に関して詳しい研究としては、L. Geldsetzer: Der Methodenstreit der Philosophiegeschichtsschribung 1791–1820. in: Kant-Studien. Band 56, Kölner Universität Verlag 1965–66 を参観願いたい。また、柴田隆行氏の、『哲学史成立の現場』(弘文堂、一九九七年) も、思想史的な事情について詳述している。

(3) W. Dilthey: Leben Schleiermachers. II-1 (Walter de Gruyter) S. 44 を参照されたい。

(4) 本書の第一〇章「精神と文字——理解と解釈のよすが」を参照されたい。

(5) ガープラーが伝えるイェーナ大学の講義での逸話については、第二章「哲学の歴史が生まれる現場」で詳述している。また、「不死鳥史観」については、第七章「歴史と物語」でも説明している。

(6) これについての具体的な思想内容については、本書の第九章、「知の内に約束された宥和への途」において詳述した。

〔付記〕

本章の成稿にあたって参看した文献の中では、取り分け次の研究から多大な教示を得た。

Klaus Dusing; Hegel und die Geschichteder Philosophie (Buchgesellschaft)

G. W. F. Hegel; Vorlesungen über Platon (1825–1826), hrsg., eingeleitet u. mit Anm. vers. v. Jean-Louis Vieillard-Baron (Ullstein)

II　哲学の歴史が作られる現場

はじめに

哲学は、真理を知り、これを再構成することを目標とする一方、真理は歴史をもたないと言われる。真理は過ぎ去るものではないからである。だが、哲学の歴史の中に、時に、真理の岸辺を目指しながら難破した思想の残骸だけが見えることもある。哲学史が従来の学説を、真理に到達しなかったものとして記述するだけでは、哲学史において語られるのは、知の戦場に倒れた学説だけということになってしまう。さりとて、学説誌や伝記のように、過去の史料だけを取り上げて列挙しても、哲学史とは言えない。また哲学史を、哲学が自らを乗り越えていく知の営みとして捉えるなら、哲学史は、自らの姿を更新していく全体の変化の叙述だと見られもする。しかし、勇んで辿り着いたその先は、あたかもゴルゴダの知の刑場のように、真理はどこにも見出されない、ということになりかねない。〈哲学の歴史〉という観念が曖昧な上に、〈哲学史の歴史〉さえ語られもするのである。

哲学史の哲学を語ることによって、哲学史の理念を完成したのはヘーゲルだとされる。確かに、ヘーゲルは、哲学史を、自らの体系の存在証明として、体系の中に位置付けた。ヘーゲルは、イェーナ大学で一八〇五年の冬学期に哲学史を初めて講じた後、生涯にわたり、形成と彫琢を重ね、十回目の講義半ばにして病に斃れた。哲学史がいかに、ヘーゲルにとって主要な問題であったか、ということが分かる。しかし、今日の哲学史の一般的なスタイルである、簡単な伝記的な叙述のあと、主要著書の解説を行ない、その哲学者の思想を歴史的に位置付けるという叙述方法は、既にヘーゲル以前に成立していた。一八世紀の後半、ドイツでは哲学史記述の試みが盛んに行なわれたのである。(1)

たとえば、ラインホルトはその思想的な経歴の最初から、哲学の歴史的な経緯を論拠として立論していたが、一七九一年には「哲学史の概念について」を発表する。ティエデマンの『思弁哲学の精神』(全六巻)は、一七九一年から九七年にかけて刊行されている。一七九三年から九九年にかけて、一二冊五巻から成るフューレボーン編集の『哲学史のための寄与』が刊行され、その巻頭を飾ったのが先のラインホルトの「哲学史の概念について」であった。さらに、一二巻にも及ぶテンネマンの『哲学史』の刊行は一七九八年から始まり、一八一九年に完結する。一八〇〇年から一八〇五年にかけてブーレの『近世哲学史』全六巻が出版される。ラインホルトは、一八〇一年の『一九世紀初頭における哲学の状況について一層容易に概観する為の寄稿』第一分冊及び第二分冊で、バルディリ哲学こそ最高度に完成した哲学であるという観点に立って、ベーコンからシェリングまでの哲学史の記述を試みている。そして一八〇七年にはアストの『哲学史綱要』が出版される。

ヘーゲルは、自らの教養形成期に出版されたこれらの「哲学史」記述を批判的に摂取していくなかで、哲学史の理念を形成していった、と見てよい。ヘーゲルは、その『哲学史講義』やその他の著作で、これらの哲学史の試みに何らかの形で言及しているからである。ヘーゲルに哲学史の理念が成立する経緯を探究することは、自ずから「哲学の歴史」を物語る営みの根拠を明らかにすることに繋がる。

もとより、哲学史記述の試みは、古来より多くなされてきている。しかし、一八世紀後半のドイツで活発に出版され、ヘーゲルがいわば哲学史の哲学を構築するに到った背景には、歴史的な特殊性も考えられる。ヘーゲルの把握によれば、一八世紀半ばの「ドイツの啓蒙思潮は、精神を欠いたまま、分別ある真面目さや有用性の原理でもって諸理念と闘い、差し当たりはヴォルフ哲学の方法をかなぐり棄てたものの、その内容の平板さを保持したままで、形而上学をさえも究極の空虚なものに堕落させていた」(2)。そうした哲学の停滞を打破したのが、一七八一年に出版されたカントの『純粋理性批判』であり、また一七八五年に公然となったいわゆるスピノザ論争であった、という。

ヘーゲルによれば、カントによって哲学が再生し、ヤコービによって哲学史の中に埋没していたスピノザ主義が広く知られるところになった。それまでスピノザは、ピエール・ベイルに見られるように、無神論者とされ、嫌悪の対象であった(3)。スピノザ論争において、スピノザ主義を宿命論、汎神論として非難する側に立ったのはヤコービである。ところが、この論争が拡大し、多くの関係文書が出版されると、それがスピノザの学説の紹介ともなった。スピノザ主義は、近世哲学の陥った二元論を超克する一元論として理解され、共感をもって若い世代に受け入れられることになる。この人達がやがてドイツ観念論の担い手となったのである。

ドイツ観念論はまた、哲学革命の名のもとに、批判哲学を貫徹し、体系化を目指す思潮でもあった。しかし、さまざまな試みがなされ、論争を経て、幾つかの学派に分裂していく。哲学の歴史の見直しが迫られたこの時期に、哲学史の記述が試みられたり、哲学史の理念が語られたりしたのは、ある意味では時代の必然的な要請であった。ここでは、一八世紀後半のドイツで、哲学の歴史が作られた現場を訪ね、そこから、ヘーゲルが哲学史の理念を把握して、哲学の歴史を物語るに到るまで、理念の道筋を辿ってみる。

一　ドイツにおけるスピノザ主義の復権

フリードリッヒ・ハインリッヒ・ヤコービ（一七四三〜一八一九）は、ドュッセルドルフの事業家の家に生まれ、一度は家業を引き継いだものの、公務の一翼を担うことになり、講壇に立たないまま多くの人に影響を与えた思想家である。このヤコービが、啓蒙主義を代表する思想家であるレッシング（一七二九〜一七八一）と交した対話に端を発した論争は、哲学史の見直しが哲学そのものを大きく展開することに繋がった一例である。

一七七九年の五月レッシングは、『ヴォルデマール』の著者ヤコービに、出版されたばかりの『賢人ナータン』を送り、それに答えてヤコービは、翌年レッシングを訪ねる旨書き送った。ヤコービは、一七八〇年七月五日から一一日まで、レッシングをヴォルフェンビュッテルに訪ねる。伝えられている重要な対話は到着した翌日に始まった。

（1）　レッシングとヤコービの対話

朝、レッシングがヤコービの部屋に入って来た。ヤコービは手紙を書いている途中で、書類ケースから何通かの手紙を取り出し、レッシングに見せる。レッシングはそれらを読むことで時間を潰す。

「もっと他に、読んでいいものはないですか？」

書簡の束を返しながらレッシングは訊ねる。

「どうぞ！　ここにもう一つ、詩があります」

手紙に封印をしていたヤコービが、一篇の詩篇をレッシングに渡す。
「あなたはいろいろ憤慨なさっていましたので、またお腹立ちになるかもしれませんね」。
その詩には次のような詩句があった。

かつて巨人族の暴慢不遜に対して
俺を助けたものは誰であったか？
死からまた奴隷の隷属から
俺を救ったものは誰であったか？
聖なる火に燃えるわが心よ
すべてはお前みずからの所業ではなかったのか？
それなのにいとけなく善良な身を欺られて
お前は天井に惰眠をむさぼるものに
感謝の念を燃やしたのか？

俺にお前を崇めよと？　何のためにだ？
かつてお前は重荷を負うたものの
苦しみを癒してやったことがあったか？
かつてお前は不安に怯えたものの

涙を鎮めてやったことがあったか？
俺を一個の男に鍛えあげたのは
俺の主でありまたお前の主でもある
全能の《時》と
永遠の《運命》ではなかったか？

少年の日の花の夢が
必ずしも成らなかったからといって
俺がこの生を厭い
荒野に逃れるだろうなどと
愚かにもお前は思っていたのか？

この詩「プロメテウス」[4]は、ゲーテが前年に書いた詩で、まだ公表されてはいなかった。詩の中で「お前」と呼びかけられ、「プロメテウス」が挑んでいるのは、神である。世界を創造した後に、世界の悲惨に拱手している超越神への抗議が主題になっている。

読み終えたレッシングは、淡々と語る。

「別に腹立たしく思ったりしませんよ。だって私はずっと前に作者から直接見せてもらっていましたから」。

「この詩を御存知でしたって？」とヤコービがやや鼻白んで問い返す。

「読み通してはいませんでしたけれど、私はいい詩だと思いますよ」。

「それなりにはね、私もそう思います。そうでなければ、お見せしなかったでしょう」。

ヤコービの口調には苛立ちさえ混じる。

レッシングは余裕を示しながら、「私はそれを、こうだとも思っているんですよ。………その詩の書かれている観点は、私自身の観点だと………。神性についての正統的な把握は最早私にはないのです。正統的な把握では私は満足できません。ヘン・カイ・パン（一即全）！　私はそれ以外のことを知りません。この詩もそれへと通じているのです。それでこの詩がたいそう気に入ったのだ、と申し上げなければならないでしょう」。

ヤコービは意外な話の展開に途惑いを隠しきれないまま訊ねる。

「じゃあ、あなたはスピノザとかなり一致していたのですね」。

「私が誰かの名前をかたって私のことを呼ぶなら、スピノザ以外の人は知りません」。

レッシングの話は、次第に熱を帯びていく。その勢いにヤコービもつられていく。

「スピノザなら私も知っています。だけど、彼の名前はあまり縁起がいいとはいえません！」。

「そうなんです！　そうお思いになりたいのなら！」。

レッシングは、またスピノザの悪口かと、うんざりして語気を強める。かろうじて、年長者らしい落ちつきを取り戻そうとして、間をおく。

「だけど……あなたは何かそれよりいいことを御存知ではありませんか？………」。

ここで来客のため会話は途切れ、二人は客人ともども図書室へ向かったのであった。

翌朝ヤコービは、朝食をとった後、着替えのために自室へ戻った。しばらくして、レッシングがやって来る。ヤコービは座って髪を撫でつけていた。その間レッシングは部屋の隅へ行って、黙ってテーブルにうつぶせになっていた。程なくヤコービは、レッシングと向かい合う形でテーブルに付く。口火をきったのはレッシングである。彼は、ヘン・カイ・パンについて語り合うために来た、と切り出した。

ヤコービが答える。

「昨日はショックでした。私は赤くなったり真っ青になったり、という具合でした。だって私は自分がおかしくなったように思ったからです。驚きどころではありませんでした。確かに私は、あなたが、スピノザ主義者もしくは汎神論者であることを想像してはいました。あなたは私にそれをはっきりと宣言なさったというわけです。私は、スピノザ主義から身を守る手だてを、あなたから得ようと、そのつもりで参ったのです」。

ヤコービがスピノザについて知っていることが分かったレッシングは、ヤコービのスピノザ観を変えようと説得にかかる。

「あなたはすっかりスピノザの側に立った方がいいですよ。スピノザの哲学以外に哲学はありません」。

「それはそうかもしれません。決定論者は、決定論者であろうとするなら、宿命論者にならざるを得ませんから。そうなれば、他のことも自ずからはっきりしてきます」。

ヤコービは、スピノザ哲学と他の哲学とが並立し得ないことには同意する。そしてスピノザの体系では、すべての原因は実体にあることになり、意志の自由が存立し得なくなることを、指摘した。しかし、レッシングは、ヤコービの同意の意味を取り違えてしまう。「我々は理解し合っていることが分かりました。そうなると、ますますあなたから、スピノザ主義の精神をどのようなものとお考えか、聞かせて頂きたくなりますね。スピノザその人の内で働いていた精神のことを言っているのですが……」。

レッシングには、テクストの「言葉」よりも、哲学者を動かしていた「精神」の方が重要だったということかもしれない。

ヤコービは、即座に答える。

「それはおそらく、古くからの言葉、〈無からは何も生まれない〉に他ならないでしょう。このことをスピノザは、哲学的なカバラ主義者や先人達よりも、抽象的に把握した上で考察しました。この抽象化した把握に従って彼は、〈無限なもの〉におけるどのような生成によっても、またいかなる比喩を使ってそれを擬装しようと、どのような変化によっても、何らかのものが無から措定されることになってしまうと見たのでした。そこで彼は、〈無限なもの〉が〈有限なもの〉へ移行することを一切拒否したわけです」。

ここでヤコービは、スピノザ主義に潜む難点を指摘する。つまり、スピノザにあっては、世界の内在的で永遠不変の原因が想定されていて、これは、意図とか目的因などを問題とせず、端緒も結びもないため、継起や持続という観点は単なる妄想とされてしまう、というのである。ヤコービは、無限な自然の内には、個別的な思想や、意志の個別的な規定が見出されないと見たわけである。

しかし、レッシングは、「我々の信条については、決して分かれていません」と、スピノザ主義と信仰の事柄とを切り離した上で言う。

「信条はスピノザの書物の内にあるのではありません」。

レッシングは、「言葉」と「精神」とを区別して考えている。

ヤコービが言う。

「それだけではありません。私は世界の悟性的で人格的な原因を信じているのです」。

「分かりました、あなたは意志を自由にしておきたかったのですね」とレッシングはヤコービの問題意識を捉える。しかし、自由な意志など欲しないとルターばりに語る。

「我々が思想を第一にして高貴なものとして考察し、そこからすべてを導出しようとするなんてことは、人間の偏見なのです。だって、すべてのことは、表象ともども、より高次の原理に依存しているのですから」。

「あなたはスピノザ以上ですね」と驚くヤコービ。これに対してレッシングは、「世界の外なる人格的な神性をどのような表象に従って想定するのですか」と問い返す。

「いわばライプニッツの考え方に従ってですか？　彼は心中ではスピノザ主義者だったと、私は心配しているのですがねぇ」。

ライプニッツが世界の内在的原因を信じていたなどと言える典拠を示せ、とヤコービ。考え方のことを言っているのであって、本音を見つけるのは難しいと逃げる一方のレッシングは、「言い過ぎました」とヤコービに譲り、ライプニッツの原理について訊ねる。

「ライプニッツの教義体系ほど、スピノザ主義と合致するような教義体系を知りません」。しかしヤコービにしても、所詮、論証に基づく哲学という点では、両者に違いはないとする。さらに、メンデルスゾーンを引き合いに出して、「〈予定調和〉はスピノザの内にあります」と語る。レッシングは黙ってヤコービの話に耳を傾ける。ヤコービは続ける。

「ライプニッツの根本的な学説のうちのもっと多くのものが、スピノザの内に含まれているに違いありません。（……）私は思いきって、スピノザからライプニッツの精神論全体を講述しようと思います。根本的に両者は自由について、同じ学説を持っています(5)」。

対話はまだ続いた。ヤコービがハンブルグに旅立つ日まで。ヤコービによれば、「哲学においては分かれるところは非常に少なかったが、信仰の点に関してだけは違っていた」[6]。レッシングをヤコービは、「義しき信仰の有神論者」[7]と思っていた。しかし、対話を終えた時には、「レッシングはスピノザ主義者だ」[8]と、確信したのであった。レッシングは、世界から区別されない諸事物の原因を信じている、言い換えるなら、レッシングはスピノザ主義者だ」と、確信したのであった。

ヤコービは、スピノザその人には、その宗教的な敬虔さに尊敬の念を抱いていた、ともいう[9]。しかし、スピノザ主義を、決定論、宿命論であって、論証に基づく哲学の行き着く果てと捉えていた。自らは、「信仰」の立場を重んじたのである。しかし、そのヤコービの著した『スピノザ書簡』は、彼の意図とは異なる形で、スピノザ・ルネサンスとも言うべき状況を作り出し、この対話の解釈をめぐって生じたスピノザ論争が、「死せる犬」[10]のように扱われていたスピノザを、哲学史の上で復権させることになったのである。しかしながら、先に再現した対話は、ヤコービの報告に基づくものであって、この報告だけから、レッシングの真意を捉えることは早計であろう。レッシングのスピノザ研究を次に見てみなければならない。

（2）レッシングとメンデルスゾーン

レッシングのスピノザ研究は、「スピノザによってライプニッツは予定調和の手掛りだけを得た」という標題の、一七六三年頃に書かれた論文にまで遡る。この論文でレッシングは、スピノザが予定調和そのものを主張していた、とする説を批判する。レッシングによれば、「スピノザは明確に、〈身体と魂は一にして同一の個物であり、これが、時には思惟の特性のもとで考えられたり、時には延長の特性のもとで考えられたりする〉と主張している」。ところが、「ライプニッツは、彼の〈調和〉によって、身体と魂というように二つの異なる実在の合一という謎を解決しようとする」。確かに、スピノザは、「観念の秩序と連結は物の秩序と連結と同じである」[11]と説いていた。しかし、観念と物とを、魂と身体とを、調和させるべき二つの実在として捉えてはいない。『エチカ』第五部定理一に、「思想及び物の観念が精神の中で秩序づけられ・連結されるのに全く相応して身体の変状或いは物の表象像は身体の中で秩序づけられ・連結される」[12]とある。ここでスピノザが、精神における観念の秩序や連結は、身体の秩序や連結と調和すると考えているのは、レッシングによれば、単に「精神が自らを思惟する身体に他ならず、身体が自らを延長する精神に他ならないから」という意味においてだ、ということになる。こうして、「身体のあらゆる変化はただ、ひとえに、身体独自の機械的な諸力から帰結し得た」[13]という可能性を示したスピノザから、ライプニッツは予定調和の手掛りだけを得こそすれ、両者の思想は違う、ということを、レッシングは指摘したのである。

となると、ヤコービとの対話の際に、ヤコービがメンデルスゾーンの名を挙げながら、スピノザの内に予定調和の考えがあったとした時に、なぜ、レッシングは反論せずに、ヤコービの話を聞いていたのであろうか。後にヤコービから対談の様子を伝えられたメンデルスゾーンは、レッシングがヤコービを喜ばせようとしたのであって、その着想が冗談なのか、哲学なのか判別し難い[14]と見做していた。この事情をディルタイは、次のように解釈する。「レッシングがここではもうヤコービに探り出されているのでなくて、ヤコービを探り出しているのではないか、そしてレッシングが何げなく洩らした言葉から、ヤコービがここでもちまえの叙述の才をもって、作ることを許されたものとはまったく違ったものを作り上げたのではないか、という疑念が生じて来る」[15]。

一七九五年になって遺稿断片として公表された「スピノザによってライプニッツは予定調和の手掛りだけを得た」は、実は、一七六三年四月一七日付のモーゼス・メンデルスゾーン宛書簡の内容とほぼ重複している。レッシングとメンデルスゾーンとの間で、スピノザ哲学をどう哲学史の中で捉えるかについて、密接な議論のあったことが窺える。

メンデルスゾーンが、一七六三年五月にレッシングに答えた書簡では「予定調和の本質的な諸命題をスピノザは、ライプニッツに先駆けて主張していた」(16)と、自説が繰り返されている。メンデルスゾーンによれば、〈観念の秩序及び連結は物の秩序及び連結と同一である〉という命題は、「おそらくライプニッツの体系では、スピノザによる場合と異なる仕方で論証されている。しかし、その命題はスピノザにおける場合とライプニッツにおける場合とでは、絶対的に違った意義を持つのか？（……）命題の意味は完全にライプニッツ的である」。メンデルスゾーンは「調和」の意味を拡大解釈していた。しかも、延長せるものの運動の系列と、思惟するものの認識の系列とは相互に調和している、ということを、スピノザが、「どこかで」(17)主張していた、というのである。メンデルスゾーンのやや強引なスピノザ解釈は、スピノザをライプニッツの先行者とすることによって、一種のスピノザ救済を計ろうと意図したものだ、と考えられる。

メンデルスゾーンのスピノザ研究は、この時期より更に以前、彼が哲学著作家として登場した時期にまで遡る。一七五五年に出版した『対話』で既に、スピノザを、ライプニッツの予定調和説の先駆者として描出している。そこではライプニッツの前にライプニッツ主義者であった哲学者の言葉として、「身体が精神を思惟に決定することはできないし、また精神が身体を運動ないし静止に、或いは他の或るもの（もしそうしたものがあるならば）に決定することもできない」という、『エチカ』第三部定理二が示されている。「スピノザの意見は非常に不合理だと、世の人はすべて認めています。しかし、スピノザの意見は本来、彼がこの我々の外部の可視的世界に適用しようとする限りでのみ不合理なだけです。これに対してライプニッツの言い方で語るなら、神のおぼしめし以前に、さまざまな事物のあり得る連関として神の悟性の中に実在していた世界を考察する際に、スピノザの意見の多くは、真なる世界知や宗教と両立し得るのです」[18]。メンデルスゾーンは、スピノザにライプニッツの予定調和説の先行形態を読み込むことによって、スピノザを世間の誹謗中傷から救済しようとした、という先の論点をこの叙述は裏づけている。

レッシングは、スピノザをライプニッツの先行者として解釈することを批判する一方でまた、ヴォルフ的な二元論的世界観をも論駁した「神の外なる事物の実在について」という小論も著している。そこでレッシングは、「神の外部に実在しているとされるすべてのものが、神の内に実在している」[19]ことを主張する。しかし、レッシングのこの世界観は、個物を神の属性の様態と見るスピノザとは異なっていて、後年の『人類の教育』の七三節で語られた「いかなる数多性をも排除しない超越論的唯一性」としての神に繋がる考え方である。人間性の理想を共有し、相互に高く評価しあい、友情を結んでいたレッシングとメンデルスゾーンは、互いに独特の仕方でスピノザへの関心を抱いていたのである。

二人の間でしばしば行なわれた会話は、どのようなものであっただろうか。『賢人ナータン』の作者は、信仰者にとって大切なのは、信仰対象の御名よりも信仰につく心情であって、その人その人の人柄で値打が決まる旨、語ったかもしれない。それに対して啓蒙思想家なら、我が意を得たりとばかり、哲学にあっても妙なレッテルで学説を判断するのではなく、真理への愛によって評価されるべきだ、と応えたであろうか。

『人類の教育』の著者なら、頷きながら、「私達の悟性が、長い間啓示として驚嘆すべきものだとされてきたような真理を、聖書から今日もなお学ばなければならないなどと思い込まされることは、おかしいのです。なぜなら、今ではそうした真理については、理性が他の確実な真理から導き出すことができるようになっているからです。生徒達が先生に問題の答えだけを教えてもらって満足するようなことがあってはいけません。理性の真理を求めなければならないのです」と、熱っぽく、人類の成長を論じたであろう。

「そうです、それが啓蒙というものなのです。理性的な認識や、人生に関する諸々の問題、つまり人間の使命の重要性とその影響をめぐる理性的な思索に、啓蒙は関わっていくのです」と、「啓蒙とは何か」を執筆した著述家は答えたに違いない。

ドイツ啓蒙主義の詩人がこれを受ける。「やはり、自分自身で考える、ということが必要ですね。権威に頼ってはいけません。スピノザの思索から、我々の神に対する関係について、これまでより立ち入った優れた把握へと導かれるかもしれないのです」

これに対して高名な作曲家の祖父は、「人間の誇りである真理を拡張するのに、宗教や人倫の諸原則を破壊することがなければいいのですが……。無宗教やアナーキーになるくらいなら、偏見の方がまだましかもしれません」と、やや遠慮がちに語る。

「いいえ、完成の時はきっと来ますよ。人間が、善であるからこそ善を行なうという、新たな永遠の福音の時代が」。

牧師ゲッツェと宗教論争を行なった劇作家の方が確信をもって、励ますように言う。

ルソーの『人間不平等起源論』の独訳者は言う。「でも、ヒトとしての人間と、市民と見做された人間とを啓蒙する際に、衝突が起こるかもしれません。ヒトとしての人間には、どんな文化も必要ではないでしょう。だけど、啓蒙は必要です。この啓蒙と文化が調和を保って、国民の教養形成を形作っていかなければならないと思います」。

「そのためにも、我々が徳そのもののために徳を愛することができるような、心の純粋さを作り出すべく、悟性が精神的な対象で修練されることがどうしても必要なのです」。

こうして、啓蒙時代を導いたレッシングとメンデルスゾーンは、人間性を幅広く研鑽する必要性を再確認して、帰路につく。――勿論、この会話は虚構であるが、こうした主旨の話が二人の間でもたれる思想的な境地に二人は生きていたのである。[20]

少なくとも、両者の論著に通じていて、スピノザ論争を顧慮する人なら、こうした弁証を心胸の内で行なうことはできたであろうし、また行なったであろう。国民の教育に携わろうと考え、メンデルスゾーンの「啓蒙とは何か」の大部分をノートに抜粋していて、[21]しかもレッシングの「啓示宗教の成立について」で問題とされた実定宗教の淵源を自ら考察する試論で、『賢人ナータン』の語句を引用していた若者なら、より生き生きと、二人の思想を心胸の内で描出していたに違いない。若き日のヘーゲルのことである。

レッシングとメンデルスゾーンによるスピノザの思想への接近は、当時の一般的なスピノザ把握を大きく見直そうとするものであった。たとえば、哲学の学説誌としても有名であり、またメンデルスゾーンが論及していたベイルの『歴史批評事典』でスピノザは、「ユダヤ教からの脱走者、最後は無神論者になった」と辛辣な調子で酷評され、「宗教心がほとんどなく、そのことをあまり隠さぬ人は、誰でも大ざっぱにスピノザ派と呼ばれる」[22]とまで書かれている。

ブルッカーの『哲学史』ではこう記述されている。「一つの普遍的な実体をスピノザは神と呼ぶ。そしてその実体に神的な属性を帰属させる。彼ははっきりと、神は万物の内在的原因であって、超越的な原因ではないと断言している。それゆえ彼の学説は、神を〈ト・パン〉〈万有全体〉とみなした古代のあの哲学者達の学説と混同されてはならない。というのは、古代の哲学者達によれば、可視的で叡智的な世界は、神性の永遠の源泉からエマナチオンによって産出されている。すなわち、神的な本性の拡張とか展開とかによって産出されている。これは、叡智や計画のなせるわざであった。しかるに、スピノザの体系においては万物が内在していて、必然的に一つの普遍的な実体の様態なのである。これをスピノザは、無神論を隠蔽せんとして、神と呼んでいる。（……）洞察力、能力、学習の点で欠けるところのなかった人がそうした不信心に陥ってしまったということは、大変驚くべきことであるように思われる」(23)。当時としては極めて権威のあったブルッカーの『哲学史』でさえ、スピノザの体系は「不敬虔な体系」であり、空虚な詭弁、曖昧な定義、誤った推論、あらゆる不合理さに満ちている、とされたのである。

(3) スピノザ論争

スピノザの思想は、無神論だと受け止められる一方で、統一的な自然観を示すところから、支配的であった二元論的な思考方法を超えるものとして、受け入れられ始めてもいた。一七七四年の七月二四日、ベンスベルクの、花が咲き誇る庭園に接した園亭で、昼食を取りながらヤコービ兄弟にスピノザの話をしたのは、前年来スピノザ研究を始めていたゲーテである(24)。ただ、それがどのような話なのか定かではないが、ヤコービが好奇心をもって話を聞いたことは窺い知れる。そして、この時期のゲーテのスピノザ研究が「プロメテウス」として結実した。スピノザをめぐり、さまざまな人間模様が描かれていく。

ヤコービとレッシングの対話が行なわれた翌年、一七八一年二月一五日に、レッシングは世を去った。三〇年来の親友であったメンデルスゾーンにとっては、大きな痛手で、「世間から守るべき、汚されてはならない聖域のように、その痛みを自らの内に包み込んだ(25)」という。その思いが、いつしか、自分がレッシングの伝記を書かなければ一体他に誰が書くというのか、という使命感へと変わっていったことは容易に推測される。

レッシングが親しくしていた人に、ハンブルグのギムナジウムの教授ライマールスの娘で、エリーゼ・ライマールス（一七三五－一八〇五）という女性がいた。ヴォルテールの翻訳などをした人である。彼女はまた、メンデルスゾーンにとっても共通の友人であり、「レッシングを通じてヤコービの友人にもなった」。前日ベルリンでメンデルスゾーンに会ったばかりのエリーゼからヤコービに宛てて、メンデルスゾーンが「レッシングの性格と著作についての仕事」に取りかかっていることを伝える書簡が、一七八三年三月二五日にしたためられる。これに対して、ヤコービは、「レッシングは晩年にあっては断固たるスピノザ主義者であった」と伝えた上で、「あなたがこのことについて、何かメンデルスゾーンにうち明けるにせよ、うち明けないにせよ、私の親愛なるあなたにお任せします」とエリーゼに宛てて七月二一日に書き送ったのであった。エリーゼはすぐにメンデルスゾーンにこのことを伝える。エリーゼは九月一日付のヤコービ宛書簡で、ヤコービに対するメンデルスゾーンの返事を、次のように書き送る。「何を、どのように、どんな時にレッシングがこの件について表明したのか、ということについて、詳細にはっきりしたことを伝えて頂けないかと願っております。（……）このことをお願い頂けましたら、メンデルスゾーンは勿論、彼がレッシングの性格についてなお書こうとしているものの内で、それについて言及することになりましょう。なぜなら、彼の言うところでは、私達の最良の友の名前は、それにふさわしい以上にも、以下にも輝くべきではないから、というのです」。ただメンデルスゾーンは、彼がレッシングの性格について書くようになるのは、「すべての党派性が終焉した時」で、それには半世紀もかかると付け加えた、という。(26)

こうしてヤコービは、エリーゼに、一七八〇年のヤコービ――レッシング会談の一部始終を記したメンデルスゾーン宛書簡（一七八三年一一月四日付）を託した。そしてその写しをヘルダーにも送ったのである。これをヘルダーはゲーテに見せる。反応を待ちわびるヤコービにゲーテは、一二月三〇日に、「我々は大兄やレッシングのことで楽しく過ごしておりました。ヘルダーが大兄に御返事を書いたことでしょう」、としたためる。だが、ヘルダーがヤコービに返事を書いたのは翌年二月六日になってのことであった。ヘルダーはヤコービ宛の書簡の中で、レッシングの語った「ヘン・カイ・パン」がスピノザ哲学と合致することを確信している、と表明する。「世界の外に存在する神というのは、神の概念にも、世界や空間の概念にも一致しないし、制限された人格性も無限な実在にはふさわしくない」[27]として、ヘルダーは、ヤコービや反スピノザ主義者の神把握を斥け、スピノザの神を「最も実在的で、最も活動的な一者」だと主張したのである。

メンデルスゾーンからの返事は、さらに一七八四年八月一日になってからであった。ヤコービ宛の書簡とともに、「覚え書き」と題された小論が送られた。この「覚え書き」では、レッシングの弁護というより、ヤコービ批判が展開される。たとえば、ヤコービの次の言葉が引き合いに出される。「〈無限なもの〉におけるどのような生成によっても（……）、どのような変化によっても、何らかのものが無から措定されることになります。そこで、スピノザは〈無限なもの〉が〈有限なもの〉へ移行することを一切拒否し（……）、流出する原因の代わりにただ内在的な原因を、永遠に自らにおいて不変の世界の内在的な原因を措定しました」。メンデルスゾーンは、この把握では耐えがたい難点に逢着する、として次のように述べる。「初まりのない系列がスピノザにとって不可能でないように思われたなら、諸事物が流出して生成するからといって、必ずしも無からの生成ということに帰着しなかったでしょう。これらの事物がスピノザにとって有限なものであるなら、それらが〈無限なもの〉に内在していることは、それらが〈無限なもの〉から流出することと同じくらい、いやそれ以上に把握し難いように思われます[28]」。

メンデルスゾーンの言葉は、およそスピノザのテクストに接したことのある人のものとは思われない。メンデルスゾーンは、「ヤコービがスピノザに従って、現実性の原理をはっきりさせようとした箇所」として、次の箇所を引用した上で、難詰する。「スピノザの神は、（……）端的に無限です。この神の統一は、区別されるべきでないものの同一性に基づいていて、従って一種の多数性を排斥しません。しかし、単にこの超越論的な唯一性において見てとるなら、神性には端的に、現実性が欠けてしまうに違いありません」[29]。ところがこの箇所は、ヤコービがレッシングの『人類の教育』第七三節を解釈した箇所なのである。メンデルスゾーンは文脈を曲げて引用し、〈無限なもの〉を「すべての個別性の集合」だと主張する。その上、レッシングの語ったことは、「まったく彼の気まぐれです。いわば自己自身を飛び越えようとする風の、それゆえ何の進展もなかった気持の飛躍による思いつきなのです」[30]という。メンデルスゾーンは、テクストよりも、スピノザを、そしてレッシングを救うことが重要であったかのように、論陣を張ったのである。

確かに、ヤコービは、レッシングの秘密を暴露するかのようにして、メンデルスゾーンの気持を逆撫でしてもいる。しかし、メンデルスゾーンの「覚え書き」は、哲学者の像を歪んだ形で描出するものであった、と言えよう。「覚え書き」によれば、ヤコービの誤りの根源は、「ヤコービが延長と運動とを、思想の唯一の実質にして客体だと見做しているところにある」と言う。「どのような根拠で貴兄がこのことを決まったこととして前提しているのか分からない」とまで述べているのである[31]。自分の「言葉」にないことを言ったとされる、これがヤコービにはショックだった。

一七八四年九月五日付でヤコービは、メンデルスゾーンに宛てて自説に対する曲解・捏造に抗議する。ヤコービにしてみれば、スピノザ主義とは何かということについて一致しない限りは、論争は成り立ち得べくもなかった[32]。メンデルスゾーンには「自分の書簡の多くの箇所がまったく分からないままだ」とヤコービには思えた。翌年一月二八日付でメンデルスゾーンはエリーゼに宛てて、スピノザの学説の根拠について立ち入りたいが、「ヤコービ氏の生き生きとした講述を用いて、スピノザの代わりにヤコービに語らせたら、私にとっては大いに便利であるし、多くの読者にとっても非常に役立つ[33]」と書き送る。その求めに応じてヤコービは、「私に送られてきた覚え書きについてメンデルスゾーン氏に」という、スピノザの学説について四四節にまとめた解説を、四月二六日付で直接メンデルスゾーンに送る。ところがメンデルスゾーンは、汎神論を扱った著作を出版する旨の通告と、それを読んだ上でヤコービが自分の送った「覚え書き」に答えることの要求とを、一方的にエリーゼに書き送るに到る。だが、ヤコービにしてみれば「私の著作も、これとまさしく関連しているメンデルスゾーンの著作とともに、同時に出版されることによって、多くの考察をかきたてなければならなかった[34]」。こうして二人は、争うようにして自らの見解を出版することになり、論争は公然たるものになったのである[35]。

「無神論に帰着しないスピノザ主義が存在すること[36]」を示すために、メンデルスゾーンが『朝の時間』を発表したのと時期を同じくして、ヤコービも、メンデルスゾーンとの論争の経緯を直接伝えるものとして、メンデルスゾーンからの書簡も含んだ『スピノザの学説について、モーゼス・メンデルスゾーン氏に宛てた書簡』（以下『スピノザ書簡』と略記、一七八五年八月二八日序文脱稿）を出版した。自分の書簡が勝手に公表され、しかもレッシングとの友情の尊さまで汚されたことに痛憤を覚えたメンデルスゾーンは、『レッシングの友人達に』で反論しようとするが、出版を前に一七八六年一月四日、病いに斃れる。五七歳であった。しかし論争は終わらず、ヤコービは『メンデルスゾーンの告発に抗して』（一七八六年四月一九日序文脱稿）で対抗する。こうした時局に臨んでヘルダーも、『神――幾つかの対話――』を一七八七年に上梓する。ところが、一七八九年になってヤコービは、一連の関係文書と八篇から成る付論を新たに加えた『スピノザ書簡（第二版）』を出版し、ここでヘルダーの『神』までが批判されることになったのである。

『朝の時間』でメンデルスゾーンは、「純化されたスピノザ主義[37]」というものを想定するならば、「道徳と宗教とが守られる」と考えた。そのために、スピノザの思想は徹底的に変改される。スピノザの実体は、有限な本質の全集積の外部に存在し、しかも思惟する主体を前提とする、とまでされるに到る。[38] こうしてメンデルスゾーンは、スピノザ主義の、いわば脱スピノザ化を計り、意志の自由と宗教とを救済しようとした。しかしそれでは、思想の解釈というより、虚構だという誹りを免れることはできない。スピノザを無神論という非難から救うためとはいえ、哲学史を党派の事柄と見做した結果だ、と言えよう。

ヤコービの基本姿勢は、「人間の認識と活動すべての境地は信仰である[39]」ということに尽きる。この把握を裏から支えるのが、「神が存在しないということこそ、学問の関心である[40]」という認識である。ヤコービの見るところ、世界の目的因が想定されない場合、そこにはただ「作用する諸力のメカニズム[41]」しか残らず、我々を動かすところの「思惟する能力」は自然の中の傍観者に堕してしまう。神が知性も意志も持たない非人格的な存在であることは、「知性的で人格的な世界の原因を信じている」ヤコービにとっては耐えがたいことであった。しかし翻ってみると、ヤコービの観点では、スピノザ哲学はもとより、論証によって構築される哲学体系はすべて、宿命論に帰着せざるを得ない。彼にとって確実な認識をもたらすのは、論証ではなく、信仰であった。「信仰により我々は身体を持つことを、そして我々の外に他の身体や他の考える実在が現存することを知る。真の驚くべき啓示![42]」。といっても、ヤコービの言う〈信仰〉は〈宗教的信仰〉の意味だけで尽くされはしない。信じることの確実性は、根拠を自己自身の内に包含している直接知だと、ヤコービは捉える。これに対して「諸根拠がもたらす確信は、間接的に比較にもとづく確実性である[43]」。たとえば、論証によって得られる知は媒介されたものである。ヤコービは、信仰の中で得られる「自然の啓示」による直接的な確実性を重視することで、合理的で数学的な論証を通して倫理学の体系を構築したスピノザの対極に立ったのである。

『神』においてヘルダーは、いわば折衷的なスピノザ把握を打ち出す。つまり、自然を貫徹する原理を「実体的な力」に求める。人格神でない神を想定することによって無神論だとされる非難をかわす。ヘルダーによると、この力というのは、近代自然科学によって発見された引力、磁力、電力などとして具体的に確証されたものだ、という。ヘルダーは、「力と力との調和」をスピノザ哲学の基礎に見る。それによって、無神論や汎神論という非難を斥ける。ヘルダーは「単一で最高の実在なら決して諸部分を持たないがゆえに、世界のどの部分も、神の一部分ということにはなり得ない」[44]と見る。そしてスピノザにおける「万有もしくは真なる実体」を、「物質的な実在や思惟する実在すべての集積」[45]と見做したメンデルスゾーンのスピノザ把握を斥ける。しかし、全体としてはレッシングやメンデルスゾーンに肩入れした論調を示している。

『神（初版）』に対しヤコービは、『スピノザ書簡（第二版）』の付論IVとV、そしてVIIを通して「有神論とスピノザ主義との中間体系」[46]だと厳しく批判する。つまり「世界の原因、即ち最高の本質が、単に万物の永遠に無限な根源、能産的自然、最初のバネであるのか、それとも理性や自由によって作用する知性なのか」というところに、ヤコービはスピノザ主義との対決点を見定める。ヤコービにしてみれば「最高の知性には必然的に、最高度の人格性をも、すなわち自らにおいて存在し、自らについて知ることの完全性をも認めなければならない」。ところがヘルダーは、「神的な悟性は人間的な悟性ではなく、神的な意志は人間的な意志ではあり得ない」という真の命題から出発しはしたものの、人格的な現存在を殲滅してしまい、そのくせ徹底して「事物の最上の原因は知性ではあり得ない」とまでは主張しなかった、というわけである。[47]さらに、ヘルダーにあっては、スピノザの神は、無限な思惟力と無限な作用力とが、知性と意志とが合一されている「無限な能力」だとされる。ところが、デカルトの樹てた思惟と延長という二つの属性を、スピノザは神という分割不可能な存在の属性として想定したので、「それらがうまく適合し合うような第三のものを想定せざるを得なくなり、これを能力と呼んだ」と語られもする。[48] ヤコービはこうした。ヘルダーの自己撞着を剔抉するとともに、最高の実在について語るためには「自己自身を超える跳躍」、すなわち「サルト・モルターレ」が必要だとしたのである。

「ヘルダーの『神』におけるスピノザ主義と理神論との折衷を、貴兄は極めて根本的に反駁なさいました。およそすべての折衷の根底には、概して誠実さが欠如しているものですが、こうした心情の特性は、この偉大な手品師にはとりわけ固有なものです」[49]。これは、一七八九年八月三〇日付でヤコービに宛てた、『スピノザ書簡（第二版）』の献本に対する礼状でのカントの言葉である。スピノザ主義を擁護した『神』よりも、スピノザ主義を精確に論難する『スピノザ書簡』の方が、むしろスピノザ主義を積極的に受容しようとしていた人達の手引きになった。たとえば、レッシングとヤコービの会談を、『スピノザ書簡（初版）』に従って抜粋したヘルダーリンもその一人で、ヘーゲルら学友とともに、スピノザ研究を深めていく。「ヘン・カイ・パン」を標語として共有した彼らが、二元論的な思想の克服を目指して、ドイツ観念論を展開していくことになったのである。

二　ドイツの哲学革命

ヤコービとメンデルスゾーンの間で始まった論争は、多くの哲学者達を巻き込むまでに拡大していった。スピノザ論争は、スピノザの解釈やレッシングの思想の擁護をめぐって行なわれたものであったが、その背景には、啓蒙主義と反合理主義との立場の違いが鮮明にあった。論争の中で、思想を解釈したり、哲学の歴史を見たりする際の「党派性」が、明らかになってくる。折しも、一七八一年に、カントの『純粋理性批判』が出版され、ドイツにおける「哲学革命」が進行しつつあった。それは、従来の形而上学の営みを批判の俎上にのせることであった。やがて思想家達は、カントの批判哲学の後継者であることを、自らの思想の正当性の証しであるかのように主張するようになる。

（1）理性の旅路で方位を定める羅針盤

「すべてを破砕するカント[50]」、これは、メンデルスゾーンの『朝の時間』の序文に見られる章句である。一七八五年一〇月一六日付の書簡でメンデルスゾーンは、論敵と見ていたカントに、その『朝の時間』を贈るとともに、次のように『スピノザ書簡』を非難した。「およそヤコービ氏のこの著作は奇妙な混じり物で、ほとんど怪物のように生まれついたものです。頭はゲーテ、体はスピノザ、足はラーヴァターなのです。／しかし、私信を、その書き手に問い合わせたり承諾を得たりすることなしに公表することが、どのような権利をもって今の時代に一般的に許されるのか、私には分かりません。（……）彼は、自分の人格は安全にしておいて、自分の友人を裸のまま無防備にして広野に置き去りにしているのです[51]」。メンデルスゾーンは体力の衰えを感じながら、哲学の改宗を勧める夢想者を非難し、カントの判断を求めた。だがメンデルスゾーンは、カントの応えを見ないままに終った。この論争に対するカントの感想は、一七八六年四月七日付のマルクス・ヘルツ宛書簡に見られる。「ヤコービの妄想は決して真面目なものではなく、ただ名声を得ようとするための気取った天才の夢想でしかありません。それゆえほとんど真面目に論駁するに値しません。おそらく私はこの詐欺を暴くために、何かをベルリン月報に掲載することになりましょう[52]」。ベルリン月報の編集者、ビースターは、メンデルスゾーンやその弔辞を読んだニコライと同じく、ベルリンの啓蒙主義という「党派」に属していた人でもあった。こうして「思考において方位を定めるとは何か」

が八月に執筆される。

そこでカントは、メンデルスゾーンにもヤコービにも加担しはしない。一方で、メンデルスゾーンが「方位を定める」のに用いた手段が批判され、正しい手段さえ用いられていたなら、論争が実あるものになり得たであろう、とされる。メンデルスゾーンによれば、「私は藪や茨の道を思弁に従ってしばらく登っている時、良識でもって方位を定めるようにしている[53]」という。つまり、メンデルスゾーンは思考の方位を定める手段を、「良識」や「共通感覚」に求めていた。しかしカントによれば、「この能力を思弁と対立させて行使しようとする時に曖昧さに陥ることによって、共通の健全理性さえも、夢想の原則になり、理性を全面的に退位させることに役立つ」。もとより、方位を定める際には、「私自身の主観における区別の感情」が必要だという。そして、「思考において、すなわち論理的に方位を定める」のは、「理性の使用を導く純粋理性の仕事」であり、「理性自身の必要だけによって理性が方位を定めるという権利」が認められる。これをカントは、「理性信仰」と呼ぶ。「純粋な理性信仰とは、それによって思弁的な思想家が、超感性的な対象の領野における自分の理性の旅路で方位を定める道標でありコンパスなのである」。

他方、この「理性信仰」とヤコービの〈信仰〉の懸隔は深い。カントによれば、単なるインスピレーションや権威に依存して神を把握することはできない。「神の概念や、神の現存在の確信でさえも、ただ理性においてのみ見出され、理性からのみ出発することができる[54]」。この叙述が向けられているのは、さしづめヤコービの〈天才の夢想〉である。ヤコービは、神の存在を論証できるものではなく、ただ信じられるだけだと見ていた。この態度を「理性の冒瀆」だとして、メンデルスゾーンは非難した。それに対してヤコービは、カントでさえも同じことを六年以上にわたり説いているではないか、と反論したのである[55]。このようにヤコービの側から証人に引き出されることを拒否したカントは、理性に真理の試金石としての地位を要求する。さもなければ、あらゆる夢想や迷信に、それどころか無神論者にさえも更に広い門戸が開かれることになる。こう見たカントは、理性の法則に従った思惟の自由の必要性を説いたのである。その後のドイツ観念論は、まさに思惟における自由の実現を目指して、思想の営みがなされた。啓蒙的合理主義と反合理主義のせめぎ合いは、カントによって一つの方位を明確に指示された、と言える。

一七九一年に、イタリア人、クロマツィアーノの書いた哲学史を、ハイデンライヒが『最近の三世紀における哲学の革命の批判的歴史』と題して出版した。この著作を貫くキーワードは、「哲学の革命」であり、それは「哲学の復興」を意味するものであった。「著者には確かに、カントの理性批判によって哲学の歴史にとって漸く可能にされたようなかの実践的な精神は欠けている。しかし、著者は、決して何らかの党派の独断的な追従者ではなく、むしろ自由な〈自己思索家〉の性格に忠実である」。このように序文で述べられているが、しかしハイデンライヒはカント主義者であった。この翻訳に付した小論、「イマヌエル・カントによって引き起こされた哲学の革命についての若干の理念、とりわけ哲学の歴史の取り扱いに対するその影響について」では、カントの功績を讃えてこう言う。「哲学を一つの体系へと形成する実用的な歴史は、漸く、カントが実際に内面的に体系的な哲学を叙述したことによって可能になった[56]」。彼は、カントの批判哲学とそれによって引き起こされた哲学革命が、「哲学的歴史を取り扱う方法の全面的な変革」を必然的にしたと見る。そして従来の最良の著作でさえも、批判的な原理に従って著されるべき哲学的な歴史記述との関連では、「素材の集積に他ならない[57]」と捉えたのであった。

ハイデンライヒは、クロマツィアーノの書いたブルーノの記述に、長い註を付している。そこでは、居丈高な調子の原著者に対し、「熱狂やセクトの精神は、歴史記述的な真理とは極めて調和しない[58]」とたしなめる。ブルーノの著作を哲学の歴史において正当に評価するという点で、ハイデンライヒは、マイナースを「哲学の批判的な歴史研究者の名に全然値しない」とし、またブルッカーやベイルを、ブルーノの著作の難解さを大袈裟に嘆いた、とする。他方、ヤコービの『スピノザ書簡』におけるブルーノからの抜粋を高く評価する。「実際にヤコービ氏は、この抜粋によって、以前にブルーノの著作について類似の試みをした著者達を、遥かに凌駕した」[59]。後年、シェリングは『ブルーノ』の執筆にあたり、ヤコービによる抜粋のお蔭を蒙っている。抜粋といえども、哲学史記述にこそならないが、哲学史の中で大きな影響を与え、また大きな意味を持つ一例である。

ハイデンライヒの見るところ、ヤコービが抜きん出ていたのは、ブルッカーなどと違い、ブルーノを無神論者という名から解放しようと悩む必要がなかったから、という。ブルーノの神も、スピノザの神も、世界の内在的な根拠にして、作用し存続する原因として、世界のどの部分においても無限の万有においても、自己形成しかつ作用するものとして示されるものだとしたハイデンライヒの把握は、当時としては出色のものであった。しかし、「スピノザは、彼の命題の追求において自己自身を欺かざるを得なかったということは、理性の能力の本性と限界を十分に知っている人にとっては明らかである」[60]というのは、カント主義者の言である。党派性によって哲学史の記述が歪曲されることを指摘したハイデンライヒは、逆にまた、自らの党派色が滲む哲学史を記述したのであった。

(2) 哲学史記述における党派性

ハイデンライヒの哲学史の出版された年に、ベルリンの王立アカデミーは、「ライプニッツやヴォルフの時代以降、ドイツで形而上学はいかなる進歩を遂げたか」という懸賞問題を掲げた。これに応えて入選した一人がラインホルトであった。ラインホルトはその序文で、『純粋理性批判』の出版以後、諸学派の闘争が広がったと捉えた上で、次のように述べている。「これら相争う党派のそれぞれは、それぞれが持っているその独自の観点から『ライプニッツやヴォルフ以降、形而上学はいかなる進歩を遂げたか』という問題の意味を注視せざるを得ない。それゆえ、党派が実際に存在し、また考えられ得るだけの数のさまざまな、その問題に対する答えが可能である」。しかし、ラインホルトの見るところ、いかなる党派にも属さない傍観者の視座から見てこそ、「現在形而上学に携わっているすべての哲学者が、批判的な哲学者と非批判的な哲学者とに区別されることが分かる。この後者の哲学者達は、懐疑主義者と独断論者とに分かれ、この独断論者は、二元論者、汎神論者、唯物論者そして観念論者とを相互に含む[61]」という。諸党派の論争点を合一せんとして、従来の形而上学の考え方を類別し尽くそうとするラインホルトは、「批判主義者の党派に属さない」と明言しながら、哲学の歴史を党派の事柄として捉えていた。

一七九七年にシェリングは、『哲学雑誌』に「最近の哲学的文献の一般的概観」を発表し、そこで、このラインホルトの論稿に言及している。シェリングも、さまざまな体系が争っている時期に「非党派的な答えは望むべくもない」ことを認める。その上で、非党派的であり得る仕方を二つあげる。一つには、哲学についての一切の高次の理想を断念して、哲学というものにあまり期待しない仕方で非党派的たり得る仕方。もう一つは、それぞれの哲学体系を一つの共通の理想への接近として見做すことによって、「すべての同じ理性において、同じ問題において、来たるべき体系の同じ萌芽、すなわちあらゆる党派や個々の体系を超出する萌芽[62]」を見出そうとするところに成り立つ非党派性である。この意味での非党派性をシェリングは、ラインホルトに見た。しかし、非党派性に立脚することを標榜しても、来たるべき体系、普遍的な理想を奉じる党派に属することになる。事実、ラインホルトは厳しい哲学の党派闘争を主導していたのである。

ある事柄を疑わしいと見做して判断保留に到る懐疑論の規準、すなわちトロポイの一つに、「異論の存在を論拠とする方式」というのがある。哲学者の間に論争がある以上、判断保留に到らざるを得ない、とするわけである。ラインホルトの根元哲学を批判哲学の党派に属する最新の成果と見做し、これを論駁した『エーネジデムス』の背景には、そうした懐疑論の考え方が流れている。『エーネジデムス』の序文においてシュルツェは、哲学の世界には、以前より二つの党派があった、とする。すなわち、一つは、真理を自分だけが所有していると信じ、哲学とは何かを決定し得る哲学の領域での唯一の覇権を主張する「裁決する党派」であり、もう一つは、哲学する理性が絶えず完成に向かっていると見て、独断的な体系の主張する無謬性に抗して理性の要求に従う「抗議する党派」だ、という。シュルツェは、カントやラインホルトを前者の党派に属するものと見て、また自らが標榜する懐疑論は、「哲学の世界におけるプロテストする党派」だとして、敢然と「自らの知を誇る独断論者に対抗する闘い」(63)を挑んだ。しかし、ここでシュルツェは、自らの議論の正当性を、「非党派的で造詣深い読者」に委ねざるを得なかったのである。

意識を基礎として、批判主義を体系化しようとしたラインホルトの一連の試みが、「根元哲学」と呼ばれた。その原理が、「意識において表象は、主観によって、主観と客観から区別され、かつ両者に関連付けられる」という意識律である。その強い体系志向から言っても、また知の実在を前提とする点でも、ラインホルトは、ヤコービの対極にも立ち、またシュルツェの対極にも立っていた。ラインホルトがシュルツェの論難に反論したものに、一七九四年に出版された『哲学者達の従来の誤解を正すための寄与(第二巻)』に収載された「否定的な独断論もしくは形而上学的な懐疑論の詳細な叙述」という論文がある。ここで彼が依拠するのは、「哲学の歴史記述的な研究」である。そこから、理性が互いに一致しようとするなら、それ以上の哲学の営みは断念せざるを得ない、と明言する。なぜなら、プラトンとアリストテレス、ライプニッツとロック、ヒュームとカントというように、哲学する理性が最も華々しく活動する時期は、不一致の時だから、という。

ラインホルトに自己否定の論理はまったくない。彼の懐疑論批判を見ると、その合理主義的な知の立場が分かる。どんな懐疑論者も、「客観的真理を拒否し得るために（……）主観的真理を承認しなければならない」[64]。ところが、懐疑論ではこの区別が明らかになっていないために、客観的真理を主観的真理によって廃棄しておきながら、主観的真理をも解消したと欺瞞的に見做している。そのくせ論理的な真理性を標榜したりする。懐疑論そのものの哲学的な根拠としてラインホルトは、セクストスにしても、ヒュームにしても、表象と表象されたものとを彼らなりに把握していたと見る。「すべての従来の哲学は多かれ少なかれ、そうした表象の概念を前提としてきた」。表象されたものは、表象と合致する限りで、客観的に真だと見做される。すべての哲学の基礎を供給するべく、ラインホルトは表象を分析する根元哲学を構想し、別名なき哲学と呼んだ。「経験主義、合理主義、懐疑論そして批判主義もまた、来たるべき別名なき学問的な哲学のためにまったく必要な準備として、これに先行したに違いないし、先行しなければならない」。後継の哲学体系から、初めて先行している哲学体系に明るい光が投げかけられる、という。ラインホルト自身は、「真理への愛」と言うかもしれない[65]。しかし、ラインホルトはまさに自らの根元哲学の党派に立って、哲学を展望していた。

通俗的なカント哲学の解説に留まることなく、意識を哲学の基礎として、カント哲学を体系化しようとするラインホルトの試みから、ドイツ観念論の思潮が始まったと見て良い[66]。ラインホルトをして、体系の原理論にするべく厳密な学を構想させたのは、哲学論争はすべて誤解に基づいてきたという反省である。誤解が「哲学の領域をこれまで戦場にしてきた。その戦場で闘われれば闘われるほど、決着がつかなくなった」。ラインホルトの見るところ、哲学論争の生じる余地のない学を確立するためには、「普遍妥当する命題が第一の根本命題として可能でなければならない。さもなければ、哲学は学問としては不可能である」[67]。第一の根本命題を哲学の原理に据えない限り、論争は成り行き次第になり、偶然が哲学の原理になってしまう、という危機感がラインホルトを動かした。

哲学論争の終焉を目指したこの根元哲学自体、多くの論者との論争を招いた。『エーネジデムス』の他に、良く知られた論駁書として、マイモンの『新論理学試論』がある。[68] これに先立ってマイモンは、『哲学の領域における旅路』においても、ラインホルトを論難していた。「ラインホルト教授は、彼の表象能力の理論において、カントよりも遥かに進んでいるに違いない、と考えている。しかし、はっきりするであろうが、この更に進んだ、ということは、単なる虚偽である」[69]。彼は、ラインホルトに、超越論哲学や意識律の批判を書き送る。ラインホルトからの返事は、哲学的な言葉の用法にマイモンが未習熟だ、というものである。当時は、多くの思想家がカントの批判哲学を発展させようとしていた。そして彼らは、カント哲学の嫡流であることを、自らの思想の正当性の証にしていた。しかし、カントの「言葉」に忠実に依拠して解説する思想家と、カント哲学の解釈にあたり、その「精神」を継承していることを主張する思想家とに分かれていた。

（3）解釈における「言葉」と「精神」

文献を解釈し、歴史の中に定位する際に、文献の「言葉」に忠実であろうとするか、「精神」として解釈されるものを重視するか、というのは、哲学史記述の際にも大きな問題として残る。一七九五年にフューレボーンは、自らの編集する『哲学史への寄与』第五分冊に、「哲学の精神を叙述するとはどういうことか」を発表した。フューレボーンによれば、哲学史の講述者が見なければならないのは、「思想家達のさまざまな哲学的営為における、内的なもの・本質的なもの・普遍的なもの・主要なもの・生けるもの」だという。すなわち哲学の原理である。「哲学の原理を探り出し、個々の主張を哲学の原理に従って検証し解明する歴史記述家は、哲学の精神を叙述している。(……)その原理の適用は、哲学的営為の仕方の連関を、すなわち個々の研究において支配している統一を、体系的なものという言葉で規定する」。哲学の原理を明らかにするには、個々の哲学を体系として捉えた上で、その「精神」にまで透徹しなければならないとフューレボーンは考えたのである。「表現の内に展開されている純粋で内面的で本質的な思想を探究」することで、表面的な言辞は看過されるかもしれない。しかし、だからと言って、歴史にとって必要な忠実さを失ったことにもならないし、歴史を物語にしてしまうことにもならない、とフューレボーンは見る。なぜなら、歴史と思想史とは違うからである。さまざまな共時的な状況から成り立っている歴史的な出来事を考察するに際して、それらの状況は変様されざるを得ない。しかし、思想史にあっては、眼前にあるテクストという事実を理解し、検証することだけが許されている。語り手が自分独自の観点を密輸入したりさえしなければいい。こうしてフューレボーンは、「思想家達の虚構を、彼らが哲学の理念にどの程度近付いていたか、それともどの程度離れていたかという程度に応じて評価する」ことを、批判主義の哲学者に求める。彼らは本来、党派を組まないからという。独断論者や懐疑論者は哲学の歴史を既に完結したものと見ていた。しかし、批判主義の哲学者によってこそ、「哲学の実用的な歴史」が記述され、「なお生じ得るし、生じるに違いないもののための規範と範型」が供給される[70]、とフューレボーンは考えたのである。

同じような問題にシェリングも、先述の「最近の哲学的文献の一般的概観」において出合っていた。シュヴァーブの採用した「哲学的な諸体系をそれらの精神に従って全体において評価するのではなく、それらの個々の根本命題の言葉に従って評価する、という手法[71]」について、次のように批判する。「この仕方では、確かに哲学の歴史はその本来的な関心を失い、非党派的であることが容易になる。なぜなら、言葉に、そして体系の形式的なものに立ち留まるなら、実際には、さまざまな教義体系の諸矛盾の内に、言葉や無意味な概念についての一連の役に立たない同情すべき論争しか見えないからである。（……）しかし、さまざまな体系の精神へと立ち返るなら、〈真正な哲学者なら、根本においては以前から相互に一致していたし、その際でも（個々人は）数学者達には決してできないくらいに独創的であり得た〉ということがすぐに分かる」。体系の精神といっても、差し当たりそれは、普遍的な哲学の理念に通じている解釈者の目にしか映らないものである。

シェリングによれば、哲学者を特徴付けるためには、「さまざまな意見を年代順に列挙する」だけではすまない。「視野の中心点」を定めることによって、さまざまな意見のカオスの内に合法則性や合致を見出さなければならない。こうしてシェリングは、単なる学派の争闘の叙述ではなく、普遍的な哲学史が可能であることを示そうとする。「普遍的な体系の理念」を抱くことによって、互いに対立し合ってもいるすべての体系に、「人間の知そのものの体系の内で連関と必然性を与える」ことができる。この包括的な体系においてこそ、争い合っているすべての体系の関心が合一され、哲学におけるどのような問題に対しても普遍的な答えの可能であることが示される、という。哲学史を体系として捉えるということは、哲学の歴史を、諸体系の生成消滅の列挙として記述しないことを意味する。諸体系を「一つの支配的な共通な精神が貫徹している」と見るところに、「展開による進歩」を捉え得るとシェリングは言う。それを、有機的な形成と言い替えもする。「無規則的な堆積によって外部から部分的に生成した所謂哲学なるもの」は、哲学史からは排除される。さらに、学派の精神は、真理を隠すものと見做される。経験主義者や合理主義者、独断論者や懐疑論者のさまざまな学説が「論争もないまま、といって和合もなく相互に併存して」存立することを認めたラインホルトの哲学史観を、シェリングは斥ける。「哲学の歴史の中心点として役立つ体系は、それ自身展開できなければならない。その体系においては有機的な精神が支配している」[72]。哲学の歴史そのものが一つの哲学の生成過程であり、それゆえ、それぞれの学説は必然的に歴史的に定位されている、と語られる「最近の哲学的文献の一般的概観」に、ヘーゲルにも通じる哲学史の理念が、ほぼ出揃っているのを見ることができる。

カント解釈をめぐっても、「言葉」に忠実であろうとする側と、「精神」を体していると主張する側との間で、しばしば論争が生じていた。言葉を解釈する際には、紙背に、行間に流れているもの、哲学の精神を踏まえなければ解釈と言えないことは、言うまでもない。しかし、時には「独創的」であることを主張するあまり、主観的な思惟に堕すこともあった。実際のところ、「言葉」に依拠するところからは、カントの思想の通俗的な解説が生まれたのに対し、カント哲学を解釈した上で、その枠を越え、思想を新たに展開しようとする側が「精神」に則っていることを主張した、と見てよい。例えば、この両極に立つのが、「自由」をめぐって論争したシュミットとラインホルトである。C・C・E・シュミットは、自らの『カントの著作をより簡便に用いるための辞書』における概念の説明を、カントの著作において見出される以上でも以下でもない旨を主張して、すべての責任をカントに帰した。シュミットが〈選択の自由〉を認めないのに対し、ラインホルトは、意志における選択の自由を、カント哲学の「精神」に適ったものであることを主張し、「意識の事実」として論じた。両者の論争からフィヒテが、自由な行為主体である自我を哲学の原理とした知識学を生み出し、ドイツ観念論を進展させることになった。

フィヒテの知識学は、マイモンやエーネジデムスの指摘により、哲学がまだ学の地位に高められていないことに気付いたところに出発点を持ち、そして「分かたれた党派を合一するため(73)」に、学としての哲学を構築することを目指していた。一七九七年二月一四日付フィヒテ宛書簡でラインホルトは、「意識や表象についての私の把握に対抗するマイモンやエーネジデムスの反論は私には何の効き目もありません。なぜなら、それらは、闘っている概念を暗黙のうちに当の闘いそのものにあって前提していることが、私には非常にはっきりしているからです」と批判する一方で、フィヒテの知識学を「別名なき哲学」[74]と呼んで、これを受け容れた。また、同年三月二五日に脱稿した『論文集（第二部）』においても、「哲学の学問的な基礎は、知識学によって（……）実際に見出されている」[75]と語るに到って、フィヒテ哲学はドイツ観念論の思想闘争に勝利したかに見えた。

しかしそのフィヒテも、新たな党派抗争の渦中の人となる。一七九八年秋に、ニートハンマーとともに自らが編集する『哲学雑誌』に、フォールベルクの「宗教の概念の展開」を掲載するにあたり、自らの立場との違いを説明するために同時に掲載した「神の世界支配に対する我々の信仰の根拠について」をめぐって、無神論論争に巻き込まれることになった。ヴァイマール政府は穏便に済まそうという方針だったと言われる。しかしフィヒテは、一七九九年初頭の『公衆に訴う』や、三月一八日に脱稿して初夏に発表された『無神論という告発に対する訴訟弁明書』などによって、妥協するどころか、「何をもって無神論的学説だというのか」と猛然と反論し、告発する側の言う「神」を「偶像」に過ぎないと斥け、公衆を啓蒙しようとする。フィヒテは、我が身に、ゲッツェと論争したレッシングの姿を二重写しに見ていた。[76]ある強力な存在者から恩恵を期待する信仰は、フィヒテによれば、「感性界のために想定され、感性界を超えることのできない心情によって想定される神」から享楽を期待することであって、偶像信仰に通じるという。これに対しフィヒテは、人間の悟性の内に、心情の内に、「純粋な義務と超感性界への信仰との立場」を求めた。従ってまた、実体としての神をも斥ける。こうしてフィヒテは、ヤコービに連帯の挨拶を送ったのである。[77]

結局、一七九九年三月末にフィヒテの辞職が決定される。一一月になって公刊されたヤコービの『フィヒテ宛公開書簡』が著されたのは、ちょうどこの時期、三月三日から二一日までであった。ヤコービにとっては、フィヒテの想像以上に、二人の間の懸隔は大きいものであった。ヤコービの見るところ、純粋理性は「ただ自分だけを聴解する」がゆえに、「あらゆるものが、純粋理性の外では無に転化する」。同様に、自我から演繹される学にあっても、自我の外では一切が無になってしまう。自我論の機構を解明するにあたってヤコービが突き止めたのは、「純粋なそれだけで無」であった。ヤコービにとって理性は、「真なるものについて自分が無知であることの感情と意識とを、つまり真なるものの予感を与える」ものに過ぎない。もとより、真なるものは、人間に知られたら、真なることを止める、ともヤコービは言う。「人間を自分自身以上に高めるのは、ただ彼の心胸だけ」であるのに、ヤコービにしてみれば、カントやフィヒテの「超越論的哲学は、私の胸からこの心胸を引き裂いて」、自我の衝動に置き替えたのである。「無知の哲学」を標榜するヤコービは、フィヒテ哲学を「顛倒したスピノザ主義」、「実質を欠いた唯物論」、「無についての哲学的な知」と見做し、「ニヒリズム」だと論難したのである。

ヤコービが『フィヒテ宛公開書簡』を出版した目的は、一つには、フィヒテとの立場の違いを明確にすること、もう一つには、人格神への信仰をフィヒテに突きつけることにあった。そして、ヤコービがフィヒテに対し最終的に迫ったのは、「無か神か」[78]という二者択一であった。自分の外部に神が存在しているのを認めるか、それとも自分を神として一切を幽霊と化すかという対極に、ヤコービは、自らの立場とフィヒテの立場とを定位したのである。

フィヒテの自我論に、スピノザ哲学への親近性を感じ取った人は多かった。確かに、フィヒテによれば、スピノザが意識の統一の根拠を、自我を越えている実体において前提したのに対し、すべてを自我の内に措定する批判哲学においては「絶対的自我が、端的にして、より高次の何ものによっても規定され得ないものとして樹てられる」[79]。体系としては批判主義の体系と独断論の体系だけが可能だと見たフィヒテは、スピノザ主義を、「自我の外なるもの」が第一義的に存在している独断論だとした。しかし、知識学にあっては、スピノザ哲学の知性と延長とが自我と非我とにあたり、自我論の理論的部門は、「体系的スピノザ主義」だと語られもした。「実体」概念をよすがとして、「あらゆる可能的な活動様式（さまざまな仕方）が自我の内に措定されている限り」[80]の自我が成り立つ。この「純粋絶対的自我」を構成することで、独断論を超克しようとしたわけである。

フィヒテによる思想の展開を積極的に受け止めて、ドイツ観念論の思潮を生み出した一人がシェリングであった。彼は、学友ヘーゲルに宛て、一七九五年二月四日にこう書き送っていた。「僕らにとっても、神についての正統的な概念は最早存在しません。――僕の答えは、『我々は人格的実在よりももっと先にまで進む』というものです。とにかく僕はスピノザ主義者になったのだ！」。スピノザ論争、それもヤコービとヘルダーとの論争を踏まえた上で、スピノザ主義に接近したことが窺える記述である。しかし、これに続く叙述はこうである。「スピノザにとって世界（主観に端的に対立している客観）が全てであって、僕にとっては自我が全てだ。批判哲学と独断哲学の本来的な相違は、僕には、批判哲学が絶対的な（どんな客観によっても制約されない）自我から出発し、独断哲学が絶対的な客体もしくは非我から出発する、というところにあるように思える。（……）僕にとって、すべての哲学の最高の原理は純粋な絶対的自我なのだ」[81]。フィヒテの知識学の中に、スピノザ主義に通じるものを、つまり一元論の新たな形態を見て取った感激が窺える。ヤコービによるフィヒテ批判は、こうした思潮の中で捉えられなければならない。

ヤコービの『フィヒテ宛公開書簡』が公刊されたのと時期を同じくして、ヘルダーの『神（削除され増補された第二版）』が出版された。それはまた、奇しくもいわば第二次無神論論争とも言える時局であった。初版以来十余年、かつて「恐怖と嫌悪の念をもって名を呼ばれた」スピノザも高く評価されるようになり、「ドイツの哲学的地平では多くのことが変わってしまっていた」。こうした認識のもとでヘルダーは、「超越論的なスピノザ主義」を非難する。「スピノザが正しくも承認していた人間的認識のあらゆる制限を忘れて構想された偏狭な自我から、規則を逆立ちさせて、万有の全内容を大胆にも紡ぎ出そうとした[82]」と、自我論は批判される。かつて哲学の歴史の見直しをドイツの思想界に突き付けたスピノザ論争の担い手が、フィヒテ包囲網へと参画する。F・シュレーゲルによって、『知識学』がフランス革命やゲーテの『マイスター』と並んで、時代の最大の傾向である、と絶賛されてから、まだ一年しか経っていなかった。そしてカントである。

既にカントは、一七九九年八月二八日の『一般文芸新聞』に「フィヒテの知識学に関する声明」を発表し、ここで、一七九九年一月一一日の『エアランゲン文芸新聞』に掲載された論説に反論していた。当の論説ではこう述べられていた。「カントは超越論的哲学の最初の教師であり、ラインホルトは批判主義の学説の最も卓越した普及者である。しかし、最初の超越論的哲学者その人は、疑いもなくフィヒテである。フィヒテは批判において構想されたプランを実現し、カントによって示唆された超越論的観念論を体系的に完遂した」。フィヒテの学説は、厳密な意味でのカント主義ではないが、「真の批判主義の精神において考えられている[83]」と評価されたのである。これに対してカントは、「フィヒテの知識学を全く根拠のない体系だと考える。なぜなら、純粋知識学は単なる論理学以上でも以下でもない」と言明する。そして、カント哲学が「超越論的哲学の予備学だけ」を供したのであって、体系を構築しはしなかったと見做す見解を否定する。さらに、批判哲学は、「言葉に従って」理解されるべきであることを訴えた上で、「批判の体系は完全に確立された基盤の上に存しているので永遠に堅固である[84]」と宣せられたのである。

これに対してフィヒテは、九月一二日付で、イェーナ大学の同僚であったシェリングに宛てて、カントの声明への反論を送る。フィヒテは、かつてカントがフィヒテに宛てて「老衰のため（……）私はほとんど実践的な部門のみに身を投じていることにあいなった訳でして、理論的な思弁の細かいこと、とりわけ理論的な思弁の最近の最先端のことに関しましては、喜んで他の人にお任せしたいと思います」と書いてきたことを引き合いに出して、自らの正当性はカント自身によって認められたものであることを主張、そして知識学という言葉はフィヒテにしてみれば、論理学を意味するのではなく、超越論的哲学もしくは形而上学そのものを意味する以上、カントの非難は単なる「言葉の争い」になってしまうと反論した。(85) シェリングは直ちにこの書簡に自らの短い序文を付し、それを一七九九年九月二八日付の『一般文芸新聞』に発表したのである。

思潮の動きは誰の予想にもまして早かったようである。ドイツ観念論は大きな転換点を迎えていた。一方で、シェリングは、フィヒテの知識学の解説者の枠を大きく越えて、自然哲学を対極に想定する自らの超越論的観念論を構想していた。フィヒテはイェーナを訪れた際に、共同で雑誌を発行する計画を煮詰めるために、再三シェリングとの接触を図る。しかし、シェリングはカロリーネ・シュレーゲルとの愛の暮らしの真っ只中にあった。そのためフィヒテはシェリングの許を訪れるのが憚られ、結局、二・三回、シェリングがフィヒテを訪ねただけで、雑誌発行計画は水泡に帰す。(86) カロリーネへの愛は、シェリングとフィヒテの思想的な懸隔が明確になりつつあったとはいえ、二人の訣別の遠因になり、またシェリングがやがてイェーナを去る伏線ともなるだけに、運命的なものに思える。他方、ラインホルトは、一七九九年の秋に『第一論理学綱要』を出版したバルディリの思想に「哲学すべての新たな革命と改革のための全く新しい根本理念」(87) を見出し、全面的にバルディリの立場に与して、これまでの哲学革命の終結を宣言するに到ったのである。

三　革命の終結と哲学史の構築

カントの『純粋理性批判』が世に出て一九年、スピノザ論争が公然となってから一五年、世紀の変わり目を迎え、哲学の歴史の見直しを提起した哲学革命は、互いに「党派」を組み、哲学の理念を見失い、典拠の「言葉」と「精神」とを切り離して主観的な思惟を主張する論争に堕していた。フィヒテをめぐる無神論論争に見えるのは、大立者達が知の舞台で再会し、大団円を迎える図ではない。哲学の歴史を視野に収めている「観望者」に見えたのは、〈自分で考える〉ことを重視し、独自性を重んじた結果、〈自分〉という檻に縛りつけられているか、或いは、新たな思想に次々と救いを求めては、また投げ棄てていかざるを得ない「呪詛された者達の苦悩の姿」[88]であったに違いない。しかし、思想の革命に終結が宣せられ、繰り返された論争も歴史になっていく。歴史の見直しを求め、盛んに試みられた哲学史は、それ自体が見直され、哲学史の論理が形成されるようになる。

(1)〈変化〉と〈連関〉

新たな世代の一人のバルディリは、概念史としての哲学史の試みを既に行なっていた。『最も優れた哲学的諸概念の時代』（一七八八年）で、形而上学の諸概念の「段階的展開について、哲学的――歴史記述的な探究を若干試みる端緒」[89]を示そうとした。そこでは、精神や神性そして人間の魂についての把握が、古代ギリシアの神話時代から、キリスト教を経て、デカルト哲学で最高の理念に達するという構図が描かれた。ティエデマンの『思弁哲学の精神』は、タレスからバークレィまでを収め、テンネマンは、古代ギリシアから「批判哲学の発見」に到るまでを叙述している。さらにブーレの『近世哲学史』は、古代中世哲学史をも含む形で、フィヒテまでを論じ、その自我の無際限な努力に際して生じる自我に対する障碍の根拠が、知識学では確証され得ていないことを指摘し、稿を閉じている。注目すべき箇所を拾うと、第五巻（一八〇三年九月序文脱稿）では、アダム・スミスについて、ヘーゲルが「一八〇三／〇四年の思弁哲学講義」で要約・紹介している箇所をも含む詳細な論述があり、第六巻（一八〇五年四月三〇日序文脱稿）では、ステュアートにも論及していることである。ブーレ・愛人は進めば進むほど細やかになっていった[90]」と語る所以かもしれない。ブーレは、中世を「美しい時代にとって代わらった夜[91]」と捉え、ルネサンスを「諸学の再興の時代」と位置付け、近世哲学の出発点としていた。またラインホルトも中世を「長い野蛮[92]」と捉え、哲学史を「諸学の再興以来」に定めた。ルネサンスを「諸学の復興」と見る点は、ブーレやテンネマンも共通している。それに対してヘーゲルは、ルネサンスにおいて再興された哲学を、「かつての思想のミイラ[90]」だと語り、デカルトに近世哲学の端緒を求めたことは周知のことである。

ところが、ズアベディッセンの『哲学的諸研究の成果』によると、哲学史は三つの時代に区分される。第一期はプラトン、アリストテレスからロックまで、第二期はロックからカントまで、第三期はカントから一八〇一年の現在、すなわちブーテルヴェクまで、となり、デカルトは第一期に入れられている。すなわち、第一期は「認識の本性についての問題をまだはっきりと目にしていなかった」時代であり、第二期は「認識の本性の探究を哲学の主要対象にすることを始めた」が、まだ一面的な探究であって、党派闘争が生じた時代だという。第三期は、「人間精神の隠された機構に透徹した[93]」時代だとされる。こうして、「近世哲学」といっても、記述する視点によって、時代区分は違ってくる。

アストは、「未分化で未展開の統一」を呈示する第一の時代に東洋の時代を配し、この「原哲学」が分裂して生じた実在論と観念論とにギリシア・ローマの哲学、及びブルーノやベーメらをも含む中世哲学を位置付ける。これが第二の時代、第三の時代とされる。さらに第四の時代は実在論と観念論との統一の時代であり、デカルトにおいて「哲学の真の再生」がなされたという。しかし、アストによれば、デカルト哲学は、スピノザを例外とする近世哲学の欠陥である存在と思惟との二元論的な観点に立ちつつ、「神の誠実」という考え方に窺えるように、「〈絶対的なもの〉にただ自らの避難所を求めたに過ぎない」。そこでアストは、近世哲学を形成した三つの最高の契機を、スピノザ、フィヒテ、シェリングに見る。スピノザは近世哲学の根源的統一を示している実在論であり、フィヒテは統一の対極に立つ「最高度に完成された観念論」であり、そしてシェリング哲学の原理は「理性、すなわち主観的なものと客観的なものとの絶対的な同一性」だという。この観念実在論においてスピノザの実在論とフィヒテの観念論は合一され、「それらが自己自身を認識する統一」の創出に到る。こうしてアストは、哲学史を実在論から観念論へ、そして両者の合一へ、という相で捉えた。「哲学は、存在と知、実在的なものと観念的なものとが根源的にそれ自体で一つであるということを認識する。つまり、哲学は存在と知の無制約な統一において生きる以上、実在論でも観念論でもなく、同時に双方である哲学において、実在論と観念論との対立が解消する時代、両者の調和的和合の時代を認識する」[94]。

確かにこうした把握は、ヘーゲルから見れば「幾分形式的なやり方で観念論と実在論とを区別している」かもしれない。だがアストは、哲学の歴史を普遍的な歴史と重ね合わせて捉え、普遍的な歴史の根底を生が貫徹するのと同様に、哲学の歴史においては精神が貫徹することを論じた。ヘーゲルがアストの哲学史を「比較的良く出来ている綱要の一つ」[90]と捉えたのは、哲学史が連関をもった精神史として規定されていたからに違いない。

ヘーゲルは既にその思索の出発点から、歴史的事象の原因や根拠を、その時代の精神に求めていた。哲学の歴史は、そうした「外面的な歴史や宗教の歴史などと連関している」と捉えられていた。連関とは、「哲学が、〈その時代に、宗教について、国家についてなど、現存しているものを〉意識にもたらした[90]」という意味である。アストもまた、哲学史を人類の歴史の一要素として捉える。すなわち「ある国民の哲学において、その全教養・形成が輝かしく精神的なやり方で反映している。（……）すべてのものが、一つの精神や教養・形成の原理によって貫徹されている。風土、土壌、国家体制、文化、芸術そして学問、これらのすべてが互いに密接な相互作用において存立しているのである[94]」。哲学の歴史を精神史として捉える見方は、アストとヘーゲルに共通したものであった。

テンネマンは哲学史を、哲学と歴史とから合成された概念だと見て、哲学史を歴史の面から規定しようとした。彼によると、歴史の内容は「人間の内面において生じた何らかの出来事」であり、歴史の形式は「内容の連関における現実的なものを、時代順に従って歴史として叙述する」ところにあるという。学の理念の実現という「目標への生成と進展、すなわち形成と展開」が哲学の歴史を構成することを鑑みるなら、「哲学史は哲学の変化の叙述である、とすると不当な表現である」とテンネマンは考えた[95]。

これに対してラインホルトは、「経験から独立的に規定された、諸事物の連関の学」という哲学の規定から、哲学史の概念の基礎付けに向かった。「哲学史は、諸事物の必然的な連関の学が、諸事物の生成について、我々の時代に到るまで蒙った諸々の変化を叙述した綜括である」。従って、ラインホルトの哲学史では、「学の形式における本質的な変化をもたらし、学のその都度の状況を規定したエポック・メイキングな著作」が取り上げられることになる。そして、こうした「変化の主要な転機」から成る哲学史が叙述するのは、「愚者の歴史」だという[96]。しかし他面、こうした哲学史によって示されるのは、哲学史家が拠って立つ学派の正当化に他ならない。実際、ラインホルトは、一七九一年の「哲学史の概念について」では、自らの構想する「別名なき哲学」を哲学史の目標と捉え、そして一八〇一年の『寄稿』第二分冊で「認識の実在性の基礎付け」を哲学の第一の課題とした時は、バルディリの思想を哲学の完成態と見て、哲学史を叙述する。[97]〈変化〉を叙述の基軸として、自らの独自性を主張する哲学史では、憧れる至福の島の岸辺が難破船の瓦礫で埋められるような光景が現出すると、ヘーゲルは『差異論文』で指摘した。

ラインホルトによる哲学史把握と対決する中で、ヘーゲルに哲学史の理念が懐胎された。ヘーゲルにしてみれば、精神は、個々の学説における「言葉」と「精神」との対立を越えて哲学の歴史の中で脈々と生きている。ラインホルトに見られたような、「何らかの関心から諸々の私念についての知識を目指す歴史的な手法」を、ヘーゲルは、いわば「ミイラを余計に収集したり、偶然的なものを一般的に集積する」ことだと見た。〈自分の精神の外部にある伝承されたもの〉を語る手法をヘーゲルは、歴史記述的（historisch）と呼ぶ。思想を歴史記述的に取り扱うだけなら、自ら思惟することを断念することに繋がる、という。哲学史においては「さまざまな哲学的私念を枚挙しなければならない」とする見解をつきつめると、哲学史が「愚者の画廊」に堕してしまうとヘーゲルは見た。「哲学史は偶然的な私念の集積ではなく、必然的な連関である」と『哲学史講義』で語った時、ラインホルトを射程に捉え、哲学史を「変化の叙述」として構成する手法を斥けたのである。[98]

哲学史を党派の事柄として叙述したラインホルトに対して、テンネマンは「非党派性」を歴史記述に際して求めていた。「単により多くの体系について精通し、その内の一つか、すべての内で彼にとって最も良いと思われるものを想定しようとだけする人は、哲学史の真の価値と目的を誤認し、（……）諸々の私念の海を確実な羅針盤もないまま漂流する」[99]ことになる、と見たからである。しかし、テンネマンによるこの非党派性の要求をヘーゲルは非難する。〈哲学史の教師なら、自らを、精神から分かたれたものとして、すなわち死せるもののようにして、哲学の叙述に携わるべきだ〉と要求するようなものだというのである。この手の非党派性に則った哲学史は、「思想も内容もないものであり、さまざまな部分を連関にもたらさないままの単なる羅列、枚挙」に過ぎない、ともいう(100)。ヘーゲルによるテンネマン批判は、かなり強引である。しかし、ヘーゲルにしてみれば、「個々人の私念、思想、概念のためには党派を組まない」ところに非党派性の意義があるにせよ、「哲学のためには党派を組まなければならない」と考えていたのである。

(2) 〈亡び〉と〈展開〉

〈理性は一つである〉という観点に基づく哲学の唯一性という把握は、ヘーゲルに、哲学史の理念が形成されたイェーナ時代の初期から晩年の体系期に到るまで、一貫したものであった。「自己自身を目指し、自らを認識した理性ならどれも、一つの真なる哲学を生み出し、あらゆる時代にわたって同一のものである課題を解決してきたし、その解決も同一であった(101)」。これはまた、「哲学の第一の課題は、さまざまな時代に、そして同じ時代でも、さまざまな哲学者によって、さまざまなやり方で樹てられ、解決されている(102)」と語っていたラインホルトの哲学史把握に対する批判をも含意していた。

それなら、いかにして、哲学の歴史の中で哲学は一つなのか。新たな成果が従来の成果に積み重なっていくイメージで捉えてはいけない(103)。それでは歴史が偶然に支配されることになるからである。『哲学史講義』で「さまざまな哲学は、自分自身の意識に到る理性の必然的な発展段階、一つの哲学の発展段階である」と語る時、ヘーゲルは、哲学の歴史を、哲学そのものが成立する過程として捉えている。さまざまな哲学も、それぞれ一つの哲学が完成に到る契機になるという観点に立ってこそ、どんな哲学の原理も普遍的な哲学が成立する契機であり、すべての哲学が亡ぶことなく現在の哲学の内に保存されることになる。つまり、ヘーゲルによれば、哲学の歴史の中で、ある哲学が否定し尽され、抹消されてしまうことはない。このように哲学史を捉えてこそ、過去の思想が歴史記述的に叙述されるのではなく、生ける現在的なものだけが扱われ得ることになる。「思想の歴史において問題なのは思想である。我々が考察しなければならないのは、どのようにして精神が自らの内に深まり、自己自身の意識に達し得るか、どのようにして人間は自分の精神を意識して報告するのか、ということである」。精神の自己知の実現に向けて、哲学の歴史は展開する。単なる〈変化〉ではない〈展開〉の意味が、ここにある。「真理が認識されるのは、人が自分の精神をそこに込める時だけであり、単なる知識は人が実際にそこにいることを示さない」[104]。哲学史にあって問われるのは、自分の関わり方でもある。

ヘーゲルにあって哲学史は、自己形成を行なう一つの全体として捉えられる。個々の学説と、「理念の展開の過程」としての哲学の歴史との間に、そして哲学の歴史と、それを語る哲学史講述者との間に、一種の自己関係的な構造が成り立つ。ある哲学に対する否定作用も、哲学史を形成する肯定的な作用になり、全体は、哲学の理念が自らを実現していく過程になる。「哲学的理念の展開における超出は、変化や他のものになることではなく、自己内に入っていくことであり、自己内深化である」と語られる。こうした哲学史の展開を根拠付けるのが、「よりあとの哲学の原理は、より高次あるいは（同じことではあるが）より深い原理である」という論理である。この精神の自己超出の論理を、ヘーゲル自身『哲学史講義』で「弁証法」と呼ぶ。そしてこの論理によって、歴史における哲学体系の継起と、論理的な導出に於ける理念の規定の継起とを並行して捉えるのである[105]。ヘーゲルにあって、哲学の歴史に内在的な連関と必然性とを与えたのは、「弁証法」という名の精神の自己展開の論理であった。従って、イェーナ大学でヘーゲルが「哲学史」を講述し得るまでに、『哲学批判雑誌』の諸論文を通して、理性が自らの制限性を自己否定する論理である弁証法が確立し、一八〇三／〇四年の『思弁哲学講義』以降、意識の自己実現、すなわち精神の自己認識をめざす展開過程を再構成する精神哲学が構想されるのをまたなければならなかったのは、必然的なことであった。

しかし、ヘーゲル自身、論争活動を行なう中で、体系の構築を模索していたイェーナ時代の初期においては、哲学の歴史を捉えるにあたり、いわゆる「不死鳥史観」に通じるような、亡びから蘇生へという観点を取っていた。たとえば「哲学的批判一般の本質」である。精神と物質、霊魂と肉体、理性と信仰などの形で、「我々の北西〔ヨーロッパ〕世界に於ける近世の文化にあって普遍的に広まっている二元論を（……）哲学的な形式において言表していたデカルト哲学」は、それ自体、旧来のカソリック的世界の没落の証左だとされた。そうした二元論的対立を哲学の内で基礎付けることに、ヘーゲルは近世哲学の営みを捉えた。しかし、ヘーゲルの見るところ、フランス革命や哲学革命を経て、二元論はその歴史的な意義を全うしていた。それにもかかわらず「あらゆる学が、こうした〔二元論的本質という〕死せるもので自らを基礎付けてきた」結果、今日では、哲学の精神は蠢動するようになった。新たな時代への胎動をヘーゲルは、「亡びた教養・形成の分解から精神が新たな生へともがき上がり、灰の下から、若返った形態に向かってほとばしり出る醱酵」と捉えたのである。(106) この歴史のイメージは、正確に言うなら、『哲学史講義』や『歴史哲学講義』でヘーゲル自らが批判する不死鳥史観ではない。なぜなら、アジア的な歴史思想として紹介される不死鳥史観においては、単なる輪廻が示されるだけで、精神の高揚は見られない、とされるからである。確かに、肯定的なものが既に否定的なものを包括し、また否定的なものが肯定的なものを包括しており、生が死へと、死が生へと移行することを示す点で、不死鳥史観は弁証法的だとされる。しかし、精神は自分自身を自由に思索するに到っていない。つまり、否定のあり方が違う。不死鳥史観では、〈精神の自己否定〉が、思想の中で生じるのではなく、自然的な時間の中で生じるのである。[107]

ただ、ここで想起されるべきは、一八〇五年冬学期のヘーゲルの「哲学史講義」について、ガープラーが伝える逸話である。冬の夜、六時から始まる講義の終わりに、ある年嵩のいった学生が立ち上がり、「それでは死だ、すべてが亡びなければならない」と叫んだのだ。これを機に議論が沸騰する。その中でズートマイアーが反論する。「そう、それは死だし、死でなければならない。だが、この死において生命がつねにいっそうすばらしく現出し、展開されるのだ。[108] それは、弁証法的な思考に習熟していない学生には、弁証法的な〈否定〉について、新たな肯定的な成果を生み出す契機というより、ネガティブにしか受け止めることができなかったため、とも考えられる」と。ここから窺われるのは、ヘーゲルの講義が学生達には不死鳥史観の印象を与えていた、ということである。

アストは、その哲学史を、「哲学の生は有機的な生であり、統一から対立へと現出し、対立から統一へと還帰する[109]」という論理で貫徹し、哲学の歴史を哲学の成立過程と併せ捉えていた。テンネマンも哲学史に、「迷宮に分け入るような謎めく理性の行程が跡付けられ、（中略）学へ到る道程[110]」が証される意義を見ていた。ヘーゲルも、哲学史に哲学そのものの成立の叙述を見出していた。知における自由の実現過程の叙述を目指すヘーゲルの哲学史講義が、なぜ先のような印象を学生に与えたのであろうか。

ヘーゲルにあって「哲学は、精神の自己自身についての思惟」であり、一つのものである。ところが実際に幾多の哲学が現出したのは、それらすべてが、「自己自身を把捉する思想」の展開する中で、政治、国家体制、宗教などと相互に関連し合って顕現した時代精神の成果だからという。歴史を貫く精神が、特定の民族にあって特定の時代に特定の形式をとる以上、「どんな哲学も、それが特殊な発展段階の叙述であるがゆえに、その時代に属し、その時代の制約にとらわれている」。外面的な歴史と哲学史とは、その意味で関連している。ヘーゲルによると、世界史の英雄は「幾多の罪なき花を踏み躙り、途上にて数多くのものを打ち砕いて押し進む[111]」という。哲学史が描出する「思惟する理性の英雄達」の営みも、学生には、思想の生成消滅の叙述のように見えたかもしれない。個々の学説の〈生成〉や〈否定〉は、全体の連関を展望し得る哲学史記述者の立場から見れば、理性の自己実現の過程であろう。しかし、まだ全体を展望し得ず、普遍的な哲学の立場に立っていない学生にしてみれば、哲学史が「亡びし者達の戦場」のように見えたとしても、それは止むを得ないことだとも言えよう。しかもヘーゲルの体系は生成途上にあった。

（3） 哲学史の〈語り手〉と〈聴き手〉

哲学史を語るヘーゲルにしてみれば、「哲学史の研究は哲学そのものの研究である[112]」。一八二九／三〇年の『哲学史講義』でヘーゲルは、哲学史の論理を「新大陸発見のメタファー」にことよせて語っている。「ヨーロッパ人は西に向かってカナリア諸島を発見した。人はこれを世界の限界とみなした。これが否定される。のちに人はアゾレス諸島を発見した。それが同じように限界となった。これもまた否定された。コロンブスがアメリカを発見し、これをアジアの一部だと考えたのである。これもまた否定された。すべてはこうして否定されてきた。だがそれでも、カナリア諸島やアゾレス諸島はそのままで、そして本質的な部分では、地球についての我々の知識になっている[113]」。こうした「真理の発見の旅」では、新しい島の発見は次の発見への橋頭堡となり、ある思想は次の思想を生み出す契機となる。ここでは、〈否定〉に、新たな〈肯定的なもの〉を生み出し、全体を展開させる意義が込められている。同じ箇所で、『精神の現象学』においても語られている「植物のメタファー」に即して、精神の自己展開は、否定的な契機を肯定的な契機として捉え返すことを通じて、一連の必然的な段階を経ると語られる。だが、それは全体を見通した者にだけ分かることである。哲学の歴史は、その論理を把握しているヘーゲルが、「この我々の生成、我々の学の生成を叙述するもの[114]」と見定めて哲学史を講述したからこそ、単なる変化の連続ではなく、理念の展開過程として講述され得たのである。

確かに、哲学は、ある時代の制約をまとった所産である。しかし、その一方で、哲学は「時代の実体的なものが何であるのかということを考える」ことによって、知としては時代を超えてもいる。しかも哲学は、精神が自己自身を把握する営みである以上、自己自身をも超えることになる。「哲学史の究極の目標、ならびに我々の時代の学の目標は、絶対者を精神として捉えることである。そこに到ることが二五〇〇年経ている世界精神の仕事であった[115]」。このように把握できたのは、「我々である我と我である我々」との統一を自覚した意識、すなわち歴史全体の成果を観望して哲学史を講述する人であろう。

超越論的哲学による革命に、ラインホルトが、厭うべき余韻は続くとしながらも終結の宣言を下した時、ヘーゲルは、いわば革命の完遂を目指していた。哲学の出現を、「時代の混乱に対抗して、人間を己れの内から回復し、時代が引き裂いてしまった統体性《トタリテート》を維持する[116]」ところに捉えた。だが、体系期の『哲学史講義諸論』においては哲学の出現を、「ある国民の人倫的生活が解体されて、精神が内面の国を求めて思想の空間へ逃亡する時」に見る。得られる宥和は最早「思想の世界に於ける宥和」でしかない。体系を構築したヘーゲルは、革命から身を引き、歴史を語り、知に休らう。これを「哲学が始まるのは実在する世界の亡びに際してである」とも言う。勿論、思想において生じた〈分裂〉であるなら、思想の内での〈宥和〉でよいのかもしれない。しかし、この時の哲学の営みは「灰色に灰色を重ね塗る」と表現される。徒労の果てに懐く黄昏の虚しさに似た思いは、予め「理念を認識」していなければならない、哲学史を講述し得るに能う「観察者」が、「摂理が精確に定められている[117]」ことを知ってしまった感慨であるかもしれない。

確かにヘーゲルなら、哲学の歴史的発展の完結したところに、一切の思想的対立もそれぞれあるべき契機として位置付けられ、自分自身の哲学体系において宥和が実現された、ということに意義を認め、慰めを見出しもしよう。ここが体系だ、約束の地だ、と。しかし、哲学史の語り手と聴き手の間には、意識の懸隔がある。ヘーゲルの哲学史講義を聴く初学者は、その意識が哲学体系にまで高められていない以上、たとえば「静かなる岸辺に佇み、そこから安全に遥かなる混乱した廃虚を望む」[118]立場に自らを見出したとしても、やむを得まい。ヘーゲルの哲学史は、哲学の歴史の叙述であると同時に、ヘーゲルの哲学体系への通路であり、そして自らの体系の精神史的な存在証明でもあったのである。

ヘーゲルが論駁した同い年の思想家に、クルークというカントの後任者がいる。ヘーゲルの亡くなった翌年、六巻から成る哲学辞典を編んだ。「ヘーゲル」の項にこうある。「数多くのHの弟子達の中で今日まで誰一人として、彼が哲学する仕方の曖昧さ、鈍重さ、退屈さをより明晰で適切で生き生きとした叙述によって引き立たせることができなかった。誰もが、自分達の師の言葉、語り口、言い回しを、あたかも、それを僅かなりとも変えたなら魔力が失われる呪文のように用いている」[119]。哲学史を完成したと信じたヘーゲルも哲学史の一項となり、〈学派〉の定めと〈言葉〉の呪縛はついて回ったのである。

〔註〕

（1） Dilthey, W., *Leben Schleiermachers*, Bd. II-1, (Walter de Gruyter) Berlin, 1966. S. 38-45.

（2） Hegel, G. W. F., *Werke*, Bd. XX, (Suhrkamp) S. 310.

（3）ピエール・ベイル『歴史批評辞典III P－Z』（野沢協訳）法政大学出版局、一九八七年

（4）山口四郎他訳『ゲーテ全集1』潮出版社、一九七九年、二二五－二二六頁

（5）Vgl. Jacobi, F. H., *Ueber die Lehre des Spinoza in Briefen an den Herrn Moses Mendelssohn*, Neue vermehrte Ausgabe, Breslau, 1789, S. 19-35.

（6）*Ibid.*, S. 53.

（7）*Ibid.*, S. 60.――なお、有神論者（Theist）と訳した箇所は、初版では「理神論者（Deist）」となっている。全集版では、第二版と同じく「有神論者」である。

（8）*Ibid.*, S. 63.

（9）Jacobi, F. H., *Werke*, Bd. IV-2, Darmstadt, 1976, S. 245.――これは全集版だけに収められている付論の中の章句である。

（10）Jacobi, F. H., *Ueber die Lehre des Spinoza in Briefen an den Herrn Moses Mendelssohn*, Neue vermehrte Ausgabe, Breslau, 1789, S. 38.

（11）Lessing, G. E., *Lessing Werke*, Bd. VIII, München, (Carl Hanser Verlag) 1979, S. 517.――なお、踏まえられているのは、スピノザの『エチカ』第二部定理七、「観念の秩序及び連結は物の秩序及び連結と同一である[*]」である。

＊　スピノザ『エチカ』上巻（畠中尚志訳）岩波文庫、一九五一年、九九頁

（12）スピノザ『エチカ』下巻（畠中尚志訳）岩波文庫、一九五一年、一〇六頁

（13）*Ibid.*, S. 518 u. 517

（14）Jacobi, F. H., *Ueber die Lehre des Spinoza in Briefen an den Herrn Moses Mendelssohn*. Neue vermehrte Ausgabe, Breslau, 1789, S. 90.

（15）Dilthey, W., *Das Erlebnis und die Dichtung*. Göttingen, 1970, S. 117（柴田治三郎訳『体験と創作（上）』岩波文庫、一九六一年、一九三頁）

（16）Lessing, G. E., *op. cit.*, S. 721.

（17）Lessing, G. E., *op. cit.*, S. 720.

（18）Mendelssohn, Moses., *Philosophische Schriften.*, Wien, 1783, ―― Rep. (Aetas Kantiana) 1968, S. 179.

(19) Lessing, G. E., *op. cit*., S. 515.

(20) ここに描出した、レッシング――『賢人ナータン』の作者、『人類の教育』の著者、牧師ゲッツェと宗教論争を行なった劇作家――と、メンデルスゾーン――啓蒙思想家、「啓蒙とは何か」を執筆した著述家、高名な作曲家の祖父――との間の対話の内容は虚構である。しかし会話の素材は、レッシングについては、一七七九年の『賢人ナータン』(篠田英雄訳、岩波文庫、一九五八年)、及び一七八〇年の『人類の教育』――レッシング『理性とキリスト教』(谷口郁夫訳、新地書房、一九八七年)所収――から、メンデルスゾーンについては、一九八四年の「啓蒙とは何か、という問いについて」――岩田淳二「カントとメンデルスゾーンにおける〈啓蒙〉の概念について」の付録、『金城学院大学論集・通巻第六八号』一九七六年、四〇―四五頁――から、語句を自由に改変した形で、引用させていただいた。二人の思想のニュアンスやアクセントを伝えることができているなら、篠田氏、谷口氏、岩田氏の訳文及び解説のお蔭である。

(21) Hegel, G. W. F., *Dokument zu Hegels Entwicklung*, hrsg. v. J. Hoffmeister, (Frommann) S. 140-143.

(22) ピエール・ベール、前掲書、(野沢協訳)法政大学出版局、一九八七年、六四〇頁。

(23) *The History of Philosophy. from the earliest times to the present century*; drawn from Bruckers Historia Critica Philosophiae, Vol. II, by. W. Enfield, Dublin, 1792, p. 579. ――ブルッカーの『哲学史』の英訳要約版である。

(24) ビーダーマン編『ゲーテ対話録 I』(大野・菊池・国松・高橋訳編)白水社、一九七〇年、五四―五五頁。

(25) Brasch, M., "Moses Mendelssohn. Sein Leben und seine Bedeutung für die Philosophie und die Literatur des 18. Jahrhunderts." in: *Schriften zur Metaphysik und Ethik sowie zur Religionsphilosophie*. Hrsg. v. Moritz Brasch, Leipzig, 1880, S. LXXII.

(26) Jacobi, F. H., *op. cit*., S. 2, 5f. Anm. u. 11f.

(27) Haym, Rudolf., *Herder*. Berlin, (Aufbau-Verlag) 1958, S. 306, u. 307.

(28) Jacobi., *op. cit*., S. 79.――メンデルスゾーンがヤコービに宛てた「覚え書き」は、一七八六年の『レッシングの友人達に』に収録されるが、ヤコービも、『スピノザ書簡』の第二版と全集版に採録している。

(29) *Ibid*., S. 92.

(30) *Ibid*., S. 85.

(31) Jacobi, F. H., *op. cit.*, S. 89.
(32) *Ibid.*, S. 138.
(33) *Ibid.*, S. 161. ——なおこの書簡は、初版では要約した形で紹介されている。
(34) Jacobi, F. H., *Ueber die Lehre des Spinoza in Briefen an den Herrn Moses Mendelssohn*. Breslau. 1785. —— Rep. (Aetas Kantiana) S. 170.——なお、この箇所は、第二版や全集版では削除されている。
(35) 論争の歴史的経緯については、工藤喜作『近代哲学研究序説』八千代出版、一九八〇年、六九–七五頁参照。
(36) Brasch, M., *op. cit.*, S. LXXIX.
(37) Mendelssohn, Moses., *Morgenstunden oder Vorlesungen über das Daseyn Gottes*, Berlin, 1786, —— Rep. (Aetas Kantiana) 1968, S. 255.
(38) Vgl. Mendelssohn, Moses., *Ibid.*, S. 230.
(39) Jacobi, F. H., *op. cit.*, S. 228f.
(40) Jacobi, F. H., *Werke*, Bd. IV-1, Darmstadt, 1976, S. XXVII.
(41) Jacobi, F. H., *Ueber die Lehre des Spinoza in Briefen an den Herrn Moses Mendelssohn*. Neue vermehrte Ausgabe, Breslau, 1789, S. 28.
(42) *Ibid.*, S. 216.
(43) *Ibid.*, S. 215f.——この箇所は、初版及び第二版と、全集版とでは、若干語句を異にしている。「根拠」は、全集版では「証明」になっている。
(44) Vgl. Herder, J. G., *Sämtliche Werke*. Bd. XVI, Hildesheim, 1967. S. 453f., 461u. 457.
(45) Mendelssohn, M., *op. cit.*, S. 211-232. bes. S. 230f.
(46) Jacobi, F. H., *op. cit.*, S. 341. : Vgl. S. 354.
(47) *Ibid.*, S. 338.
(48) Herder, *J. G.*, *op. cit.*, S. 473 478 u. 479.
(49) Kant, I., *Briefwechsel*, Hrsg. v. O Schondorffer, Hamburg (Felix Meiner) 1972, S. 414.

(50) Mendelssohn, M., *op. cit.*

(51) Kant, I., *op. cit.*, S. 271.

(52) *Ibid.*, S. 292.

(53) Jacobi, F. H., *op. cit.*, S. 85.

(54) Kant, I., *Werke*. Hrsg. v. E. Cassirer, Bd. IV, Berlin. 1913, S. 352, 353, 354, 355, 360 u. 361.

(55) Jacobi, F. H., *Werke*, Bd. IV-2, Darmstadt, 1976, S. 255ff.

(56) Heydenreich, K. H., *Agatapisto Cromaziano kritische Geschichte der Revolution der Philosophie in den letzten drei Jahrhunderten. Aus dem Italienis chen mit prüfenden Anmerkungen und einem Anhange über die Kantische Revolution versehen*, Zweyter Theil. Leipzig, 1791, —— Rep. (Aetas Kantiana) 1968, S. 231.

(57) *ibid.*, S. 229.

(58) *ibid.*, Erster Theil. S. 258.

(59) *ibid.*, S. 264f.

(60) *ibid.*, S. 269.

(61) Reinhold, K. L., *Versuch einer Beantwortung der von der erlauchten Konigl. Ak. der Wissensch. zu Berlin aufgestellten Frage: "Was hat die Metaphysik seit Wolff und Leibnitz gewonnen ?",—— in: Preisschriften uber die Frage: Welch Fortschritte hat die Metaphysik seit Leibnitzens und Wolfs Zeiten in Deutschland gemacht?*, Darmstadt, 1971, S. 177f.

(62) Schelling, F. W. J., *Historisch-Kritische Ausgabe*, Bd. I-4, (Friedlich Frommann) S. 94.

(63) *Aenesidemus oder über die Fundamente der von dem Herrn Prof. Reinhold in Jena gelieferten Elementar-Philosophie*, 1792, —— Rep. (Aetas Kantiana) 1969, Vorrede,

(64) Reinhold, K. L., *Beyträge zur Berichtigung bisheriger Missverstandnisseder Philosophen*, Bd. II, Jena, 1794, S. 165 u. 170.

(65) *ibid.*, S. 179, 204 u. 165.

(66) 拙稿「事実から事行へ」(『講座 ドイツ観念論⑤ ヘーゲル』弘文堂、一九九〇年、所収)で、こうした経緯を詳しく論述したので、参看願いたい。

(67)　Reinhold, K. L., *Beyträge zur Berichtigung bisheriger Missverständnisseder Philosophen*, Bd. I, Jena, 1790, S. 343, 346 u. 367.

(68)　この書の意義については第四章「関係と超出――ヘーゲルの思想形成とラインホルト」の一〇一頁を参看願いたい。

(69)　Maimon, S., *Salomon Maimon's Streifereien im Gebiete der Philosophie*, Berlin, 1793, ―― Rep. (Aetas Kantiana) 1970, S. 183.

(70)　Fülleborn, G. G., *Beyträge zur Geschichte der Philosophie*, St. 5. Züllichau und Freystadt, 1795 ―― Rep. (Aetas Kantiana) 1968, S. 194, 195, 197 u. 200

(71)　Schelling., *op. cit.*, S. 97.

(72)　*ibid.*, S. 98 u. 99.

(73)　Fichte, J. G., *Fichtes Werke, hrsg. v. I. H. Fichte,* (*Walter de Gruyter*) Berlin, 1971, Bd. I, S. 38.――「知識学の概念について」冒頭の文章である。

(74)　*Fichte, J. G., Gesamtausgabe der Bayerischen Akademie der Wissenschaften*, Bd. III-3, (Friedlich Frommann) 1972, S. 48,

(75)　*J. G. Fichte im Gespräch. Berichte der Zeitgenossen*, hrsg. v. E. Fuchs in Zusammenarbeit mit R. Lauth und W. Schieche, Bd. 1, (Friedlich Frommann) 1978, S. 416.

(76)　*Die Schriften zu J. G. Fichtes Atheismus-Streit*, hrsg. v. F. Bockelmann, München, 1969, S. 101.

(77)　*ibid.*, S. 116, 122 u. 130f.

(78)　Fichte, J. G., *Gesamtausgabe der Bayerischen Akademie der Wissenschaften*, Bd. III-3, (Friedlich Frommann) 1972, S. 233, 235f., 245, 227, 239, 243, 245 u. 251.――ヤコービ全集版の『フィヒテ宛公開書簡』のテクストは、ヤコービに対する批判を踏まえた大幅な変改の手が加えられているので、フィヒテ全集をテクストとする。

(79)　Fichte, J. G., *Gesamtausgabe der Bayerischen Akademie der Wissenschaften*, Bd. I-2, Stuttgart, (Friedlich Frommann) 1965, S. 279.

(80) *ibid*., S. 299.

(81) Hegel, G. W. F., *Briefe von und an Hegel*, hrsg. v. J. Hoffmeister, Bd. 1, Hamburg, (Felix Meiner) 1952, S. 22.

(82) Herder, J. G., *op. cit*., S. 405.

(83) *J. G. Fichte im Gespräch. Berichte der Zeitgenossen*, hrsg. v. E. Fuchs in Zusammenarbeit mit R. Lauth und W. Schieche, Bd. 2, Stuttgart, (Friedlich Frommann) 1980, S. 37f.

(84) Kant, I., *Werke*, Bd. VIII, hrsg. v. E. Cassirer, Berlin, 1922, S. 515f.

(85) Fichte, J. G., *Gesamtausgabe der Bayerischen Akademie der Wissenschaften*, Bd. III-4, (Friedlich Frommann) 1973, S. 75f.

(86) Fichte, J. G., *ibid*., S. 323f.

(87) *J. G. Fichte im Gespräch. Berichte der Zeitgenossen*, hrsg. v. E. Fuchs in Zusammenarbeit mit R. Lauth und W. Schieche, Bd. 2, (Frommann) S. 262.

(88) Hegel, G. W. F., *Werke*, Bd. II, (Suhrkamp) S. 177.

(89) Bardili, C. G., *Epochen der vorzüglichen philosophischen Begriff*, Halle, 1788, —— Rep. (Aetas Kantiana) 1970, S. III.

(90) Hegel, G. W. F., *Einleitung in die Geschichte der Philosophie*, Hamburg, (Felix Meiner) 1966, S. 259, 123, 147 u. 125.

(91) Buhle, J. G., *Geschichte der neuern Philosophie*, Bd. I, Göttingen, 1800, —— Rep. (Aetas Kantiana) S. 5.

(92) Reinhold, C. L., *Beytrage zur leichtern Uebersicht des Zustandes der Philosophie beim Anfange des 19. Jahrhunderts*, Bd. I, Hamburg, 1801, S. 7.

(93) Suabedissen, D. Th. A., *Resultate der Philosophischen Forschungen*, Marburg, 1805, —— Rep. (Aetas Kantiana) 1970, S. 6ff.

(94) Ast, F., *Grundriss einer Geschichte der Philosophie*., Landshut, 1807, S. 6, 358, 377, 369, 13 u. 10.

(95) Tennemann, W. G., *Geschichte der Philosophie*, Bd. I, Leipzig, 1798, —— Rep. (Aetas Kantiana) S. XVIII, XIX, XXX u. XXIXf.

(96) Fülleborn, G. G., *op. cit*., St. I, Züllichau u. Freystadt, 1796, —— Rep. (Aetas Kantiana) S. 11, 19f. 28, 35 u. 31.

(97) Reinhold, C. L., *Beyträge zur leichtern Uebersicht des Zustandes der Philosophie beim Anfange des 19. Jahrhunderts.* Bd. I, Hamburg, S. 2ff.

(98) Hegel, G. W. F., *Werke.* Bd. II, S. 16ff. ; *Einleitung in die Geschichte der Philosophie.* (Felix Meiner) 1966, S. 25,

(99) Tennemann, W. G., *op. cit.*, S. LIII.

(100) Hegel, G. W. F., *op. cit.*, S. 135f.

(101) Hegel, G. W. F., *Werke.*, Bd. II, S. 17.

(102) Reinhold, C. L., *op. cit.*, St. 1. Hamburg, 1901, S. 4.

(103) Hegel, G. W. F., *Einleitung in die Geschichte der Philosophie*, (Felix Meiner) 1966, S. 17.

(104) *ibid.*, 134f.

(105) *ibid.*, S. 35, 32, 132, 117, 126 u. 146.

(106) Hegel, G. W. F., *Werke*, Bd. II, S. 184f.

(107) Hegel, G. W. F., *Einleitung in die Geschichte der Philosophie*, (Felix Meiner) 1966, S. 217.; Werke, Bd. XII, 98ff.

(108) Vgl., *Hegel-Studien*, Bd. IV, (Bouvier) S. 70.

(109) Ast, F., *op. cit.*, S. 6.

(110) Tennemann, W. G., *op. cit.*, S. XLV.

(111) Hegel, G. W. F., *Vorlesungen über die Philosophie der Weltgeschichte.* Bd. I, Hamburg, (Felix Meiner) 1970, S. 105

(112) Hegel, G. W. F., *Einleitung in die Geschichte der Philosophie*, S. 72, 124, 148 u. 35

(113) *ibid.*, S. 275.

(114) *ibid.*, S. 14.

(115) *ibid.*, S. 149 u. 238.

(116) Hegel, G. W. F., *Werke*, Bd. II, S. 121.

(117) Hegel, G. W. F., *Einleitung in die Geschichte der Philosophie*, S. 153, 151, 35 u. 125.

(118) Hegel, G. W. F., *Vorlesungen über die Philosophie der Weltgeschichte*, Bd. 1, S. 80.

(119) Krug, W. T., *Allgemaenes Handwörterbuch der philosophischen Wissenschaf ten. nebst ihrer Literatur und Geschichte*, Bd. II, Leibzig, 1833, —— Rep. (Aetas Kantiana) S. 376.

III　ラインホルトの根元哲学が目指したもの

ラインホルトの思想展開を振り返ると、啓蒙主義的な立場で論陣を張っていた時期に始まり、カント解釈者の時代、根元哲学の樹立、更にはフィヒテの知識学の受容に続いてヤコービの立場に身を寄せ、バルディリに傾倒して〈同一哲学〉を語り、結局は晩年の言語哲学に到る、という「遍歴」が見える。しかし、逆に捉えるなら、このように「転回」までして彼が貫こうとしたものを探ることは、彼の哲学的思索の本質的な課題に立ち入ることになろう。ラインホルトの思想が初めて広く知られるようになるのは、『ドイツ・メルクール誌』に発表した啓蒙主義に関する一連の論稿によってである。その中の一つ、一七八四年七月の「世俗化以前及び以後の諸学」では、学問が聖職者の特権として見做され、また党派・学派のために営まれてきた経緯を踏まえた上で、聖職者的な世界支配が没落に瀕している今こそ、学の復権がなされるべきだと論じられる。哲学は〈自分で考える（Selbstdenken）〉ことによって営まれるべきであり、聖職者による軛を理性の進歩によって振り払った国において、学問の自由が回復される、というのである。ここに既に、後のラインホルトの思想展開に繋がる基本的な問題意識が集約されているのを見る思いがする。すなわち、党派的な論争の中で誤解されてきた学問を、理性によって基礎付けることを通してその誤解を払拭し、哲学を厳密なる学として再建するべく、哲学史を顧慮しながら叙述を進めるのが、彼の思索の戦略であった。

一　哲学革命もしくは理性と自由

ラインホルトがイェーナ大学に招聘されるきっかけとなったのは、一七八六年八月から翌年九月にかけて『ドイツ・メルクール誌』に連載された「カント哲学についての書簡」である。この論稿をラインホルト自身がどう捉えていたか、一七八七年一〇月一二日付でカントに宛てた最初の書簡の内に看取できる。そこでラインホルトは、カントに、先の著作の中の「第三書簡」（刊行本では第五書簡）と「第八書簡」（刊行本では第一一書簡）の評価を求めた上で、カント哲学に接近した契機として、『純粋理性批判』において「宗教の根本真理の道徳的認識根拠」が展開されていたからだと書いている。ラインホルトによれば、宗教と道徳の間が極めて分離した時代に、イエス・キリストは、道徳と宗教を内面的に合一することによって、「人類の人倫的な形成にあたって理性の役に立つように助けること」（BüKP. I, 149）を目指していた。ところが、理性は、宗教と道徳の間にキリスト教が定める美しい紐帯の果実を破壊した、という。こうしてラインホルトは「宗教と道徳との再合一」（BüKP. I, 154）を時代の課題と見たのである。ラインホルトにとって、宗教を道徳によって基礎付けることは、神性について確信する根拠を、道徳律の諸原理から導出することを意味していた。「理論理性の本性から、神の現存在に賛成したり反対したりするすべての客観的な証明の不可能性が生じ、実践理性の本性から、神の現存在についての道徳的な信仰の必然性が生じる」（BüKP. I, 163）という理性信仰の論理を、ラインホルトは『純粋理性批判』の内に見出した。そして『純粋理性批判』を、時代の要求に適うものだ、と称揚したのである。

このような『純粋理性批判』解釈は、批判哲学の展開を予見するものであった。『実践理性批判』が発表されたのは、一七八七年末のことだからである。『実践理性批判』において、道徳律が「理性の事実」として承認されるとともに、神の存在が実践理性によって要請された。こうした『実践理性批判』へ到る道筋をラインホルトは『純粋理性批判』から読み取っていた。この自負を、ラインホルトは、一七八八年一月一九日付のカント宛書簡で次のように表明している。「私の『カント哲学についての書簡』の中で、今日までまだ宗教の根本真理の道徳的な認識根拠を本来的に解明するには到っていなかったことは、私にとってもなんとよかったことでしょう。そうでなければ、私は、貴方が『実践理性批判』によって太陽を呼び寄せたところに、弱々しいランプをかざすことになったでしょう」。批判哲学はラインホルトの問題意識に沿う形で展開した。道徳的な基礎に基づく理性宗教によって、歴史記述的な実定宗教の闇を啓蒙する論理こそ、ラインホルトが批判哲学の中に求めたものに他ならない。逆に言えば、ラインホルトは、自らの問題意識が、批判哲学を通して実現されることを予感したのであろう。批判哲学に接した感激をラインホルトは、カントに「私の思想体系の中に生じた革命」と書き送っていたのである。

「革命」、これはラインホルトによると、カントの批判哲学によって「学問的で道徳的な世界」(BüKP. I, 9) において、「これまで知られていた体系や理論そして考え方がすべて動揺した」(BüKP. I, 12) ところに生じた「精神の革命」を意味していた。革命は、「多くの静かな注目されない変化」(BüKP. I, 15) によって内面的に準備されてきた結果、人間精神の歴史の全面にわたって生じ、「精神の現象 (Phänomen des Geistes)」(BüKP. I, 16) となって顕現したという。「自由な理性の使用」(BüKP. I, 4) が宗教の関心事としては重んじられなくなったことを、危機感をもって受けとめつつ、ラインホルトは、諸学がそれぞれ依拠する根本命題を供給する中心の学を樹立することを、理性の最も重要な仕事として要求する。従って、ラインホルトにとって「革命」の内実は、〈理性の自由な活動を通した知の再編〉にこそあった、と言ってよい。

こうして「自由」という問題が絡んでくる。『純粋理性批判』においては、自由の存在は解決できない問題とされた。しかし『実践理性批判』において、意志の自律が「理性の事実」として認められることによって、自由の存在が基礎付けられた、という。しかし、それは、自律という自由であって、〈道徳律を遵守するかしないか〉という自由、すなわち〈選択意志の自由〉ではなかった。ラインホルトによれば、立法する実践理性は決して選択意志ではないのに対し、行為せんとする意志は、それが実践理性に従うか、背くかを自ら決定する点で選択意志的であり、自由だと言う (BüKP. II, 293)。こうしてラインホルトは、意志の〈選択の自由〉によって、道徳的な意志の自律を基礎付けるべく、「自由を絶対的な原因として考えるための非常に実在的な根拠」(BüKP. II, 283) を「自己意識」(ibid.) に求めたのである。

二 哲学の体系化と論争の廃絶

ラインホルトによれば「カントは哲学知の新たな基礎を発見した」という。すなわち、統覚の綜合的統一 (Vgl. Beytr. I, S. 304) である。しかし、意識一般が未規定のままだった、とラインホルトは見た。「カントが経験の可能性の内に発見し、呈示した哲学知の基礎は (……) 哲学知のただ一部だけを基礎付け得るに過ぎない」(FdpW, 62) という訳である。ラインホルトはカントを「私の偉大な師」と讃えながらも、批判哲学を「彼の形而上学の予備学の原理論でしかなく、全哲学の根元論、即ち根元哲学ではない」(FdpW, 115) と断じた。そして、カント哲学の〈基礎付け〉を通して、〈自己意識の自由な活動〉を明らかにすることで、カント哲学に「体系的な形式」を与えることを目指した (FdpW. 55. 62. 115. 132 u. 116)。〈理性の自由〉を自己意識に見て、これを手掛りに批判哲学を解釈しようとしたラインホルトが、意識の分析を通してカント哲学を基礎付ける根元哲学の樹立に到ったのは、何ら「転回」ではなく、一貫した展開だと言わなければならない。だが、自己意識の構造は明らかにされたであろうか。

『人間の表象能力についての新理論の試み』に始まる一連の根元哲学においてラインホルトは、全哲学の基礎を呈示するべく、意識をさらに分析した。そして「純然たる表象」に認識の基礎を見出し、その上に自らの体系を構築せんとした。認識が成立する可能性の条件を証すところに、超越論的観念論の基本性格を見ることができる。学知を基礎付ける超越論的観念論の創出にこそ、批判哲学に端を発したドイツの哲学革命を、ラインホルトが遂行することの意味があった。「この基礎を発見し承認することが、遅かれ早かれ生じるであろうし、それが言葉の本来の意味での革命なのである」（FdpW, XIV）。

ラインホルトは、根本命題をもって学の基礎とした（Vgl. FdpW. 68）。「普遍的に妥当する命題が第一の根本命題として可能でなければならない。さもなければ哲学は学問としては不可能である」（Beytr. I, 367）。ラインホルトが普遍的な根本命題を求めた背景に、哲学における論争がいずれも当事者の誤解から発し、その誤解によって哲学の領域は戦場と化してきた（Vgl. Beytr. I, 343）という反省を見逃してはならない。ラインホルトは、哲学が置かれてきたそうした歴史的状況を改革しようというのである。〈それ自身によって規定されている命題〉が哲学の原理とされているならば、誤解を招く余地はない（Vgl. Beytr. 351）。この最上の根本命題を介して規定されることにより、他のすべての命題は誤解から守られる。ここにラインホルトの戦略があった。従って、ラインホルトにとって哲学の革命は、〈哲学の体系化〉とともに、誤解の払拭による〈論争の廃絶〉を目指すものであった。

「根元哲学」は「すべての理論哲学や実践哲学に共通した基礎に役立つ」（FdpW. 71f.）学だとされた。「私は根元哲学ということで、その上に理論哲学も実践哲学も、形式哲学も実質哲学も構築されなければならない唯一可能な諸原理の体系を理解する」（Beytr. I, 344）。この強い体系志向は、〈学の真理性を還元し得る根本命題〉を樹立することと連動していた。普遍的に妥当する根本命題に基づいて、〈絶対的に必然的で不変なもの〉の学が存立し、「内容全体が一つの学という統一性を獲得する」（Beytr. 119）ところに、〈体系〉が捉えられたのである。ラインホルトの言う「体系」とは、単に〈知識の包括的な列挙〉でも、また〈哲学の諸部門への区分〉でもなく、〈一つの原理に立脚する哲学〉の謂だと言えよう。だが、体系の基礎が一つの原理に還元することができるという、いわば〈還元モデル〉に基づく体系は、〈知の原理が自己展開する体系〉とは構造を異にしていたのである。

ラインホルトが第一の根本命題としたのは、「意識において表象は、主観によって、主観と客観から区別され、かつ両者に関連付けられる」（Beytr. I, 167）という〈意識律〉である。これは、「単なる反省によって明らかにされる限りの意識の諸事実」（FdpW, 87）を表現しているとされた。この意識律の根拠をラインホルトは、「意識律の表現する事実である」（FdpW, 80）だと言う。「意識」（FdpW, 80）だとも、さらに「表象」（FdpW, 79）だとも語っている。意識律は基礎付けられないまま、前提されている。それをラインホルトはこう説明する。根元哲学の基礎は「循環がないなら、哲学的に証明されたどんな命題にも支えられない」（FdpW, 78）と。つまり、表象作用という意識の事実の確実性を説明できないままに、ラインホルトは〈循環〉を用いて正当化する。すなわち、根本命題の意味は、「この学〔根元哲学〕においては、単にその適用を通してのみ説明され得るのであって、展開されたり基礎付けられたりするには、循環せざるを得ない」（FdpW, 69）というのである。翻ってみるに、理性の自己批判は、理性の存立を前提した上で、理性の分析によってその機構が解明されることを通して、批判が貫徹された。ラインホルトにあって認識の可能性が問われた時に、認識の構成要素は〈前提〉された。確かに、意識律が自明な命題であってこそ、循環に基づく体系性も成り立ち得たかもしれない。だが、そのためには、意識を成り立たせている機構、すなわち、表象が〈関連し区別される〉根拠が明らかでなければならなかった。にもかかわらずラインホルトは、表象を説明できないものだと言明した。「自己自身によって明らかになる意識の諸事実」（FdpW, 83）を表現するという意識律は、その根拠が何ら明らかにされないままであった。こうした意識の事実の明証性を断固として拒否したのが、シュルツェの『エーネジデムス』である。そして彼は、意識における〈自己関係〉の構造を看取し、意識律を〈自己意識〉に限って妥当することを認めてもいた。知の原理としての〈自己意識〉を際立たせたのはシュルツェであった。

もとより、意識の構成要素が意識において〈関連し区別される〉ことによって意識が可能になる、という構造は、意識の〈自己関係〉に他ならない。しかし、これをラインホルトは、意識の直接的な事実だとして前提したために、意識を説明できないものにしてしまったと言えよう。確かに、表象の先行性（Vgl. Beytr. I, 173）について語られもする。また、単なる表象を可能にする〈表象能力〉（Vgl. Beytr. 175f.）なるものも想定され、あらゆる表象に先立って現存するとされた。しかし、いくら前提の前に前提を置こうと、カントは体系の基礎を未展開のまま前提していたと批判したラインホルト自身、自らの体系の基礎を前提せざるを得なかった、という指摘は免れ得ないであろう。「意識は、その上に表象能力の理論が構築される本来の究極の根拠であり、基礎である。私の見るところ、普遍的に妥当する事実として想定される〈客観と主観とに対する表象の区別と関連〉こそ、私の体系の基礎なのである」（Beytr. I, 280）。表象自らが〈関連し区別される〉ことによって意識が可能になるという構造は、本来は〈自己関連〉の構造に他ならない。関連や区別そのものも意識の活動である、という機構を明確にできないまま、この「意識」を基礎としてラインホルトは、「厳密なる学としての哲学」の基礎付けに向かったのである。

その結果、意識は極めて曖昧なものになる。「意識に先立っては、表象、客観、主観のいかなる概念も存在しない。これらの概念は根源的にただ意識によってのみ可能なのである。表象や客観そして主観は、意識において、そして意識によって初めて、互いに区別され、かつ相互に関連付けられる」(Beytr. 167f.)。このような説明では、意識は、その構成要素が併存的に〈関連し区別される〉混在の中に存立するものとなってしまう。直接的な意識を知の原理と捉える結果、意識をそれ以上説明できなくなる。〈意識の事実〉論が、おしなべて陥る難点である。〈意識の事実〉を暫定的に承認した上で、そこから学知を演繹していく表象能力の理論は、たとえうまくいっても「哲学の予備学」であって、体系そのものではない。にもかかわらず、体系そのものが成立した時に体系の基礎も遡って確証される、そうした構造を担ったまま、ラインホルトは基礎学の叙述に終始した、と言える。

三　超越論的観念論から同一哲学へ

シュルツェも、フィヒテも、「全哲学が唯一の根本命題に還元されなければならない」(GA, I-2, 62)とする点では、ラインホルトに倣っていた。しかし、意識律については、第一の根本命題ではないと見た。意識における〈関連と区別〉について、その〈自己関係〉の構造を際立たせたのは、フィヒテである。すべての哲学の根本命題は、フィヒテにしてみれば、「事実だけを表現するものであってはならず、事行をも表現できる」(GA. I-2, 46)ものでなければならなかった。すなわちフィヒテは、自己意識の根拠として、「心情の活動様式」である「事行」を捉えたのである。ラインホルトによれば、意識の事実は、単なる反省によって明らかになるとされた。これに対してフィヒテは、知的直観における自我の自己措定を語る。「自我は端的に自己自身を措定するものである。主体にして同時に客体でもあるものである」(GA. I-3, 254)。自己意識の根底に〈自我〉の自己措定を捉えたフィヒテによれば、「表象はゲネーティッシュにのみ叙述され得る」(GA. I-3, 257) という。〈自我〉は自由な主体として知の原理とされたのである。〈意識の事実〉論の批判を通して成立した自我論と、「自らを意識において発現せしめるもの」(Beytr. I, 179) を〈純然たる表象〉としていた根元哲学との違いはどこにあったのか。

自我論が、シュルツェ批判を通して根元哲学を徹底する中で、スピノザの〈自己原因〉を援用する形で成立したと見るならば、〈自我の事行〉を形成する契機を〈自己関係〉と〈精神の自由〉に見てよい。つまり、精神の自由な自己活動を原理として知の経験の自覚を体系化するところに、知識学が成り立った。〈意識の事実〉論にあっては、直接的な〈意識の事実〉に確実性が見出されるだけで、意識が意識を説明する〈自己関係〉の構造が仕組まれていなかった。〈精神の自由な活動〉を組み込むことによって、フィヒテは、自我の自己措定における〈事行〉を通して、〈意識の事実〉論の直接性を超出したと言える。

一七九五年の春にフィヒテはある書簡の草稿で、自我論を創出した内面的な動機をこう書いていた。「私の体系は、自由の最初の体系です。あの〔フランス〕国民が外的な鎖から人間を解放するように、私の体系は人間を物自体の軛から、外的な影響の軛から――そうした軛は、従来のすべての体系において、カントの体系においてさえ、多かれ少なかれ人間を縛っていた――解放します。そこで、体系の第一の根本命題において、人間を自立的な本質として提起しているのです」(GA. III-2, 298)。すなわち、フィヒテの自我論は、〈理性と自由〉を知として哲学において実現した体系と見るならば、その意味ではまさに哲学革命の嫡子なのであった。

フィヒテの知識学を媒介としてラインホルトと対決する中で、シェリングの超越論的観念論も生まれた。だが、知の成立条件を明らかにするために、第一の根本命題に基づいて「体系」を樹立した超越論的観念論は、ラインホルトの承認した〈循環〉を引き継いでいるという意味では、ラインホルトの戦略を実現したものと言えよう。従って、ラインホルトがフィヒテの知識学を受け容れることを表明したのは、二人の間の複雑で極めて人間臭い個人的な関係[1]を捨象するなら、必然的な成り行きとも言える。一七九七年二月一四日のフィヒテ宛書簡で、ラインホルトは知識学を「別名なき哲学」(GA. III-3, 48) と称え、また、同年の三月二五日に脱稿した『論文集（第二部）』においても、「哲学の学問的基礎は、知識学によって実際に見出されている」(FiG. I, 416) と語るに到り、知識学を受容したのである。

フィヒテは、一七九八年の暮から無神論論争に巻き込まれる。この論争はフィヒテにしてみれば不当なものであったにせよ、彼の強硬な姿勢がこの問題をこじらせた。ラインホルトはそうした外面的な出来事を契機として、フィヒテの立場から離れ、一七九九年三月二七日付でフィヒテに宛てて、自らの立場を、ヤコービの立場とフィヒテの立場との「中間に置かなければならない」(GA. III-3, 308) と書き送る。しかし、ラインホルトは、この書簡が収録された『神に対する信仰についてラーヴァターとフィヒテに宛てた書簡』(「前書き」脱稿は五月一五日) に次のような序文を付してもいる。「著者がフィヒテに宛てた書簡において語っている〈フィヒテとヤコービとの中間の立場〉を、ヤコービもしくはフィヒテの立場の代わりに選ばなければならない (……) 特殊な新しい哲学的な立場だと見做すなら、著者を全く誤解することになろう。著者は、むしろ、フィヒテの立場を、真正にして徹底的に首尾一貫した思弁的な知のために唯一可能な立場だと見做し、並びにフィヒテの立場にヤコービが対置する立場を、良心という生き生きとした確信の根源的な立場として認識する」(GA. III-4, 378)。もとより、認識の実在性を基礎付けることを放棄しているヤコービの立場と、ラインホルトの思索との間には、架橋し得ない懸隔があった。しかしまた、思弁的な知の体系を組織化された無についての知と見做した上で神について語るヤコービの〈良心の生き生きとした信仰〉を、ラインホルトは、フィヒテと対置して捉えた。〈理性〉と〈信仰〉が分裂した難局に臨み、若き日に信仰において理性の自由を実現しようとしたラインホルトの苦渋が、「貴兄（フィヒテ）の立場に立つと、平静さや均衡を失うのでした」（GA. III-4, 377）という記述に滲んでいる、と見ることができる。

一七九九年の秋に、自ら最初の論理学と誇ったバルディリの『第一論理学綱要』が出版された。この書物はたちどころにラインホルトを魅了し、ラインホルトは、これを、「哲学すべての新たな革命と改革のための全く新しい根本理念」（FiG. II, 262）として絶賛、一二月二〇日にはバルディリに宛てて、フィヒテの純粋自我を「単なる知」、バルディリの用語法で言うなら「AによるAにおけるAとしてのAの無際限な反復」（FiG. II, 270）に過ぎないと位置付け、自らバルディリの立場に転回することを表明したのである。

ラインホルトは、バルディリの論理学を「新たな全く違う方法での超越論的観念論の創出」（GA. III-4, 198）と見做した。バルディリにしてみると「フィヒテの観念論は、一、（カントに抗して）〈普遍的なもの〉を真理として主張しようとしたが、その際、その〈普遍的なもの〉を最も手近な個体性に、自我性に絶対的に結び付けようとする、二、フィヒテの観念論は（……）事実（Factum）でもって、それも活動的なものを欠いた事実でもって、（行為の行為たる彼の事行でもって）存在を欠いた事実でもって哲学の端緒となしている」（Beytr. I, 159）。〈計算〉をモデルとして思惟の発展を論理付けたバルディリによる〈意識の事実〉論に対する批判は、根元哲学までも射程に収めていた。それにもかかわらず、ラインホルトは、バルディリの〈同一論〉に、むしろ自らの表象一元論に通じるものを見たのかもしれない。

バルディリは、根源的な、思惟としての思惟をAと表示する。これが素材Cに適用されA＋Cと結合されるところに認識を捉える（Vgl. GdeL, 4）。その際、思惟されたものとしての現実はB、思惟が成り立つ可能性が−Bで表記され、B－Bで客観を表示する。「AがCと結合され、そしてそれに即して再びCを思惟にとっての表象の内へ受容できるように、これとともに（B－B）を産出するなら、これは我々の思惟がその適用に際して描く円環（Kreis）である」（GdeL, 84）。バルディリの記述する「思惟における根源―分割（Ur-theilung）」（GdeL, 68）に、没関係的な同一性を保っている純粋思惟Aから出発してA＋C＝B－Bという、思惟と存在、自我と自然の同一性を構成せんとする思想構造を見て取れる。

この〈同一論〉の立場からラインホルトは、「シェリングの『超越論的観念論の体系』についての批評」を一八〇〇年八月に発表、シェリングの構想する体系が〈同一性〉によって基礎付けられなければならないことを指摘した。「知の単なる主観的なものが端的に第一のものとして想定され、そして、それによって絶対的な主観性にされるなら、それは超越論哲学の主題であり原理である。それゆえ、これは必然的に観念論とならなければならない。同様に、自然哲学は実在論でしかあり得ず、一切の実在論は自然哲学に他ならない。しかし、実在論と観念論とは〈自己自身を制約している一にして同一の無制約的なもの〉の相違せる、といっても必然的に相互に参照し合う見解に他ならない[2]」。そして、実際にシェリングが同一哲学を樹てるに到ると、『寄稿』で、〈思惟としての思惟の性格〉であったバルディリの〈同一性〉が、シェリングによって剽窃され、しかも〈在るところのものすべて〉を意味するようになった、と非難された（Vgl. Beyty. III, 170f.）。しかし、ラインホルトの見たように、バルディリは同一哲学を構成し得たのであろうか。

確かにフィヒテは、バルディリに対する批評の中で、「ラインホルト流のかつての根元哲学の改作」（GA. I-6, 435）だと語っていた。バルディリの思索は、表象が表象作用や表象されたものをも意味していて、形相と質料とが併存している、と見たからである。しかし、「超越論的な主張とか、通常の意識を越える高揚については何の痕跡もない」(GA. I-6, 436) と見做した。そして、自我こそ真の〈主観－客観〉であるのに、バルディリの純粋思惟は不可分のものを恣意的に分離した単なる抽象だ (Vgl. GA. I-6, 448) と論難したのである。

「絶対的同一性の体系、ならびにこれと最近の（ラインホルト流の）二元論との関係について」という対話篇がシェリングにある。そこでは、ラインホルトが絶対的同一性だと言う〈思惟としての思惟〉が、適用されるにあたって外部に〈素材〉を前提しなければならない以上、思惟と素材の二元論だと剔抉された (Vgl. GW. IV, 155f.)。自我が〈主観的な主観－客観〉であるのに、ラインホルトは、自我を単なる主観性として捉えた、と既にヘーゲルによって批判されていた。ラインホルトの言う無際限な反復可能性としての同一性については、シェリングはヘーゲルを援用して、「抽象的な悟性の同一性」(GW, IV, 147) だとしたのである。

それでは、ラインホルトがバルディリの内に求めたのは何であったのか。『寄稿』の序文でラインホルトは、ドイツにおける哲学革命が期待や予想とは違う結果になった、と語っていた。すなわち、バルディリの論理学をもって「全革命の真なる本来的な終焉」(Beytr. I. V) だと見做したのである。しかし、哲学の基礎付けはなされないまま、学派の争闘、論争に終焉をもたらすどころか、更に厳しい論争が生じた。フィヒテとの間に。そしてシェリング及びヘーゲルとの間に。しかもその中で、シェリングが、バルディリの同一性を純粋思惟に限局するとともに、同一性の自己超出を否定した (Vgl. GW. IV, 158) のに対し、ヘーゲルは、同一性をバルディリに倣って動的に捉え返していく、という新たな動きも生じた。そして、哲学革命の完遂を宣言していたのは、そのヘーゲルの『差異論文』なのであった。

結　語

ラインホルトは、晩年の〈言語用法 Sprachgebrauch〉の研究において、自らの思想的遍歴を振り返って自己批判を行なっている。「カントが学としての哲学の可能性をよりはっきりと言葉にして以来、（……）この間私は、少なくとも四回以上も、あの軽率な主張をするという愚を犯した。初めは、カントの純粋理性批判に、次に私の表象能力の理論に、それからフィヒテの知識学に、そして結局はバルディリの第一論理学綱要に、喜ばしい確信をもって追従した(3)」。誤解の余地ない説明は、一貫して彼の求めるところであった。その結果、「言語の批判」を基礎としてこそ、哲学者の間の誤解は解消されると見るに到る。ラインホルトは、体系への志向を繰り返し語りながら、彼の示し得たのは、いわば体系の基礎学、予備学でこそあれ、自らは〈体系〉を樹立することがないまま、その〈体系の基礎〉を〈循環〉に委ねたまま、言葉の問題に解決を求めたのである。

ヘーゲルの『精神の現象学』は、意識の経験を、意識の自己展開の過程として叙述することを通して、学知の成立を基礎付ける〈体系への階梯〉であった。そして、それは、ヘーゲルが超越論哲学の功績として捉えた（GW. IV, 377）哲学の端緒の形成に通じるものでもあった。その意味では、ラインホルトの根元哲学の戦略を発展させたものだ、と言ってよい。しかし、また、ヘーゲルが〈意識の事実〉論に対して非難した〈暫定的に哲学すること〉にも通じていた。『精神の現象学』は、その後、体系に於ける位置付けをめぐって転変を蒙る。そこに、ラインホルトの思索の運命の反照のようなものを感じるのである。

〔註〕

（1）この件については、拙稿「意識と経験」（神戸大学文化学研究科刊『文化學年報』第四号、一九八五年）を参照願いたい。

（2）Vgl. *Philosophie aus einem Prinzip Karl Leonhard Reinhold. hrsg.* v. Reinhard Lauth (Bouvier) 1974. S. 221f.

（3）C. L. Reinhold: *Grundlegung einer Synonymie für den allgemeinen Sprachgebrauch in den philosophiscen Wissenschaften.* 1812. S. Vf.

IV　関係と超出

――ヘーゲルの思想形成とラインホルト――

忘れかけられていた思想家がいる。K・L・ラインホルト、この「高貴とはいえ余りに軟弱な魂」(Ros. 150)の持ち主がドイツ観念論の展開を先導した[1]。こう言うと、カントに始まり、フィヒテ、シェリング、そしてヘーゲルへと繋がるドイツ観念論の思潮の中で、ラインホルトにはせいぜいカントからフィヒテへの繋ぎの位置しか与えられていない哲学史の通説から見ると、奇妙に思われるかもしれない。しかし、一七九〇年代前半の哲学論争の中心となって、フィヒテの自我論を生み出す基盤になったのは、紛れもなくラインホルトの意識の哲学であった。そして、ドイツ観念論が、超越論哲学から同一哲学を経て、ヘーゲルの『精神の現象学』へと展開したと見るならば、ラインホルトの思想は、その原動力とも言うべき、大きな役割を果たしていたのである。

一八〇一年一月、「本格的な文芸の醱酵が既に過ぎ去った」(Ros. 147) イェーナに、「運命の加護」(Br. 60) を期待しつつ、フランクフルトという「不幸な」(Br. 333) 街から出て来た青年にとっても、ラインホルトは大きな思想家であった。彼は、「シェリングの盾持ち」(FiG, II, 86 u. 172) としか見做されない中で論陣を張り、友人であるニートハンマーやシェリングが去ったのちもイェーナに留まり、講義を続け、自らの思想を形成していく。そして「どこからも解放の光が差し込んで来ない」(Br. 94) ような時代を迎えたイェーナにあって、「精神が従来の形態を超出して新たな形態を獲得する醱酵」(Ros. 214) の時代、即ち「誕生の時代」(GW. IX, 14) へと再生する中で、「新しい世界像」(GW. IX, 15) を現出せしめる「旭光」(ibid.) であることを身を以て宣する書物を書き上げた。こうして誕生した『精神の現象学』は、確かにヘーゲルが、シェリングの同一哲学に与する立場から離れ、意識論を受容し、これを自ら展開するに到ったところに、その成立の大きな契機が捉えられる。しかも、『実在哲学(I)』で、「意識が実在するのは、ただ意識が、自ら意識するものと、それによって意識されるものとの双方を、一なるものとして措定し、かつ相互に自らと対立せしめる限りのことである」(GW. VI, 276) と、そして『精神の現象学』で「意識は言わば、或るものを己れから区別すると同時に、これに関連する」(GW. IX, 58; Vgl. GW. IX, 103) とヘーゲルが意識を規定する時、それは意識の自己関係性を明確にしている点で、ラインホルトの意識律の徹底化に他ならなかった。だが翻ってみるに、『差異論文』や『哲学批判雑誌』で、ラインホルトをはじめとする意識の哲学を批判していたイェーナ時代の初期から既に、ヘーゲルにとってラインホルトの思想は、抜き差しならない問題を提起していたのである。

一　世界が象に支えられる

一七八九年の『人間の表象能力についての新理論の試み』以降、ラインホルトは、認識の根拠を明らかにして、全哲学知を基礎付けるための「根元哲学」を構想した。根元哲学は、「すべての理論哲学や実践哲学に共通の基礎」(FdpW, 71f.) を意識に求める。ラインホルトは、「意識において表象は、主観によって客観及び主観から区別され、かつ双方に関連付けられる」(Beytr. 167; FdpW, 78, 81 u. 100) という意識の事実を表現する意識律を、「あらゆる哲学の第一根本命題」(FdpW, 78) と見做し、これに基づいて「一つの学という統一性」(Beytr. 119) へ哲学をもたらそうとしたのである。

ラインホルトにあって「意識」は、「対象そのものの意識」と「表象されたものの意識」、さらには「自己意識」を包括するものであり、表象するものである主観、表象されたものである客観、それらを関連付ける表象から構成される。そして、表象されたものが、表象された表象や表象された表象するものから区別され、表象されたものとして表象されるところに、即ち、客観が意識されるところに、認識が捉えられる（Vgl. Beytr. 231ff.）。この意識の理論において明らかにされたのは、対立せるものを自己内で関連付けるという、意識の自己関連の構造であった。「客観と主観とは、媒介的にのみ、そして単なる表象によって、つまり客観と主観とに関連付けられた表象が、客観と主観とから区別されることによって、意識において客観や主観として現われる」（Beytr. 174）。だがこれでは、客観と主観とが表象に関連することで意識の内の存立を得る根拠は、客観と主観から区別された表象にある、という奇妙な議論になる。意識律にあっては「関連」と「区別」が曖昧のままにされていた観は否み得ない。

シュルツェは、一七九二年の『エーネジデムス』で、我々の内にはさまざまな表象が在る、そしてあらゆる真理の試金石は一般論理学である（Vgl. Aenesidemus, 45）という二つの根拠から、意識律は命題である以上、矛盾律に従わなければならないので、第一の根本命題ではなく（Vgl. Aenesidemus, 60）、表象にあたって必要とされる「区別」と「関連」ということ自体、表象することである以上（Vgl. Aenesidemus, 67f. 86ff. u. 217f.）、結局、意識律の表現する意識の事実は、経験や思想を自覚するという場面にしかあてはまらない（Vgl. Aenesidemus, 71）、と批判した。これに対しフィヒテは、一七九三年一一月から翌年二月末にかけて書かれた草稿「根元哲学についての我が省察」で、「知的直観」（GA, II-3, 24）から意識の事実を明らかにすることによって、シュルツェの意識律批判を斥けながら、根元哲学をも超えようとする。こうした思索が、一七九四年二月の「エーネジデムス批評」に結実する。フィヒテは「表象そのものの活動」(GA, I-2, 45)、即ち「意識の能作（Akt）」(ibid.) に、「〔客観と主観、そして表象が〕区別され、関連付けられる綜合、しかも最高の綜合であり、ありとあらゆる綜合の根拠」(ibid.) を見る。そして区別と関連を、「表象を生じる為には必然的に考えられるべき心情の行為様式」(GA, I-2, 48) と捉え直し、これによって表象を、「我々の心情において思惟されるべき行為すべての最高概念ではない」(ibid.) と見做す。ラインホルトの意識律が意識の存在を前提していたのに対し、フィヒテは、意識の根拠を明らかにしようとしたのである。

これに続いて『全知識学の基礎』でフィヒテは、主観と客観とを現出せしめる「知的直観」(GA, I・2, 48) を、自我の事行として捉え直す。「事行を表現すべきもの」(GA, I-2, 255) こそ、「あらゆる人間的知の絶対的に第一で端的に無制約的な根本命題」(ibid.) であると規定する。意識律の表現していた表象による主観と客観との関連付けを、フィヒテは自我の自己措定における主観と客観との「同一性」(GA, I-2, 387, 391, 400 u. 404) へと彫琢したのである。A＝Aという論理学の根本命題は、フィヒテによれば、Aを措定した自我が、Aの措定されている自我と同じである以上、知識学によってこそ実証されることになる命題だという (Vgl. GA, I-2, 261)。知識学にあって「自我は自我である」という命題は、形式的にも矛盾律に抵触しない根本命題とされていたのである。

哲学は、従来欠けていた最上の普遍妥当的な命題に基づいてこそ学問たり得る、これは当時の思想家達の共通認識であった (Vgl. Aenesidemus, 53f.; GA, I-2, 42)。フィヒテによれば、こうした命題がなかったなら、我々の知識は、例えば、「我々が住居を地上に築き、大地が一頭の象に、象が亀に支えられている、そしてこの亀が何に…」(GA, I-2, 124) という、キリのないことになってしまう。ところで、一七九三年の『哲学の領域における旅路』[2] で意識律を、表象の意識についてのみ妥当するが、意識一般については妥当しない故に、普遍的に真なのではないと批判したのはマイモンであった。彼は一七九四年の『新論理学試論』で『エーネジデムス』の意識律批判の有効性を詳細に検討する。意識律は、主語と述語とを有する命題という形式をとる限り、一般論理学の第一根本命題たる矛盾律に依存しはするが、その素材に関しては矛盾律によって規定されるものではない（Vgl. Neue Log. 285）という。しかし、ラインホルトの言う関連の意味の曖昧さについてはマイモンも同意する。マイモンによれば、関連というからには、意識において関連付けられるものや関連の根拠が前提されなければならず（Neue Log. 295）、関連付けるものが根源的なのではない。しかも表象を意識の外なるものに関連付けるならば、そこに生じるのは「構想力の幻想」（Neue Log. 294）に他ならない。こうしてマイモンは、表象一元論を、亀の甲の上に立つ二頭の象に世界を支えさせたインドの思想のように空疎だと揶揄した。

関係と区別は、相対的統一の両面に他ならない。意識律のアポリアを解消する方向は、同一性の構成という新たな課題に到る。哲学を根本命題で基礎付けるという発想自体も、「真なるものは全体である」（GW. IX, 19）という立場を取るなら、斥けられることになろう。だが、全体を講述してこそ、何が真かが明らかになるという、ヘーゲルの採った考え方にあっては、第一の命題は何かという問題は回避し得ても、知の成立を叙述する知という「円環」（GW. IX, 18）に立脚せざるを得ない。ラインホルトの根元哲学と同様に、ヘーゲルも超越論的循環を引き受けざるを得なかったのである。(3)

二 風になびく葦のように

ラインホルトは思想的にも、イェーナ大学の教授職についてもフィヒテに道を拓いた。そして一七九七年二月一四日付でフィヒテに宛てて、根元哲学が純粋な知を単なる経験的な根拠で基礎付けていたこと、知識学こそ純粋真理であって、根元哲学は一種の予備学であることなどをラインホルトが書き送るに到って、フィヒテ哲学は思潮の頂点に達する。

しかし転機は程なく訪れる。一七九八年暮からフィヒテは周知の無神論論争に巻き込まれ、翌年春にはイェーナ大学の辞職を余儀なくされた。その間、強硬な姿勢を取り続けていたフィヒテを見て、ラインホルトは、『フィヒテ宛公開書簡』を著したヤコービの立場に身を寄せる。シェリングの従兄で、テュービンゲン神学校でヘーゲル達を教えたこともあるバルディリが、一七九九年九月に『第一論理学綱要』を刊行する。するとラインホルトは、これを「哲学すべての新たな革命と改革のための全く新しい根本理念」(FiG, II, 262) と絶賛、一二月二〇日にはバルディリに宛てて、フィヒテの純粋自我を「現実的なものをすべて単に現実的なものとして人為的に捨象することによって自己自身を隔離する単なる理性」(FiG, II, 269) だと批判し、バルディリの立場に立つ旨を伝えるのである。

バルディリは、「実在的な客観を純粋な論理学によって(論証的に)措定すること」(GdeL, XI) を自らの課題とした。論理学を「自然を解く鍵」(GdeL, XV) だと解し、事物と判断との同一性を構成しようとする。まず、適用されていない思惟としての思惟を、Aという記号で表示する。この思惟が素材Cに適用され、A＋Cというように結合されるところに認識を捉える (Vgl. GdeL, 4)。その際、思惟されたものとしての現実はBと、思惟が成り立つ可能性が−Bで表記され (Vgl. GdeL, 68)、B－Bで客観 (Vgl. Gdel, 97) を表示するのである。「AがCと結合され、そしてそれに即して再びCを思惟にとっての表象の内へ受容できるよう、これとともに (B-B) を生み出すなら、これは、我々の思惟がその適用に際して描く円環である」(GdeL, 84)。こうしてバルディリは没関係的な同一性を保っている思惟としての思惟Aから出発して、A＋C＝B－Bという形で、思惟と存在、自我と自然の同一性を構成しようとした。バルディリの思惟一元論とも言うべき思想に接し、ラインホルトは、自らの表象一元論の新たな発展形を見出したのかもしれない。ラインホルトはフィヒテの自我を、「AにおけるAによるAとしてのAの限りない反復」（FiG, II, 270）に過ぎない、と見做したのである（Vgl. FiG, II, 294）。

このバルディリの『第一論理学綱要』が、超越論哲学から同一哲学へとドイツ観念論が展開する契機となる。一八〇〇年五月五・六・七日に『一般文芸新聞』にラインホルトは、「バルディリの『綱要』に対する批評」を発表、「思弁哲学者としてバルディリ氏がカントよりも、またカントの先行者や後継者の誰よりも高次の立場に立っているのは勿論である」（GA, III•4, 374 Anm.）と絶賛する。当時、バムベルグに旅していたシェリングは、五月一四日付フィヒテ宛書簡で、「我々に向けられた新たな攻撃は、おそらく今は既に出版されているでしょう、バルディリについてのラインホルトの批評であります」（GA, III•4, 242f.）とした上で、「この風になびく輩は、以前は貴方になびいていましたように、今やバルディリになびこうとしています」（GA, III•4, 243）とラインホルトを非難する。シェリングは復活祭に『超越論的観念論の体系』を出版したばかりであった。この『超越論的観念論の体系』が同一性によって基礎付けられなければならないことを、バルディリの同一論の立場からラインホルトは、一八〇〇年八月一三日付の『一般文芸新聞』で批評する。そしてこの批評を検討すると、実にシェリングの同一哲学は、バルディリやラインホルトの同一論を反駁する形で成立したことが分かるのである。

ラインホルトによる「シェリングの『超越論的観念論の体系』についての批評」の三六四頁は次のように言う。「シェリング氏の哲学的営為が狙うのは、客観的なものと主観的なものとの同一性を説明するという以上のことでも以下のことでもないが、こうした同一性は、まさに客観的なものと主観的なものとの同一性であるが故に絶対的なのであって、そして〈絶対的なもの〉としては、説明できるものでも、またその必要があるものでもないに違いない。なぜなら、同一性を説明する為には、既に同一性を廃棄しておかなければならないからである」[4]。ラインホルトにあって絶対的同一性は、決して説明され得るものではない、「原真理」という真理の根拠なのである。

三六五頁「説明するために廃棄された絶対的な統一もしくは一つの絶対性の代わりにシェリング氏が得るのは、二つの絶対的な相対性もしくは相対的な絶対性、つまり絶対的に主観的なもの、純粋自我――そして絶対的に客観的なもの、自然である。双方のそれぞれは、その相対性によるだけなら他方を排斥するが、その絶対性によると他方を自らの内に捉える。そしてそれ故、それぞれが学問において第一のものとして考察されるのに応じて、必然的に他方へ遡及するのである」[5]。当時のシェリングは、主観的なものから出発する超越論哲学と客観的なものから出発する自然哲学との二部門の同一性に、哲学の全体系を捉えていた。ラインホルトによる批評は、言わば構築途上にあったシェリング哲学の二つの基礎学の存立が、廃棄してしまった同一性を再び想定することに掛かっているという自己撞着を指摘している。こうしてラインホルトは、「シェリング氏は、彼の『超越論的観念論の体系』を通して、真理を構成する弁証法的な技術の傑作を呈示した」[6]と評価しつつも、その超越論的観念論の課題が達成されるのは、「哲学における観念論の完全な昇華」[7]を以てである、と結論付けたのである。

この批評に接し、シェリングは、「救いようのない批評」(GA, III•4, 291)だとフィヒテに宛てて訴える。それに応えてフィヒテは、一八〇〇年一〇月三〇・三一日の『エアランゲン文芸新聞』に、「バルディリの『第一論理学綱要』についての批評」を発表する。フィヒテによれば、バルディリの体系は、表象が表象作用や表象されたものをも意味する(Vgl. GdeL, 77f.)点でラインホルトの根元哲学を想起させる(Vgl. GA, I-6, 435, 439 u. 442)、それにバルディリが問題とした、1としての純粋思惟に、適用された思惟としての1が加えられて2になる、という「自己自身からの自我の超出」（GA, I-6, 439）というのは、純粋思惟が存在しない以上、不当なものであり、A＝Aは単なる思惟の繰り返しではなく、意識において最初のAが措定されていることへの反省であり、自己意識を、つまり自我を存立せしめる行為を表現している（Vgl. GA, I-6, 447）とする。フィヒテはこの批評を、シェリングに対する間接的な弁護で閉じているが、間もなくシェリングの自然哲学が超越論哲学の枠組みを超えていることに想到することによって、フィヒテとシェリングの間にも訣別の時が来ることになる。(8)

一八〇一年初頭には、ラインホルトの『一九世紀初頭における哲学の状況について一層容易に概観するための寄稿』（以下『寄稿』と略記）が発刊される。五月にはシェリングが「我が哲学体系の叙述」を発表し、同一哲学を樹てる。そして七月に、こうした思潮の新たな渦流に接しつつ、ヘーゲルは『差異論文』を仕上げたのである。

『差異論文』立論のきっかけとしてヘーゲルが挙げているのは、フィヒテとシェリングの哲学体系の差異について全く予感さえせず、しかも両者の哲学的側面を看過してしまったラインホルトの混乱（Vgl. GW. IV, 5）である。しかしヘーゲルは、「我が哲学体系の叙述」に基づくのではなく、『超越論的観念論の体系』に基づいて、「同一性の原理がシェリングの体系全体の絶対的原理である」（GW. IV, 63）ということを論じている。つまりヘーゲルは、シェリングの同一哲学をフィヒテの知識学から高めるとともに、『超越論的観念論の体系』の内に同一哲学を読み込み、「我が哲学体系の叙述」との一貫性を跡付けようとしたことになる。「従来、主観的な主観―客観の学は超越論哲学と呼ばれ、客観的な主観―客観の学は自然哲学と呼ばれていた」（GW. IV, 68）が、それらは内面的には同一である（Vgl. GW. IV, 67, 71 u. 74）以上、「同時に一つの連続性において連関する一つの学として見做されなければならない」（GW. IV, 74）。

しかし、ラインホルトは既に次のように、シェリングが同一哲学へ移行するプログラムを予想していたのである。

「知の単なる主観的なものが端的に第一のものとして想定され、そしてそれによって絶対的な主観性にされるなら、それは超越論哲学の主題であり、原理である。それ故、これは必然的に観念論とならなければならない。同様に、自然哲学は実在論でしかあり得ず、一切の実在論は自然哲学に他ならない。しかし、実在論と観念論とは、〈自己自身を条件付けている一にして同一の無制約者〉の相違せる、といっても必然的に相互に参照し合う眺めに他ならないのである(9)」。

ラインホルトは既に、シェリングの同一哲学への展開を予示していた。そして一八〇一年秋の『寄稿』第三分冊で、シェリングが同一性体系を構想するにあたって、バルディリの教説を利用した（Vgl. Beytr. III, 171）とシェリングを非難し、バルディリの先駆性を讃える。これに対しシェリングは、一八〇二年一月、ヘーゲルと共同で編集発行を始めた『哲学批判雑誌』に、「絶対的同一性の体系、ならびにこれと最近の（ラインホルトの）二元論との関係について」（以下「関係論文」と略記）を著し、バルディリからシェリングが剽窃したという非難に対し、先のラインホルトによるシェリング批評を逆手にとって、同一性が以前から自分の原理であったと反論し（Vgl. GW. IV, 140）、逆にバルディリやラインホルトにあって絶対的同一性だとされる思惟としての思惟が、適用されるにあたって外部に素材を前提しなければならないことの矛盾を指摘する（Vgl. GW. IV, 167）。すなわち『差異論文』でヘーゲルが用いた論法である（Vgl. GW. IV, 82ff.）。そしてシェリングは、バルディリやラインホルトの言う、限りない反復可能性としての同一性を、ヘーゲルを援用しつつ、「抽象的な悟性の同一性」（GW. IV, 147）だと非難したのである。

しかし本来、バルディリやラインホルトの構成する同一性は、思惟と存在の同一性を意味していた。それにもかかわらずシェリングは、彼らの絶対的同一性を、思惟としての思惟に限局して解したのである。確かにラインホルトにあって、同一性は説明され得ないとされていた。しかし、シェリング自身、「精神の国の永遠なる太陽」(GW. IV, 145; Sch. II, 600) と語った同一性を、知の対象ではなく信仰の対象と捉えた時、シェリングの同一性も、知ることができないという対立関係を担いながらもそれを捨象しているだけの抽象的な同一性だと、見做されなければならないだろう。しかも、バルディリが同一性の自己超出を語った (Vgl. GdeL, 114f.) のに対し、シェリングはこれを否定したのである (Vgl. GW, IV, 158; Sch. III, 15)。だがヘーゲルは、「主観―客観は、意識が自己活動性によって、自らをそこへと創出できないものではない」(GW, IV, 85) とし、〈絶対的なもの〉の自己構成についても語っていた (Vgl. GW. IV. 91)。ヘーゲルにしてみれば、意識を絶対的な同一性へと構成するところに知の知が成立するのであって、それによってこそ初めて、シェリングの言う「自己意識の完全な歴史」(GW. IV, 142; Sch. II, 712) も構成されることになると考えたであろう。このようにヘーゲルとシェリングの間には、同一性をめぐって、当初より、自覚されていなかったにせよ、相違があったと見なければならない。

三　闇の中の黒い牛

シェリング的な用語で、シェリングと共同の雑誌で論陣を張るヘーゲルを人は、シェリングの「屈強な擁護者」(GW. IV, 199) と見做したのかもしれない。しかし、講義においてヘーゲルは、自らの体系構成を語っていた。「絶対的な本質それ自身、理念において自分の形象を言わば構想し、自然において自らを実現したり、あるいは自然において自分の展開された身体を創造したりして、それから精神として自らを概括して自己内還帰し、そして自己自身を認識する、こうした運動としてまさしく絶対的本質であるように、認識も最初は、理念そのものを叙述しなければならない」(GW. V, 262: Fr. 1, 1a)。この一八〇一年秋の「哲学入門」講義でヘーゲルが語っているのは、論理学、自然哲学、精神哲学、そして「宗教と芸術の哲学」(GW. V, 264: Fr. 1, 2a)という四部門から成る体系である。ヘーゲルは端緒を理念に定め、それから、この理念が絶対知に対してどのような関係を持つのかということを、叙述しようとする。そしてそのための予備学としての「論理学および形而上学」講義においては、「哲学的営為に於ける有限なものから出発し、そこから、言うなればそれが前もって無化される限りで無限なものに到る」(GW. V, 271: Fr. 3, 17a)ことを告げるのである。ヘーゲルは「信と知」でも、哲学や真の認識の端緒を、真の知的直観によって存在する〈絶対的なもの〉に捉えることになる(Vgl. GW. IV, 392)。すなわち、知的直観によって認識されるものの一例をヘーゲルは、スピノザの実体、すなわち「特殊なものもしくは有限なものを、その本性上、同時に自己内に含み、唯一にして不可分」(GW. IV, 354)な無限なものに見出し、こうした無限なものを理念そのものと呼ぶ。哲学は、こうした理念を再構成し、認識するという課題を持つというのである(Vgl. GW. IV, 424)。[10]

それに対し、有限なものに対立してこれを無化する無限性を「絶対者の否定的側面」(Vgl. GW. IV, 413)だと捉え、この叙述を論理学に託した。「有限性の諸形式としての思弁的な思惟の諸形式は論理学に受容される」(GW. V, 273: Fr. 3, 18a)。ヘーゲルの見るところ、カント哲学や超越論的観念論は、ここにその境地を有するものであった(Vgl. Ros. 188)。固より、哲学的思惟の最初の手立ては、反省的思惟に他ならない。しかし、反省の所産は、主観的で、有限的なものである(Vgl. GW. IV. 355)。従って、「反省を完全に認識して除去することによって」(GW. V, 273: Fr. 3, 18bf.)こそ、論理学は、「哲学への緒論」(GW. V, 272: Fr. 3, 18b)として役立つことになる。このような「思弁的側面」(ibid. Fr. 3, 18b)、「理性の否定的な、あるいは無化作用を持つ側面」(GW. V, 274: Fr. 19b)にヘーゲルは、「凡そ学的認識の基礎というものを示す場所」(ibid.: Fr. 3, 19b)を捉えたのである。

この有限的なものを否定するというのは、有限的なものを無限なものと関連付けることではない。「哲学は、有限なものと主観的なものとを無限なものと関連付けても、それらを純化できない」（GW. IV, 324）。そこで関係、関連というものを廃棄して、〈絶対的なもの〉へ超出しなければならない。ヘーゲルは、「この有限なものの諸関係が（それが単に主観的なものの諸関係に過ぎなくとも、あるいは同時に諸事物の諸関係であるにせよ）それ自体では無であり、そうした諸関係に従った認識が（たとえ超出されるべきでないとされるにせよ）現象の認識でしかない」（GW. IV, 351）ことを明らかにしたところに、カントの最も重要な帰結を捉えたのである。

統治という場面での絶対的な統一、即ち人倫の構成を求めて（Vgl. GW. IV, 484）「自然法論文」でヘーゲルは、関係という側面で人倫的なものを考察した（Vgl. GW. IV, 468）フィヒテを批判しつつ、「凡そ関係というものはそれ自体で無であることを、弁証法が証さなければならない」（GW. IV, 446）と語った。関係ではなく、人倫の体系において、精神が自らを自己自身として直観する、換言すれば絶対的な認識を行なう時、「精神は自然より高次である」（GW. IV, 464）というのである。確かにここでヘーゲルは、同一哲学から一歩踏み出したように見えはする。しかし既に「哲学入門」講義で、「有機的なものの理念は（……）自然から出て、精神として自らを高め、絶対的な人倫として自らを有機化するようになる」（GW. V, 263: Fr. 1, 2a）と語っていたことを考慮にいれるなら、我々は、一八〇一年冬からヘーゲルは、同一哲学とは異なる哲学の構成を考えていた、と見なければならないかもしれない。

それではなぜ、ヘーゲルは、同一哲学の用語で自らの思想を語ったのか。それにはヘーゲルにとって哲学の端緒をどこに捉えるか、という難問があったことを考え併さなければならない。

ラインホルトやブーテルヴェクは、意識を以て哲学の端緒として、暫定的に哲学することを唱えたり、認識を基礎付けることを課題としていた。これをヘーゲルは、「哲学以前の哲学的営為」（GW. IV, 81）であって、「何か哲学的なことが為されている」(GW. IV, 104) だけだと批判した。フィヒテも「知識学への第一序論」で、「観念論の道程は、制約されたものから制約への不断の進展である」(GA, I-4, 205) と述べ、「すべての制約の綜括」(ibid.) として全経験を捉えていた。制約された有限なものに哲学的な思索の出発点を求めるこうした考え方に対して、ヘーゲルは「絶対的である出発点が有限であることによって、認識の生誕地が真に全体的なものであることは不可能になる」(GW. IV, 393) と見た。

とはいえ、当時のヘーゲル自身の哲学的な思索は、絶対的な同一性の構成を求めて、そこへと到る予備学的な思索を纏めてはいたが、自らはまだ自分の体系を模索する段階であった。『哲学批判雑誌』の諸論稿はその中で生まれた。たとえ、絶対的な人倫の統一を認識するところに〈絶対的なもの〉の構成を捉えても、絶対的な同一性を実現することが自らの哲学の課題として引き受けていた以上、同一哲学の概念を用いても差し障りはなかったのかもしれない。しかし、自然と精神の連関を通底する同一性にではなく、人倫において〈絶対的なもの〉の実現を捉えるならば、そしてそれを同一性と呼ぶのならば、それは既に同一哲学の範囲を超えるものであったであろう。しかも、絶対的な同一性の無限性を、有限性とそれに対立する無限性との同一性 (Vgl. GW. IV, 359) と見て、そしてそれに対応するように感性、悟性、理性が捉えられるなら (Vgl. GW. IV, 367)、有限性から絶対的な同一性へ到る理路が明らかにされなければならない。

事実、論理学が存立する「理性の否定的な認識」(GW. V, 272: Fr. 3, 18b) は、「哲学への第一段階」(GW. IV, 215f.) としての懐疑論の意義と併せ捉えられ、「否定的理性」(GW. IV, 359) として、哲学が成立する一過程に組み込まれる。固より、論理学の第一段階として「有限性の諸形式が理性から現われるまま、といっても悟性によって理性的なものを奪われ、ただそれらの有限性においてしか現われないがままに有限性の諸形式を樹てること」

（GW. V, 272: Fr. 3, 18a）を論理学の第一段階として語り、また「経験的意識それ自体は理性そのものである」（GW. IV, 329）と「信と知」で見極めたならば、ヘーゲルにとって、「意識は、精神がそこから自分の現存在を作り出すところの精神の素材である」（GW. VIII, 266 am Rande）と見て、意識論を展開するに到るまでの間に、つまり、イェーナ時代初期の思想と後期の思想との間に、それほど大きな懸隔はなかったのかもしれない。そしてヘーゲルが意識論を展開するに到ったからといっても、ヘーゲル哲学が意識から出発したとしても、それは、意識が否定されるべきだと踏まえられていたからなのである。

シェリングも、一八〇二年初夏に出版した『ブルーノ』で、差異とそれに対する統一、更にそれらが一つになって含まれている高次の統一という、ヘーゲルが「信と知」において規定することになるトリアーデと同じように、統一の三重性を規定していた（Vgl. Sch. III, 132）。一八〇三年五月、シェリングはイェーナをカロリーネと共に去り、ヘーゲルとの共同作業は、これをもって終わりを告げる。一八〇二年春の『寄稿』第四分冊でラインホルトは、シェリングの「関係論文」を、理性を絶対化することで主観と客観とから独立させ、それらを相互に依存させるにもかかわらず、それらの同一性に真理を見るという狡猾さ（Vgl. Beytr. IV, 197f.）について批判した。そして、一八〇三年秋に刊行された『寄稿』第五分冊では、自然において神が顕現する際の双方の結合を双方の同一性と混同しているとして（Beytr. V, 50f.）、『ブルーノ』を批判する対話篇を発表する。そこでラインホルトは、「私の絶対的同一性は、絶対的であるが故に、いかなる対立項も必要ではないし、可能でもない」（Beytr. V, 55）として、シェリングのラインホルト批判に反論する。ラインホルトの語る絶対的同一性にあっては、同一性が適用されるだけである。この適用された同一性の外には何もない。ただ、非同一性というものは単なる非同一性としては絶対的同一性によって廃棄され、存在するのは、絶対的同一性によって規定された非同一性、である。こうした非同一性は、同一性が適用されるところのものであって、現実性だとされる。そして適用された同一性にあって、思惟が成り立つ可能性が存立する。そしてこの同一性と非同一性とは不可分だ（Vgl. Beytr. V, 57f.）、というのである。

我々としてみれば、ヘーゲルが既に、絶対者そのものを、「同一性と非同一性との同一性」（GW. IV, 64）と規定していた以上、ラインホルトによる同一性批判を、ヘーゲルやシェリングが、ラインホルトの同一性を、思惟としての思惟に見て、それを、それが適用されるところのものと対立関係にある、とした非難の裏返しと考えることができるであろう。事実、ラインホルトはシェリングの同一性を批判して次のようにも言う。「一切の対立項の統一としてしか絶対的でなく、そして最高の対立項との統一としてしか統一でないという君たちの絶対的同一性は、（……）君たちがそれを対立項から解放することによってのみ、君たちにとって絶対的となるであろう。（……）君たちは、対立項を同一性そのものの内で担うというやり方以外では、対立項の前で同一性に、いかなる場所も調達する術を知らない。そうした対立項は、それによって無化的（vernichtend）にではなく、保存的（erhaltend）に止揚（aufheben）され、充分に保管される、その結果、君たちは対立項を再び見出し、すぐにそれを必要とする」（Beytr. V, 56）。

ラインホルトは、シェリングにあって同一性が対立項を前提せざるを得ないことを指摘しているのである。この批判は、「信と知」のヘーゲルに対しても通用する批判である。こうして「私の絶対的同一性は（……）対立項そのもののために前提されている」（Beytr. V, 55）と語るラインホルトの論述に接するにあたり、我々は途惑いにも似た想いを懐かざるを得ない。『精神の現象学』における同一性への批判、「そこではすべての牛が黒くなる闇夜」（GW. IX, 17）という同一性への揶揄はこれまで、シェリングの『ブルーノ』に向けられていたと信じられてきた。[11]しかし、シェリングというよりはむしろ、ラインホルトの同一性理解をも射程に収めると同時に、皮肉なことに、ラインホルトによるシェリングの同一哲学への批判から、ヘーゲルは、自らが同一哲学を超克する道を読み取ったのではなかったか、ということさえ想起されるからある。

ヘーゲルは当時の講義で次のように語っていた。「フィヒテは、周知のように、偉大な、といっても意識の一面的な立場から、すなわち自我、主観から出発したので、完全に自由な叙述をすることはできませんでした。シェリングはなるほどまさにそこから出発して、しかもこの立場をやがて止揚しもしたのですが、（……）その後のシェリングの哲学は、思弁的な理念を、理念そのものにおける展開のないまま、一般的に提示しているだけです」（GW. V, 472）。シェリングの同一哲学に欠けているとヘーゲルが見た理念の展開は、有限なものがいかにして無限なものに超出するのか、意識がいかにして絶対的な自己意識へと発展するのか、その過程の叙述に他ならない。ヘーゲルはそうした超出の論理として、弁証法を形成した。「止揚というのは、否定であるのと同時に保存である」（GW. IX, 72）とヘーゲルは規定している。ヘーゲルによる同一哲学克服は、ラインホルトによるシェリング批判を己れの問題として真摯に受けとめ、自らの思想の不完全性を克服しようとしたところに拓かれたと見てよい。しかし、ヘーゲルの意識論受容は、決してラインホルトの思想を受容した、というものではない。ヘーゲルは、ラインホルトには見られない、自己否定、自己超出の論理を、弁証法として形成していく。その運動の主体を意識に求め、その過程を意識の経験としてヘーゲルは捉えたのである。ラインホルトがこうした論理を持ち併せていなかったことは、『寄稿』第六分冊所収の「常識や理性との、そして通俗的悟性と思弁的理性との関係について」で、意識、悟性、理性という認識の行程を設定しながら、その過程の叙述を為し得なかったことからも明らかである。ヘーゲルは意識論を展開した。しかしそれは、意識が、意識であることを超出し、自らが何であるかを把握するに到る過程を叙述する「意識の経験の学」であった。こうしてイェーナ時代の論争を経てヘーゲルが行き着いたのは、ある意味ではラインホルトの思索の発展型とでも言えるような、〈絶対的なもの〉に到る意識の経験の学、〈絶対的なもの〉の学を基礎付ける『精神の現象学』なのであった。これはまた、ドイツ観念論の到達した最高の精華でもあったことには言を俟たない。

〔註〕

(1) ドイツ観念論におけるラインホルトの意義については、野田又夫教授の「ヘーゲルとキリスト教」ならびに「サロモン・マイモンの哲学——弁証法の出発点に於ける問題」(ともに『野田又夫著作集』第四巻所収)という先駆的な業績があり、最近の研究では、加藤尚武教授の「体系という思想」(『思想』一九八〇年一一月号)及び「哲学にとって体系とは何か」(『哲学』三一号)がある。ラインホルトに関する研究は、ドイツでもさほど多くなく、本稿は、参看した研究書の中でも、とりわけ、Philosophie aus einem Prinzip Karl Leonhard Reinhold. Hrsg. v. R. Lauth (Bouvier)から、多大な教示を得た。

(2) S. Maimon: Streifereien im Gebiete der Philosophie (Aetas Kantiana) S. 193ff.

(3) ドイツ観念論におけるラインホルトの意義やヘーゲルに与えた影響については、拙稿「意識と経験——ヘーゲル『精神の現象学』の成立をめぐって」(神戸大学文化学研究科紀要『文化学年報』第四号、一九八五年)を参看願いたい。

(4) IV, 581 Anm.

(5) Philosophie aus einem Prinzip Karl Leonhard Reinhold. Hrsg. v. R. Lauth (Bouvier) S. 221

(6) IV, 577 Anm.

(7) ibid.

(8) フィヒテとシェリングの訣別が、ヘーゲル哲学の形成に与えた影響については、拙稿「意識と経験——ヘーゲル『精神の現象学』の成立をめぐって」前掲を参看願いたい。

(9) Philosophie aus einem Prinzip Karl Leonhard Reinhold. Hrsg. v. R. Lauth (Bouvier) S. 221f.

(10) ヘーゲル哲学にとってのスピノザの意義については、拙稿「ヘーゲルとスピノザ——主体と実体」(今村仁司・座小田豊編『知の教科書　ヘーゲル』（講談社、二〇〇四年）を参看願いたい。
（11）「そこではすべての牛が黒くなる闇夜」（IX, 17）という同一性への揶揄は、シェリングというよりも、むしろ、G・E・シュルツェに向けられていたことについて、ならびに「無」や「否定」の意義については、拙著『ヘーゲル――生きてゆく力としての弁証法』（NHK出版、二〇〇四年）をお読みいただければ幸甚である。

V　歴史が物語られる時
――ドイツにおける新旧論争と、シェリング及びヘーゲルにおける歴史哲学の成立――

はじめに

ヘーゲルの思想的軌跡を青年時代から辿ると、そこに幾つかの転回点が浮かんで来る。たとえば、歴史認識である。ヘーゲルは、青年時代には、古典古代に限りない憧憬を馳せていた。キリスト教の実定性に対する批判の中に、古代ギリシアの自然宗教の称揚と、ローマ時代における共同体の、自然的統一の喪失に対する痛憤が散見されるのである。古典古代において実現されていた〈美しき統一〉は、文化とともに分裂を余儀なくされた、と見たからである。イェーナでヘーゲルは、近世哲学によってもたらされた、主観と客観、知と信、自然と精神、無限なものと有限なものなどの〈分裂〉を止揚する思想の構築に向かう。だが、そのヘーゲルが、超越論的観念論に〈歴史〉の要素を導入することによって、ドイツ観念論の、というより、近世哲学の主観性を超克しようとする中で、彼は、古典古代の亡び、〈歴史の経過〉を自らの思索の中で位置付けざるを得なくなってゆく。その歴史観は、青年時代に見られるような、古典古代への憧憬を心胸の内に埋めてこそ成り立ったものであった(1)。

ヘーゲルが「歴史哲学」を最初に講じたのは、一八二二―二三年の冬学期、ベルリンにおいてであった。しかし、ヘーゲルがその歴史把握について講じた最初は、一八〇二—三年冬学期、一八〇三年夏学期、一八〇三—四年冬学期、一八〇五年夏学期と開講が告示された「自然法講義」[2]であった。そこでは、宗教の歴史的な形態が、時代順に整理されているというのでなく、〈理念〉の〈歴史的展開〉によって基礎付けられている。すなわち、ある時代の宗教を〈理想化〉したり、〈規範化〉したりすることは避けながら、〈列挙〉でないことは言うまでもなく、かといって、単なる〈相対化〉でもないことは、展開の根拠に〈理念〉が見据えられているところから明らかである。

それにもまして興味深いのは、古典古代の称揚がヘーゲルに始まったことではなく、しかもそれが、美学史上の大きな問題に繫がっているということである。すなわち、「新旧論争」[3]である。もとよりこれは、一七世紀後半のフランスで生じた論争であったが、これに百年近く遅れて、ドイツでも似たような論争が展開された。これには、ヴィンケルマン、ヘルダー、シラー、F・シュレーゲルらが大きな役割を果たしたのであった。彼らの議論に遡及して検討するならば、そうした新旧論争の帰趨として、シェリングやヘーゲルにおける歴史哲学の構想を位置付けることができる、ということである。一連の議論から、歴史哲学の存立機制が浮かび上がってくるのである。本章では、ドイツにおける新旧論争の歴史的な展開を検証することを通して、シェリング並びにヘーゲルに歴史哲学の構想が生じることを確認するとともに、〈歴史哲学〉の基底を幾らかでも明らかにすることを課題とする。

一　疾風怒涛期の歴史把握

（1）静謐なる深海の如きギリシア彫刻

哲学の歴史を記述した最初の試みの一つとして、しばしば言及される書物に、ディオゲネス・ラエルティウスの

『ギリシア哲学者列伝』がある。また、ヴァザーリの『ルネサンス画人伝』は、美術史の最初の試みだとも言われる。[4] しかし、それらはともに、哲学史上の、あるいは美術史上の、業績ある人を〈列挙〉する試みに他ならない。そうした学説誌に見られる列伝体の歴史記述は、〈年代記的な順列〉を基軸として、それぞれの伝記的な内容によって織り成されている。従ってそこでは、哲学史や美術史の〈理念〉に基づいて叙述されているのではない。さまざまな出来事が年代順に取り上げられるわけである。それは、完成することもない。より完全な記述にするには、細かな情報を〈網羅〉することであるが、完全に網羅し尽くすことなど不可能だからである。幾らかでも一般化しようとするなら、〈学派〉や〈流派〉、〈出身地〉、〈ひとまとまりの時代〉によって括るしかないであろう。

そうした史伝や年代記の叙述は、その時代の特徴を描出するものであるにせよ、個別的な〈出来事〉の〈列挙〉でしかないことも事実である。これに対して、一国の政体の歴史を叙述することは、過去の物語りといっても、それぞれの盛衰の原因が探られることによって、現在の国家を理解する上で役立たせることができる、と考えられるかもしれない。歴史から教訓を読み取ろうとする、この手の歴史記述をヘーゲルは、後年「実用的歴史」と呼んだのであった（Vgl. SW. XII, 16ff.）。モンテスキューや、ヴォルテールが念頭に置かれていたものと考えられる。それらの歴史記述からは、それぞれの体制の〈違うところ〉や〈共通するところ〉が際立たされることになる。内面的な根拠の理解に到っていないので、教訓を得ようとすると、外面的な理解に留まらざるを得ない。そうなると、それぞれの政体を存立せしめる歴史的な必然性が明らかにされないままになる。従って、歴史記述者は、「自分の精神を時代の精神だとして主張」（SW. XII, 18）するだけで、素材を呈示するに留まる、というのである。

これらの歴史記述にあっては、確かに、それぞれの比較がなされるにせよ、規範や理想は何ら問題とならない。歴史の〈完成態〉が想定されていないからである。H・R・ヤウスの概念を借りるなら、「並行記述・並置

（Parallele）[5]」に留まっていたのである。そうした歴史の捉え方からは、歴史を一つの過程として捉えるような、尺度や根拠さえも、見出すことはできない。

ヤウスは、「新たな、単一化された芸術史記述の最初の記念碑」を、ヴィンケルマンの『古代芸術史』の「序文」（一七六三年）に見る。それは、「伝統的な〈芸術家の歴史〉と訣別し」、「古代を歴史的に物語ることによって可能になり、〈並置〉の比較考察を止めることによって解き放たれた」（Jauß, 210）ものだという。ヴィンケルマンによると、「芸術の歴史は、芸術の起源、成長、変化、衰退を論じ、あわせて民族、時代、芸術家のさまざまな様式を説くべきなのである」（Winckelmann, III. 9f.）。彼が芸術の歴史に求めるのは、古典古代の芸術についての知見である。すなわち、過ぎ去った時代についての知識に他ならない。「芸術の歴史において私が努力するのは、真理を発見することである」（Winckelmann, III. 26）。ヴィンケルマンが企図する古典古代の芸術の歴史は、「時代順やその間の変化についての単なる物語（Erzählung）ではない」（Winckelmann, III. 9）。むしろ、語源のギリシア語の意味に立ち返って、〈考察する〉ことを行なうことに他ならない[6]。

確かにヴィンケルマンは、美の原因を証し、芸術の様式における特殊なものに言及することを課題とした（Vgl. Winckelmann, III. 11）。「芸術の本質」に迫ることによって、単なる「芸術家の歴史」（Winckelmann, III. 9）では示し得なかった究極目的を明らかにするとともに、「芸術の記念碑」（ibid.）について言及した。しかし、ヴィンケルマンにあって、古典古代の芸術が理想化されていたことは、彼の『絵画と彫刻芸術におけるギリシアの芸術作品の模倣についての思索』（一七五五年）を概観しても明白である。「次第次第に世界に流布してゆく良き趣味は、最初は、ギリシアの空の下で形成され始めたものである。異民族の創作はすべて、いわばただ最初の胚種としては、ギリシアの地から由来し、その地において全く別の性質と形態とを取っていたものである。（……）ギリシア民族がその作品に与えていた趣味は、彼らにとって独自のものであった。その趣味は、何ものかを失うことなしには、ギリシアの地から離れることはまずなく、僻遠の風土にあっては後になって知られるようになったのである」（Winckelmann, I. 7)。ギリシア芸術に、〈芸術の完成態〉が帰されている。だからこそ彼は、当代の芸術が偉大になる唯一の道を、「古代人の模倣」（Winckelmann, I. 8）に見定めたわけである。それゆえ、古代を規範となし得るか、それとも現代に進歩を認めるか、という新旧論争の問題圏内で定位されるなら、ヴィンケルマンが古代派の立場に立つことは明らかであった。

（2）遥かなるアルカディア

ヘルダーは、確かに、その『彫塑』（一七七八年）などで、ヴィンケルマンの学識への賛辞を惜しまなかった。そして近代芸術に対する古代芸術の優越性についても語っている（Vgl. Hanser-HW. II, 485)。しかし、だからといって、古代を規範化することには繋がらない。他方で「自然・本性は、人類全体にとってもそうであるのだが、個々の人間にとっても常に触れることから見ることへ、彫刻から絵画へと進む」（Hanser-HW. II, 519）と、見てもいたからである。この進展は、小田部氏の論稿によれば、「人間本性が、そしてそれに基づく芸術が必然的に辿る歴史的発展過程に他ならない。古代ギリシャが彫刻の時代であったのに対して、近代は絵画の時代(7)」だという認識がヘルダーにあったことを物語るという。そうであるなら、ヘルダーには、時代を歴史的に相対化して捉える視座があったということになる。しかもその時、過去の一時代が規範化されることはなく、歴史は動的な過程として捉えられたのであった。

事実、「ヴィンケルマンは最もすぐれた古代芸術史の記述者だが、彼は、エジプト人の芸術品については明らかにギリシアの尺度だけで判断を下していた」(Hanser-HW. I, 603)と、一七七四年の『人間性形成のための歴史哲学異説』でヘルダーは批判的に述べてもいた。古代と近代のいずれが優れているか、という観点に立つなら、一方を規範化したり、理想化したりして、その尺度で他の時代をも測ることになる。それでは一面的で偏った見方になってしまうことをヘルダーは指摘したのである。確かにヘルダーは、ギリシアを美しい青年時代と見ていた(Vgl. Hanser-HW. I, 605 u. 609)。だがそれは、同時に克服される時代でもあることをヘルダーが認識していたことをも物語る。人類の壮年時代とされるローマ時代をヘルダーは、「古代世界の運命の成熟」(Hanser-HW. I, 610)だと認めていたからである。このような歴史的な推移についての感覚を、ヘルダーはどうして持ち得たのであろうか。

もとよりヘルダーには、「諸国民、世紀、時代、人間、すべてが同じ程度の美的教養形成に達しているのではない」(Hanser-HW. II, 91)と見る観点があった。すなわち、彼の基本的な観点は、それぞれの時代で、その教養形成が違う、というものである。単に歴史的に相対化するのではなく、美的な教養形成を、国家などの要因と重ねて考察するという観点である。しかも、それとともに、歴史が、「すべての芸術や諸学を経て美の観想へと向かう偉大な行程」(Hanser-HW. II, 199)と捉えられる時、歴史はただ様々な時代が相対的に比較考量される領野に留まらず、歴史そのものに、完成へ向かう原動力が内在化されることになる。『批判論叢』(一七六九年)に見られるこの文脈の延長線上に、『人間性形成のための歴史哲学異説』の歴史観を見定めることができる。「それゆえ、人間の完全性というものはすべて、国民的に、百年ごとに考慮されるのであって、極めて厳密に考察するなら、個性的に考慮される。人は、時代、風土、欲求、世界、運命がきっかけを与えなければ何も作り上げることができない」(Hanser-HW. I, 614)。外的状況の歴史と重ね併せて芸術の歴史を見ることによって、ヘルダーは、歴史を動的な過程として捉える感覚を持ち得た、と言うことができるかもしれない。

ヘルダーが、新旧論争を正面から取り上げたのは、『人間性を促進するための書簡』の第一〇七書簡（一七九六年）においてであった。「古代人の優位か近代人の優位かという論争は空虚なものであって、それに際して確定的なことはほとんど考えられなかった。／論争がなおのこと空虚になったのは、比較の尺度が何ら採用されなかったか、あるいは誤った尺度が採用されたことによる」（HW. XVIII, 135）。古典古代への憧憬を隠さないヘルダーにして、「あらゆる時代において人間は同じであった。ただ人間は自らを常に、自分の生きていた体制に従って表明してきた」（HW. XVIII, 139）と言う。

体制というのは、彼にあっては、単に政治体制だけが意味されていたわけではない。言語や習俗、風土などをも含めた体制なのである。従って、それぞれの時代のそれぞれの文芸に、その国民の誤謬や完全性が総括されていて、彼らの目指すべき最高のものが表現されている、と考えられていた。「さまざまな思考様式や努力、願望の回廊においては、我々は、政治史や戦史という裏切りの多い殺伐たる道程においてよりも確かに深く、時代や国民を知るようになる。我々は、政治史や戦史においては、ある国民について、その国民がいかに統治し、殺しあったか、ということ以上のものを見れるのは稀である。これに対し、先の〔文芸の〕回廊においては、ある国民について、いかに考え、何を願い、何を欲し、いかに喜び、自分達の指導者や自分達の傾向にどのように導かれたのか、ということを学ぶ」（HW. XVIII, 137）。各時代、各地方における国民性を展示する回廊として、芸術の歴史が考えられていたのである。

しかし、その画廊は、ただ比較するために、無差別な展覧を供するものではない。ヘルダーは、こうした文学の基底に、人間の構想力や心情を捉えていた。それを、「文学の精神」（HW. XVIII, 140）とも呼んだ。そうなると、歴史は、継起する精神の具体化を供覧するということになる。「古代と近代の区別」（HW. XVIII, 5）は紛れもない事実であって、その違いを引き起こしたのは、「諸国民や宗教、そして言語の混交であり、結局は、習俗や感覚、知識や経験の進歩」（HW. XVIII, 139）だとされた。しかし、もし芸術の歴史に、何らかの尺度から見た進歩の過程が併せ捉えられるなら、つまりヘルダーにおけるように、「純真の、真理と習俗の国に向かう」（HW. XVIII, 140）我々の道程が織り成されていると見られるなら、確かに、歴史を、古典古代という規範から解放した一方で、新たな規範化、目的論の導入と見ることもできる。ヤウスの言を借りるなら、「ヴィンケルマンが依然として固持していたギリシアの理想性は、その歴史物語の位置に差し戻されて、完全という規範性は、個々の美という歴史物語における多様性に移し変えられ、文学の世界史的な考察は、歴史についての一つの把握にもたらされている。この把握は、それ自体ではいかなる内在的な目的論をも必要とするものではなかったが、美学者にとってはまたしても一つの全体を達成することが約束されていた」（Jauß. 214）というのである。すなわち、ヘルダーは、「われらはアルカディアを目指す」（HW. XVIII, 140）とも述べていたのである。

二　シュレーゲルとシラーによる美的教養の革命

（1）　世界は人間精神によって創られた芸術作品

「ドイツで、古代―近代という時代の対立が意識され、かつての『新旧論争』が燃え上がってくればくるほど、（……）ますますこの対立を美学の内に受容することが必要になった(8)」と言われる。ヘルダーの芸術史把握を、芸術における進歩史観だとするなら、それは依然として新旧論争の問題圏の内にあるとも言える。進歩という観念は、古代と近代を比較する点で成り立ち得るからである。もとより、歴史的に隔たった時代を相互に〈比較〉する、そのために歴史を幾つかに〈区分〉する、ということの有効性にも疑問が残る。ヤウスによれば、「啓蒙主義的な歴史主義と古典主義的な美学との間の矛盾に、ヴィンケルマンの芸術観は取りつかれていて、それを次世代は差し当たりは、ギリシアを活性化する形で超えて行ったのだが、そうした矛盾を知覚することが、古代と近代との関係を新たに規定するというシラーやシュレーゲルの試みの潜在的な出発点である」(Jauß, 82) という。たとえば、シュレーゲルは、古代の教養形成と近代の教養形成とを、教養形成全体の中で捉えようとしたのである。

シュレーゲルが一七九五年に執筆した『ギリシア文学研究論』の序では、こう言われている。「この論文は、古代文芸を今までよりももっと真面目に研究するための招待に他ならない。つまり古代の詩人の、あるいは近代の詩人の一方的な愛好者たちの間の長い確執を調停しようとする試み（こうした試みが欠けていたことを私ほどまざまざと感じることのできた人もいないだろう）、美の領域において明確な限界規定を行なうことによって、自然的な教養形成と人為的な教養形成との和合を再び樹立しようとする試みである」(KFSA. I, 207)。ここで、古代の文芸と近代の文芸とを、自然的な教養形成そして人為的な教養形成として規定することで、シュレーゲルはそれらの断絶を確認した上で、それらの調和を図ることによって、一面的な議論しか提示し得なかった新旧論争の止揚に向かおうとしたと見ることができる。

ここでもし、古代と近代とが、自然的な教養形成と人為的な教養形成との二項対立として捉えられているならば、どちらか一方に与しているわけではないにせよ、シュレーゲルの把握は、いまだ新旧論争の問題圏を脱していないことになる。しかし、シュレーゲルは、古代と近代とを、歴史の連続性の中で考察しようとする。すなわち、この人為的な教養形成は、「自然的な教養形成が完全に解体されたのに引き続いてのみ生じ得る、そして、自然的な教養形成が途絶えたところから、つまり〈関心をそそるもの（das Interessante)〉でもって途絶えたところから始まるに違いない」(KFSA. I, 214)。とはいえ、「客観的な美へと到達し得るためには、多くの段階を経なければならない」(KFSA. I, 214)、とされる。近代は、いまだ完成には至っていない途上ということになる。

歴史の連続性を見ようとするシュレーゲルは、「ヨーロッパの教養形成のごく最初の時代において既に、近代文学の人為的な起源の紛うことなき痕跡が見出される」(KFSA. I, 232) と捉えていた。そうした観点は、新旧論争の存立機制を根本から組み変えることに繋がる。「古代の芸術史と近代の芸術史の全体が、その内密な連関によって捉えられ、その完全な合目的性によって充分に充足する」(ibid.) ところに、歴史全体は連関の内に捉えられるからである。すなわち、シュレーゲルは、自負していたように、「美的芸術の行程の痕跡を辿り、従来の芸術史の意味を察知し、来たるべき芸術のための大いなる見通しを見出した」(KFSA. I, 354) ことによって、個々の作品について、「芸術形成の永遠の法則の偉大なる全体における正当な位置」(ibid.) を見定めようとしたのである。

シュレーゲルによれば、人為的な教養形成の精華である「近代文学の理想は、〈関心をそそるもの (das Interessante)〉、すなわち主観的な美的創造力」(KFSA. I, 208) だという。つまり、「近代的なものの美的な教養形成全体は、関心をそそるものへと向けられている」(KFSA. I, 252)。関心をそそるものに向かう文学は、主観的で個別的な欲求や目的に対応するものであるに他ならない。それに対して、古代の特徴は自然的であるところに捉えられた。ギリシアにおいては、本源的に、美が生じているという幸運な時代が実現していた (Vgl. KFSA. I, 276) と捉えられた。「ギリシアの文芸は、その教養形成の第一段階においてからして既に、そして自然を後見として、均等な完全性を保ち、幸福な均衡を保ち、一面的な方向性とか過剰な逸脱などしないで、人間的自然の全体を包括していた。しかし、その力強い成長はすぐに自立するまでに発展し、心情が自然と闘う中で決定的な優位を得る段階に到達した。ギリシア文学の黄金時代は、(……) 理想性と何らかの自然的な教養形成において可能な美との最高の頂点に到達した」(KFSA. I, 276)。すなわち、ギリシアの教養形成は「自己内に完結した全体であって、それは、単なる内的な展開によって最高の頂点に達し、完全な循環行程においてまたしても自己内に還帰した」(KFSA. I, 302)という。こうしてシュレーゲルは、歴史を連関の内に捉える中で、ギリシア文学に〈完成〉を見るとともに、近代文学には、「極めて合目的な進歩」(KFSA. I, 354)を見出した。発展途上の近代文学は、ギリシア芸術の模倣が支配的であった第二期を脱し、客観的な芸術を実現する第三期を迎えている(Vgl. KFSA. I, 355)という。それをシュレーゲルは、「美の革命(die ästhetische Revolution)」(KFSA. I, 359)と呼んだのである。

美の革命とは、近代を完成することに他ならない。すなわち、シュレーゲルにあってギリシアの教養形成は、自己完結的に自己自身に還帰する循環という意味での〈完全性〉を具現した。言い替えれば、古代の教養形成は、完全な循環行程を遍歴したのに対し、近代の教養形成は、不完全な進歩の途上にある。「芸術や趣味の完全な本性の歴史が、順々に展開する完全な循環行程において、以前の段階が不完全であったこと、その後の段階が堕落することを含んでいても、それらの絶えざる必然的な連鎖にあっては、いかなる項も飛び越されることはない」(KFSA. I, 317f.)。美の革命は、近代文学の対象である〈関心をそそるもの〉を媒介として、客観的な美へと超出していく転換期を意味する。「時代は美的教養形成の重要な革命にとって成熟している」(KFSA. I, 356)。たとえば、「関心をそそるものは、美の準備であって、近代文学の究極目標は、最高の美、客観的で美的な完全性の最大値(Maximum)に他ならないのである」(KFSA. I, 253)とされる時、明らかにシュレーゲルは、近代文学によって「限りない接近」(KFSA. I, 214)が試みられる歴史の目標を見定めている。そして、近代文学の特徴である〈関心をそそるもの〉を主観的なものとして考え、その克服を目指す美的教養の革命の射程は、哲学革命の射程と共通して、近代の超克に繫がるものであった(9)。美の革命は、古典古代の復帰をもたらすものではない。明らかに、絶対的な美の実現を目指しつつ、自己完結的な自然性ではなく、「客観的な美」（KFSA. I, 214）という理想への無限の接近を図るところにその意義を見なければならないのである。

こうしてシュレーゲルは、それぞれの時代が存立する原理を認めることによって、古代と近代との〈対比〉や〈対立〉を、一面的な理想化を避け得たかのように見えた。しかし、ギリシア的な教養形成は、完全な循環行程を終えたのに対し、近代の教養形成は、今やその発展の第三期を迎え、美的教養の革命に直面している。その点で確かに、シュレーゲルにあっては、ギリシアの教養形成に完全性が帰せられた一方で、近代の教養形成は無際限な進歩を強いられている以上、そこには古代との断絶があり、古代と近代の新たな対置が招来されている、と見ることもできるかもしれない（Vgl. Jauß, 92ff.）。しかも、古代と近代との同一性は、「自然的な教養形成と人為的な教養形成との来たるべき収斂点」（Jauß, 94）まで待たされていると見るならば、美的教養の革命の兆しはまだ充分に把握されていなかったと言えるかもしれない。[10] その結果、失われた古典古代に憧憬を馳せていると見るなら、シュレーゲルを古代派だと言うこともできよう。しかし、現代を変革の時代と捉え、その課題を、単に芸術や美学に留まらず、哲学にも共通する形で、主観性の克服として捉えていた、というところに、「客観的な歴史の哲学と客観的な芸術の哲学」（KFSA. I, 347）の原則を把握したシュレーゲルの真骨頂があるように思えるのである。

（2）高貴な芸術は高貴な自然より生き延びる

一七九五年秋から一七九六年にかけて発表されたシラーの「素朴文学と情感文学について」で、新旧論争の論点や問題意識は、根本的に整理し直され、歴史哲学への道が整えられていく。「シュレーゲルのようにシラーも、新旧論争の結果を受容しつつ、古代の文芸と近代の文芸のそれぞれが、それなりの仕方で完全なものとして見做され、その点では比較できない、というところから出発している」(Jauß, 95) とヤウスは見ていた。

シラーは、古代の文学と近代の文学とを、素朴文学と情感文学として規定する。しかし彼によれば、古代の詩人と近代の詩人とが対置される場合に、その違いは、「時代の違いというよりも、むしろ流儀 (Manier) の違い」(Schiller, XX, 438) だという。古代の詩人は、「自然によって、感性的な真理によって」感動させるのに対し、近代の詩人は、「理念によって我々を感動させる」(Schiller, XX, 438) という。どうしてそのような違いが生じたのか。もとより、シラーの見るところ、「詩とは、人間性にできるだけ完全な表現を与えることに他ならない」(Schiller, XX, 437)。その人間性が、古代と近代とでは大きく変貌したからである。古代にあっては、子どもらしい時代にあったような人間は、未分化の感性的な調和を保ちつつ、いわば、自然的統一の状態にあった。従って、詩人は、できるだけ完全に現実を〈模倣〉しさえすればよかった。ところが、文化の状態においては、人為的技術が加わって感性的な調和は失われた以上、人間が道徳的な統一を目指して努力することになり、古代においては実際に存在していた感覚と思考との一致は、単に〈理想〉として存在するだけになった。そこで、近代において詩人は、自然の完全性が見当たらないがゆえに、現実を理想に高めて、「理想の叙述 (Darstellung) によって詩人とならなくてはいけない」(Schiller, XX, 437) という。「詩人は自然であるか、自然を求めるかだ、と私は言った。前者は素朴詩人となり、後者は情感詩人となる」(Schiller, XX, 436)。

シュレーゲルが、自然と人為とで古代と近代を特徴づけたように、シラーも、素朴と情感、自然と理想でもって古代と近代を特徴づけた。その限りでは、古代と近代の二項対立が残ると見えるかもしれない。しかし、シラーは、文学史の根底に、古代と近代とを通底する〈人間の精神〉を捉えていた (Vgl. Schiller, XX, 437)。〈精神〉に依拠することによって、歴史は、連関づけられるとともに、動的な自己生成過程としての意味を帯びてくる。「近代の詩人が歩むこの道程は、それはそうと、そもそも人間が個人としても全体としても辿らなくてはならない道程なのである。自然は人間を自己自身と一致させ、人為的技術は人間を分かち、分裂させる。理想によって人間は統一へと還帰する。しかし、理想は人間が到達できない無限なものであるから、文明化した人間は、自分の仕方では決して完全なものになれない。ところが、自然的な人間は、自分の仕方で完全なものになることができるのである」（Schiller, XX, 438）。普遍史が個人史に重ねられ、それだからこそ、古代が人類の幼年時代などとも言われ得たのであった。

原初的な統一から出発した人間が、教養形成を深めるとともに分裂にも巻き込まれてゆく。その一方で、自然的な統一にあっては自足していた人間が、文化の状態にあっては、自らが到達し得ない無限な理想を強烈に自覚できるようになる。「文化を通して人間が努力する目標の方が、自然を通して達成していた目標よりも限りなく優先されるべきである」（Schiller, XX, 438）と語られる時、そこに我々は、〈精神が自然よりも高い〉という観点を見ることもできる（Vgl. Schiller, XX, 440）。しかしそれは、近代が古代よりも優れている、ということに繋がらない。近代ではなく、歴史的展開の途上にある近代の〈目指す目標〉が、古代の〈目指していたもの〉よりも優れている、とされているからである。

それでは、古代だけでなく、近代よりも優れている歴史の目標は、何に見定められていたのか。たとえば、我々が感動する自然、技術的なものと対照的な、しかも人為的な技術を恥じ入らせるような、感動的な自然があるとする。それは、名もない花であろうと、華麗な思い出を映すような泉であろうと、風雪を偲ばせる苔むした石であろうといい。そうした自然のものについて、シラーはこう言う。「それら〔の自然物〕は、かつて我々がそうであったところのものであり、それらは、我々がもう一度なるべきものなのである。我々は、それらのものと同じように自然であった。そして我々の文化が我々を、理性と自由の道程を通って、自然へと連れ戻すはずである」(Schiller, XX, 414)。我々の歴史は、螺旋的な循環的な経路として明らかにされる。すなわち、古代を過ぎてきた歴史は、近代も止揚し、「理想における我々の最高の完成」(ibid.) に向けて進展する。

ところがシラーにあって歴史は、政治史や戦史とは重ならない。むしろ、我々の精神の内に内化されるのである。〈自然〉も、シュレーゲルに比べるなら、内面的なものとして捉えられていることは明らかである。「自然に対するこうした関心は、理念に基づいているのであるから、それは、理念を甘受し得る心情の内に、すなわち道徳的な心情の内にのみ現われることができる」(Schiller, XX, 415)。〈歴史〉が、人間の〈精神〉の内に読み取られるようになる。「情感詩人に対して自然は、抽象によって彼の内で廃棄されてしまったかの統一を、自己自身の内から再び回復し、人間性を自らの内で完全なものにして、制約された状態から無限な状態へと移行する力を与えた、というよりもむしろ、そうするための生き生きとした衝動を刻印した」(Schiller, XX, 473)。従って、近代の人間が陥った人間性の分裂を克服する道は、近代の人間の内部そのものに求められることになる。情感的な気分は、人為的な技術と自然とが再会するという理想の実現によって生じるという (Vgl. Schiller, XX, 473 Anm.)。それがシラーにとって、近代詩の課題であり、牧歌は、現実と理想の対立を廃棄し、個々の人間や社会における闘いの解消 (Vgl. Schiller, XX, 472) を表現する。こうして詩に、近代人の陥った人間性の分裂を克服することが課せられたのである。

『人間の美的教育についての書簡』でも、シラーは、こう語っている。「近代の人間性に対してこの傷を負わせたものは、文化そのものである。一方において、拡大する経験と特定の思考が諸学の尖鋭な区分を招来し、他方では国家の錯雑せる機構が階級と職業との厳しい分離を必然的に招来した結果、人間の本性の内的な紐帯は破れ、好ましくない争いが、人間の調和的な力を分裂させた」(Schiller, XX, 322f.)。シラーの美学思想が、ドイツ観念論に与えた影響は想像以上に大きいものがある。たとえば、「ギリシア人達がより高い形成へと進展しようとした時に、彼らは、我々と同じように、彼らの本質の統体性を犠牲にして、分かたれた軌道 (Bahn) に沿って真理を追求しなければならなかった」(Schiller, XX, 326) と語られる時に、ヘルダーリンが『ヒュペーリオン・最終前稿序文』で語った、〈離心的人生行路〉の思想の範型を捉えることができる。[11] また、『差異論文』でヘーゲルが近代文化の分裂状況を次のように語った時に、そこにシラーの思想的影響を看取することは容易なことである。「教養形成が盛んになるにつれ、生の表出の展開が多様になればなるほど、そこに分裂は絡んでゆくようになり、それだけますます、分裂の力は大きくなり、その風土的な神聖さも確固となり、そうなるとますます、調和を再生せんとする生の努力は、教養形成の全体にとって疎遠なものとなり、無意味なものとなる」(GW. IV, 14)。そしてヘーゲルは、内面から人間の統体性を回復してこうした近代文化の弊害を超克する道を哲学に求めたのである。

三　歴史の解釈における〈精神と文字〉

(1)　岸辺のない海

一七八八年以来、ベルリンの王立科学アカデミーは、「ライプニッツやヴォルフの時代以来、ドイツで形而上学は何を獲得してきたか」という標題で懸賞論文を公募していた (Vgl. Schelling, I-4, 324)。[12] この問題は、カントやマイモンらを含め、広範な反響を惹起したと言われる。これをめぐる一連の論議を概観すると、そこに、歴史哲学を成り立たせる幾つかの契機、その存立機制を見ることができるのである。

アカデミーの懸賞論文に対するカントの答えでは、「形而上学は岸辺のない海であり、その海の中で進歩は何の痕跡も残さない」（Preisfrage, 8）と言われる。進歩はむしろ、人間の認識能力の批判に到達したところに捉えられる（Vgl. Preisfrage, 20）。カントによれば、「形而上学の進歩を三つの段階に区分することができる。第一に、理論的－独断論的前進の段階であり、第二に懐疑的静止状態であり、第三に形而上学の道程を実践的－独断的に完成し、形而上学がその究極目的に到達する段階である」（Preisfrage, 66）。それぞれに、独断論、懐疑主義、純粋理性の批判主義の段階が対応している（Vgl. Preisfrage, 21）中で、形而上学の第一段階は、存在論として現出する。第二段階は自然の形而上学として現出し、可能的経験の対象において、条件づけられたものから無制約的なものへという系列の全体を理性によって認識しようとするのだが、懐疑論に陥るとされた（Vgl. Preisfrage, 83）。そして、第三段階である批判主義においてこそ、純粋理性の進歩はその究極目的に達し、そこでは「超感性的な対象について実践的－独断的な認識が存在し得るか否か」（Preisfrage, 110）が検証されるという。こうして、ライプニッツ、ヴォルフ時代の終焉に至るまで、「人間の本性の認識」（Preisfrage, 123）に関してなされてきたすべてのことを「不毛」だと見たカントは、「理論的－独断論的方途によっては、形而上学にとってその究極目的に到達できるような幸運」（ibid.）は存在しないと言明するのである。

こうしたカントの哲学史把握は、強烈に自らの哲学の〈完成〉を意識することによって裏打ちされている。その完成態は自らの批判哲学である。従って、歴史は、思想に内化された形で考えられていた。歴史が思想の成立と重ね合わされることによって、人間精神の内に内化された形で進歩が読み込まれた。とすれば、歴史と哲学体系が重なって捉えられているところに、〈進歩〉が想定された、と言うことができよう。

さて、この懸賞に入選したラインホルトによれば、形而上学に携わっている哲学者はすべて、批判主義哲学者と非批判主義哲学者とに分かれ、後者はさらに、懐疑主義者と独断論者とに分かれ、独断論者には、二元論者と汎神論者、唯物論者と観念論者とが含まれるという（Vgl. Preisschriften, 178）。確かに、これらの諸学派の間で、折衷的な合同の試みが企てられたこともあったにせよ、ラインホルトの見るところ、「より古い形而上学や比較的新しい形而上学のさまざまな教義概念が、論争もなく、かといって調和もなく、バラバラに樹てられた。形而上学の諸々の教科書において、いろんなセクトのさまざまな学説が、哲学的というより歴史物語り的（historisch）に、探究的にというより物語り的（erzählend）に論じられた。そしてより抽象的な形而上学の根本命題や定理は、比較的に幸運な成功のうちに仕上げられた経験的心理学や哲学の歴史（Geschichte der Philosophie）の結論によって、解明されたというより排除されたのである」（Preisschriften. 174f.）。従って、ラインホルトの把握によれば、さまざまな学派の思想家たちが割拠している中にあって、形而上学の教科書は、それらを哲学的にではなく、物語るだけだ、というのである。この論稿におけるラインホルトは「歴史物語り的（historisch）な知」を、哲学的な知からは区別して（Vgl. Preisschriften, 253）はいるが、それ以上の立ち入った規定は見られない。

　この点について、一七九一年に出版されたフューレボーン編集の『哲学史のための寄与』第一分冊に、ラインホルトが発表した「哲学史の概念について」という小論では、こう語られていた。「認識を歴史物語り的（historisch）と呼ぶのは、その認識が自分のであれ他人のであれ、経験に依存している限りのことであり、哲学的と呼ぶのは、思惟に依存している限りのことである。我々の認識における歴史物語り的なもの（das Historische）は、我々が、認識するにあたり知覚に負っているところのものであり、その限りで我々の感官の使用に負っているところのものであって、哲学的なものというのは、我々が論弁に、従って理性の使用に負っているところのものである（……）経験において感官の使用によって知覚されるものということで理解されるのは、言葉の本来の意味での歴史（Geschichte）の客体であるのと同じように、いかなる経験によっても規定されず、理性の使用によってのみ認識可能な——諸事物の、あるいは一切の表象可能なものの——連関ということで考えられるのは、哲学の客体に違いない」（Fülleborn, 10f.）。すなわち、歴史物語的な知とは、経験を通して得る知であって、哲学的な知とは、理性を媒介として獲得する知だ、と差し当たり規定してよいだろう。しかるに、歴史においては、実際にその中で生きて経験する場合もあるだろうし、また歴史書を通して歴史を学習する場合もある。ヘーゲルが、「我々の言語で、〈歴史（Geschichte）〉という言葉は、客観的な面と主観的な面とを合一していて、〈*res gestas*〉〔なされたもの〕を意味するとともに、〈*historiam rerum gestarum*〉〔なされたものの記録〕をも意味する。すなわち、歴史は出来事（das Geschehene）であるとともに、また歴史物語（die Geschichtserzählung）でもある」（SW. XII, 83）と述べる所以である。前者が直接的に経験される歴史であるのに対し、後者は語られたり、記録されたりした歴史であり、これに接するには、理性を媒介とするというよりもむしろ、語られた、あるいは記述された〈言葉〉を媒介として経験されることになる。すると、歴史を認識するにあたって、物語的になるのはいたしかたないということになるだろうか。

「哲学者のいろんな学説や意見を物語った（Erzählung）としても、彼らの生涯の出来事（Lebensgeschichte）や若干の文献的な報告と一緒にまとめられるなら、我々のこれまでの概説書においては、哲学の歴史という名前を持つかもしれないが、それは、仮に伝記や文学史から切り離されているにせよ、決してなお哲学の歴史という名前には値しないのである。哲学者のいろんな学説や意見についてどんなに極めて精確に歴史物語り的に報告しても、それは、哲学の歴史（Geschichte der Philosophie）への単なる材料（blosse Materialien）しか提供しない。決して、これは、歴史そのものではないのである」（Fülleborn, 28）。物語は、歴史の素材でしかないと言われる時、そこでは歴史そのものと、物語とは別だ、ということが明示されてはいる。しかし、同時にそこに、歴史が報告されるにあたっては、我々は物語的な知を媒介とせざるを得ないという見極めへの道が準備されていた、と見ることもできよう。そうであるなら、もし、歴史を、哲学知の対象として認識しようとする場合には、歴史を、哲学体系の成立と重ね併せて再構成するという方途が残されるだけであったのかもしれない。

(2) 文字を捨てても精神は作用する

「相互に自らを消耗し合わなくてはならない」(Preisschriften, 177) ような論争の中でラインホルト自身は、「来たるべき形而上学」(Preisschriften, 252) を構築するためのデータを検証するべく、批判哲学を含めて、どの党派にも属さない非党派的な立場に立つことを表明している。ラインホルトの見るところ、すでに形而上学は、ライプニッツやヴォルフ以来、個人的な性格を払拭し、バウムガルテンに至っては形而上学そのものという名で呼ばれていい段階にまで進歩していた。そして、哲学する理性は、精神の退化や形而上学の没落とも見えかねない哲学論争という休息期を経てこそ、新たな進歩への活力を獲得したのだ、という。しかし、ラインホルトは、〈言葉〉ではなく、〈精神〉によって歴史を認識するという観点を打ち出し[13]、論争の止揚を目指す。「ライプニッツ哲学の真正な精神 (Geist) だけは、その文字 (Buchstabe) を既にまったく捨て去ってきた時でも、常に作用し、それも非常に強烈に作用し続けた」(Preisschriften, 183)。だが、精神に根差すのであるなら、哲学そのものの本質にまで通暁することが求められたであろうに。

ラインホルトやシュヴァーブ、そしてアビヒトの入選した懸賞論文は、一七九六年に出版された。この書物についてシェリングは、翌一七九七年に『哲学雑誌』に発表した「最近の哲学的文献の一般的概観」で論評を加えている。シュヴァーブは、「形而上学的な思弁を、ヨーロッパの他の国民がほとんど諦めていた時代に、なお考え続けている」(Preissschriften, 3) ドイツ人たちを、古代ギリシアの思想家たちに擬えていた。それをシェリングは、「こうしたことについて語るのは、非常にいいことだった」と皮肉を交えて語っている。「なぜなら、今日では、こうした所見を非常にしばしば聞くことができるからである、それもとりわけ、哲学に好意的でないことについての自分自身の理由を持っている人々から、そして、模倣への執着や自分自身の力への不信が自分たちの間からなくならないようにするために、自分たちの不利になるように、自らの国民を古代の諸国民や近代の諸国民と比較することに飽きない人々から、聞くことができるのである」(Schelling, I-4, 95)。シェリングが新旧論争を念頭において、古代と近代との比較が無意味であると考えていることは明らかである。シュヴァーブによれば、「同一律や矛盾律をライプニッツは必然的真理の基礎だと見做したが、それらは、周知のようにアリストテレスにおいて既に見出される」(Preisschriften, 10) という。シェリングは、ライプニッツによって哲学が得た利得が、同一律や矛盾律の提起によるものだとしたら、その利益は非常に少ないとした上で、同一律や矛盾律が見出されないような学説はそもそもあるのか、と反論する。

シュヴァーブは、哲学史の内に、文字として残されてある典拠に基づいて、「先行者 (Vorgänger)」(Preisschriften, 10) を求めようとした。これに対しシェリングは、普遍的な精神に根差していないからこそ、先行者を云々するのだ、と見たのであろう。シェリングのシュヴァーブ批判は、彼ほどのライプニッツの賛美者にしてライプニッツ哲学の精神を伝えていない者はいない、という点にある。「我々の間では、哲学でさえも博識 (Gelehrsamkeit) の対象になっていて、時おり哲学に対して関心を抱く大多数の大衆は、常に精神 (Geist) よりも文字 (Buchstabe) にこだわっている」(Schelling, I-4, 96)。シュヴァーブの論稿を通して全般に見られるのは、「哲学の諸体系を、その精神に従って、全体において評価するというのではなく、それらの個々の根本命題の言葉に従って評価するという手法」(Schelling, I-4, 97) に他ならなかったのである。シェリングによれば、「この仕方では、哲学の歴史は、その本来の関心を確かに喪失する」(ibid.)。体系の精神に立ち返ってこそ、本当の哲学者たちなら、根本的には以前から相互に一致していたことが明らかに認識される、というのである。

他方でシェリングは、ライプニッツの功績を、「彼が人間の知をそれでもって豊かにした賛美すべき理念は、彼の次の後継者達の間で彼の精神が既に見失われていなかったなら、同時にすべての爾余の諸学のために、新たな行程を指し示すことができた」(Schelling, I-4, 96f.) というところに捉える。それは、決して、さまざまな意見を〈列挙〉することによってできることではない。たとえば、ライプニッツは、『人間悟性新論』でこう述べていた。「古くからの説と新しい説とについて十分に考究した後、私は世間一般に受け容れられている学説の大部分が良識を許容するのに気づきました[14]」。この箇所を引きながら、シュヴァーブは、「この偉大な人間を非常に良く特徴付けている」(Preisschriften, 13) と語り、シェリングも、「ライプニッツの天才的な精神を特徴付けている」(Schelling, I-4, 97) と認める。ライプニッツをして、そうした認識を抱かしめたものをシェリングは、「さまざまな意見のカオスの中から (……) 合法則性や調和を示すことのできる『視野の中心点』」(Schelling, I-4, 98) に捉えたのである。

従って、思想家の内にそうした中心点を見出すことができるなら、「すべての個別的な諸体系に、たとえそれらが互いに対立し合っているにせよ、人間の知そのものの体系の内で連関と必然性とを与えるような普遍的な体系の理念」(ibid.) に通じるようになることをシェリングは強調する。それさえできるなら、哲学におけるどのような問題に対しても、普遍的な答えが可能だ、とシェリングは見る。なぜなら、理性は、自らの内に答えを持っている問題しか提起しないから、というのである。ここでシェリングは、有機体的な展開モデルで、哲学の発展も捉える。「予め萌芽（Keim）の中に合一されていなかったものは萌芽から展開されることがないように、哲学においては、予め人間の精神そのものの内に（根源的綜合にとって）現存していなかったものは、（分析によって）生成することができない。それゆえ、ただ体系という名前に値するような個々の体系すべてを貫いているのは、共通の支配している精神である」（ibid.）。こうした精神を理解するならば、そこに、哲学の歴史の行程は、一つの精神の発達として生じる。「哲学における進歩もすべて、展開（Entwickelung）による進歩に他ならない。個々の体系も、体系という名に値するものはいずれも、萌芽として考察され得る。それは、ゆっくりと、次第にではあるが、絶えず、すべての方向に向かって多様な展開を通して自らを形成してゆく。一度哲学の歴史のためにそうした中心点を見出した人だけが、哲学を、真実に、かつ人間的精神の尊厳に従って記述することをなし得るのである」（Schelling. I-4, 98f.）。有機体の自己形成においては、過ぎ去って亡んだ過去はなく、すべては現在の内に生きている。

こうしてシェリングは、歴史を有機的な〈展開〉と捉えた。それは、単なる羅列に過ぎない〈列挙〉でも、連関のない〈変化〉でもなく、また、外的に成果が付け加わる〈蓄積〉でもない。〈展開〉というのは、「内的な原理によって内面から有機的に形成」（Schelling, I-4, 99）されることを意味する。〈羅列〉や〈列挙〉というモデルでは、学説誌的な記述に留まることになろう。それが歴史を体系的に物語る営みでないことは、既に論じた。歴史記述が〈変化〉に終始するだけでは、歴史から何らかの真理を汲み取ることはできなくなる。後年、ヘーゲルは、『哲学史講義』でもこう論じていた。「歴史が物語る（erzählen）ものは、ある時には存在したが、他の時には消失し、他のものによって駆逐されたものである。我々が真理は永遠であるというところから出発するならば、真理は過ぎ去りゆくものの領域には現れず、そこでいかなる歴史も持たないことになる」（EGdP, 14f.）。ヘーゲルも、哲学やその他の諸科学といえど、「発生、流布、繁栄、衰退、復興」(EGdP, 16) というような外面的な歴史を持つ面のあることも認める。しかし、彼が問題とするのは、内的な歴史、内容そのものの歴史なのである。確かに、諸科学の歴史については、〈蓄積〉モデルで捉え得ることも認められる。「とりわけ、数学のような学問にあっては、歴史は内容に関しては、拡張 (Erweiterung) だけを物語るという喜ばしい仕事だけを持つ」(EGdP, 17)。これに対して哲学の歴史は、「新たな宝が既得の宝に静かに付け加わる経緯だけではなく、むしろ、常に自らを更新していく全体のもろもろの変化の光景」(ibid.) のように思われる、というのである。ここで変化とは言っているが、それは〈自らの変化〉なのであるから、〈展開〉だと見てよい。「さまざまな哲学は、それ自身を意識するに到る理性の必然的な発展段階なのである」(EGdP, 123)。従ってヘーゲルにとって哲学史においては、過ぎ去ったものも、現在せるものも、すべてが保存されていて、問題となるものは「過ぎ去ったものではなく、思惟、我々自身の精神」(EGdP, 133) だ、ということになる。

ヘーゲルが、一八〇五年以来講じ続けた『哲学史講義』に窺われる歴史の理念は、既に、一七九七年頃にシェリングが抱懐していたものであった。

四　シェリング及びヘーゲルにおける歴史哲学の成立

(1)　自己意識の歴史

一七九七年から翌年にかけてシェリングが『哲学雑誌』に連載した「最近の哲学的文献の一般的概観」は、シェリング一人に留まらず、ドイツ観念論を概観する上での貴重なドクメントでもある。当時の諸思想が論じられる一方で、その後のドイツ観念論の思想的展開の萌芽が散見されるからである。とりわけ、「事実としての意識からのみ出発する人」（Schelling, I-4, 91）に対して批判する一方で、「自己意識」、「精神の自己直観」に哲学の基礎を見出そうとするところからは、ラインホルトの意識論を自己関係の論理構造として捉え返すことによって成り立った超越論的観念論の出自が明らかにされている。「我々の内なる主観と客観、すなわち、直観されたものと直観するものとが同一（identisch）であるようなかの〔精神の〕立場を自分のものとすることが、差し当たりは必要である」（Schelling, I-4, 85）。ここからは、超越論的観念論の戦略構想がはっきりと見て取れる。「精神はただ生成において（im Werden）のみ存在する、あるいはむしろ、精神はそれ自身、永遠の生成（ein ewiges Werden）に他ならない。（そこから、予め、死せる物質から生ける自然の理念に到るまで、進展するもの（das Forschreitende）、我々の知の進歩的なものが把握される。それゆえ、精神は、自分自身にとって客体である（seyn）のではなく、むしろ客体になる（werden）べきなのである」（Schelling, I-4, 86）。知の主体を生成する精神と見定めることによって、精神の活動のすべてを、精神の生成過程の中で捉え、それを物語ることが、哲学に課せられたのであった。「精神のすべての活動は、それゆえ、無限なものを有限なものにおいて叙述することに向かう。このすべての活動の目標は、自己意識であり、この活動の歴史が自己意識の歴史に他ならない。（……）人間精神の歴史は、それゆえ、それを通して精神が次第に自分自身を直観し、純粋な自己意識へと到るさまざまな状態の歴史に他ならないであろう」（Schelling, I-4, 109）。シェリングやヘーゲルにあって〈歴史〉が問題とされたのは、〈歴史〉が歴史として重要であるからではなく、また、〈範型〉や〈理想〉をそこから学び取れるからでもなく、〈精神〉の原理から、その可能な活動を明らかにして、〈精神の自己知〉を再構成する過程として見做されたからに違いない。そうであるなら、哲学知の成立以前の、そこに到る過程が〈歴史〉として残された、と見ることもできよう。

一七九八年になって発表された「最近の哲学的文献の一般的概観」の内に、「歴史の哲学は可能であるか？」と題された一節がある。[15]「語源によると、歴史は、生起したことの知見（Kenntniß des Geschehenen）である。それゆえ、歴史が対象とするのは、存続するもの、持続的なものではなく、むしろ、変化するもの、時間において進展するものである」（Schelling, I-4, 183）。従って、生起したものの総括こそが、歴史の客体たり得る。そうした総括をシェリングは、「自然」（ibid.）だとする。「自然の本質としての人間にもふりかかったようなこれらの出来事のすべてが、自然の現象としてではなく、むしろ、自然の結果として、歴史の内に受容される」（Schelling, I-4, 183f.）。人間に「ふりかかった出来事」というのは、人間が予め知るに及ばなかった出来事である。それに対し、自然現象として見做されている出来事は、人間にとって生起し得ることが知られている現象である。「定期的（periodisch）に合法則的に反復しているように人には見える出来事は、たとえ人がこの反復の規則を洞察していないにせよ、（その規則のあることを前提している以上）歴史には属さない」（Schelling, I-4, 184）。日蝕や、彗星の接近は、計算できる以上、歴史の対象ではないという。「ア・プリオリに計算できるもの、必然的な法則に従って出来（geschehen）するものは、歴史の客体ではない」（Schelling, I-4, 185）。人間が無知である点に、歴史的である所以が帰せられる。従って、たとえば地上における最初の人間なら、地上での最初の一日の歴史を、日の出の見事な光景から、その歴史を物語り始めただろうという。「朝に生まれて、夕べには死すような、かの一日限りの昆虫の一匹が自分の生の歴史を遺すとしたら、それは、この運命（Gestirn）の経緯を、歴史物語的（historisch）に物語る（erzählen）のではないか？」（Schelling, I-4, 184）。明らかにシェリングは、〈歴史〉と〈知〉とを対立的に捉えている。「我々の知の限界が拡大すればするほど、歴史の限界は狭まってゆく。（それゆえ、多くの人にあって、その人の歴史物語的な知見の領域は、その人の本来の知の領域と反比例している）」（Schelling, I-4, 189）。言うなれば、歴史を経験しているということは、シェリングにしてみれば、〈知〉を実現する途上にあるということなのであって、それを完成した時にこそ、〈歴史〉が終わって〈知〉が始まるのであった。

〈知〉が必然的で自覚的であるのに対し、シェリングは、〈歴史〉を偶然的な出来事の領域にのみ限定する。「我々がア・プリオリに規定できないすべてのものは、我々にとって歴史に属する」(Schelling, I-4, 189)。言うなれば、歴史はそれを経験する人間によって初めて、歴史として創られるのであって、だからこそ、書き替えられもするのであろう。「意図的には、たとえば、詩人は、歴史でないものを歴史にする、すなわち、必然的な出来事を、彼は偶然的なものとして叙述するのである」(Schelling, I-4, 189)。歴史は人間が自ら初めて紡ぎ出す物語として再構成され得てこそ、歴史として認識され得るのかもしれない。

しかし、そうであるからこそ、「歴史の哲学が、ア・プリオリな歴史の学問としてある限り、歴史の一つの哲学というのは不可能である」(Schelling, I-4, 190)。ア・プリオリな学としての歴史哲学は、その存立可能性を否定される。このことは、逆に言うなら、経験的な実践哲学としての歴史哲学の可能性は残された、ということになろう。『超越論的観念論の体系』における次の叙述も、そうしたことを裏付けている。「歴史は、絶対的合法性とも、また絶対的自由とも両立しないまま、むしろ、ただ一つの理想が、無限に多くの逸脱のもとに、なるほど個々のものではなく、全体が理想と一致するように実現されるような場合にのみ、存するのである」(Sch. II, 588)。このような全体の進歩を構成するものをシェリングは、種族（Gattung）の性格を担っている存在者に捉える。「理想は、決して個人によってではなく、むしろひとえに種族によってのみ遂行され得るものであるが、そうした理想を自らの前に掲げている存在者にとってのみ、歴史は存在する」(Sch. II, 589)。理想の実現を自覚している存在者にとってのみ歴史が現出するとされる時、歴史は、存在者の自己形成の場としての意味を持つことになろう。他方、歴史は、「自由と合法性とを合一」する中で、理想が「次第に実現されること」(Sch. II, 590) として構成される、という。すなわち、それは「世界市民制度 (die weltbürgerlichen Verfassung) が次第に成立すること」(Sch. II, 592) だと説明される。シェリングは、そうした目標を目指す歴史の性格を、「自由と必然性との合一」(Sch. II, 593) と読み替える。「歴史は、しかし、客観的に見られるなら、いろいろな出来事の系列に他ならず、主観的にのみ見られるなら、自由の行為の系列として現象する」(Scn. II, 597)。そして、自由な行為における客観的なものと主観的なものとの間の調和の根拠が「絶対的なもの」(Sch. II, 601) として捉え直される時、シェリングは、歴史を、〈絶対的なものの自己展開〉として再構成することになるのである。

歴史が、絶対的なものが自らを現示する過程だとされる時、そこには必然的に弁神論的な性格がつきまとう。「全体としての歴史は、絶対的なものが次第に自らを露わしつつ進展する啓示である。(……) 神は自らを絶えず啓示する。人間は自らの歴史を通して、神の現存在についての証明を続けて行なう。その証明はしかし、ただ、歴史全体によってのみ完成され得るのである」(Sch. II, 603.)。そして、〈運命〉と〈自然〉と〈摂理〉を指標として、歴史を三段階に区分する。すなわち、運命が支配していた〈古典古代〉、自由をも自然計画に従わせようとする自然法の時代である〈ローマ時代〉、そして従来は運命や自然として現象していたものが摂理として展開され啓示される〈キリスト教の時代〉から成る歴史の三段階があるという。

あるいは、歴史を絶対的なものの自己展開として捉えることにより、シェリングは、歴史の内に、いっさいの対立を合一させる「絶対的綜合」(Sch. II, 598) を期待したのかもしれない。だが、そうした歴史への期待が、歴史哲学を要請するとともに、逆に歴史を、ある論理で段階区分してしまうことに繋がったと見るなら、そしてまた、歴史哲学が、歴史を哲学知の成立過程と重ね合わせることによって初めて生まれ得たものなら、歴史哲学はその生まれからして、世界の歴史とは違う、歴史とは名ばかりの自らの哲学における知の成立過程を連関付け、その成立を弁証する哲学であったのかもしれない。そうだとすると、歴史哲学に胚胎するアポリアは、その出自からして既に背負わされていたものだとも言えよう。

(2) 精神が世界史である

一八世紀末のドイツで論じられた歴史認識をめぐる問題を、ヘーゲルが身近に見て、これを追体験していたことは想像に難くない。歴史を物語る営みを成り立たせる契機、さらには歴史哲学の存立機制などは、ヘーゲルが歴史を語る際に、その根底で自覚されていたと見てよい。そうだとすると、ヘーゲルの歴史認識は、ドイツにあって、疾風怒涛期からロマン派そしてドイツ観念論へと思潮が展開した、その精華として成立したものだと言える。そしてそれは、同時に、新たに〈分裂に囚われた近代の超克〉という問題の解決をも要請するものとして意識されていたことを物語るのである。

ヘーゲルにとって『差異論文』で歴史が問題となるのは、差し当たり、過去の〈藝術〉ではなく、〈哲学〉を研究する場面においてであった。「哲学に宿る生きた精神は、それが自らを現すためには、類似した精神によって生み出されることを必要とする」(GW. IV, 9)。そうした精神は、知識を好奇心から〈寄せ集めよう〉とする「歴史的な態度(das geschichtliches Benehmen)」(GW. IV, 9)とは無縁だという。歴史を、成果が外面的に拡大してゆくといういわば〈改良〉のモデルで考えることに対してヘーゲルは、こう反論する。「哲学においては、自己自身を認識する理性はただ自らだけに関わるのであるから、理性自身の内に理性の全作品と活動が存するのであって、哲学の内的本質を考えるなら、先行者も後継者もいないのである」(GW. IV, 10)。〈改良〉ということがあり得ないように、〈独自〉な哲学ということも、また、〈準備〉段階の哲学なども、哲学の本質を考えればあり得ない、とヘーゲルは考える。「絶対的なものとその現象、理性が、実際そうなのであるが、永遠に一にして同一であるならば、自己自身を目指し、自らを認識した理性はすべて、一つの真なる哲学を産出し、あらゆる時代にわたって同一の課題を解決してきたし、その解決も同一なのである」(GW. IV, 10)。そうでなかったなら、あたかも「我々が憧れる哲学という至福の島の岸辺には難破船の瓦礫だけが埋もれていて、入江に投錨している船が見あたらない」(GW. IV, 11) ような光景が現出することになる、というのである。

『ドイツ憲法論』の一八〇二年以降に執筆された部分でヘーゲルは、歴史に対して、「在るところのものの了解」という態度を表明し、歴史的な事象の根拠を内面的な精神の連関に見て、「一つの精神によって支配された諸事件を一つの体系として捉える」(GW.V, 163) ことを求めていた。明らかにヘーゲルは、歴史を内面化して、しかも〈精神〉に依拠して捉えようとしている。振り返るに、既に、ベルン時代にシラーの影響下で書かれた論稿では、「目ざましい大きな革命が起きるには、これに先立って、静かな密やかな革命がその時代の精神の内で生じていなければならない」(SW. I, 203) と語られたように、歴史的事象の原因を、その時代の精神に探るという姿勢が見られた。これに対して、過ぎ去った時代に根拠を持つ原理は、現在の精神の外部にある死せるものとして見做されるのである (Vgl. GW. IV. 481f.)。

そしてヘーゲルは、この〈精神〉が、個別的な精神から国民精神、さらに世界精神そして絶対的な精神へと連関付けていることを自覚させる役割を、哲学に求める。「国民の諸個人の絶対的意識、国民の生きた精神は、純粋な絶対的な意識でなければならない。内容に関しても形式に関しても、絶対的な精神でなければならない。そして国民精神は、自然的及び人倫的宇宙の精神となる。こうして初めて精神は、その絶対的な自己同一性において、自らの単純な理念というエーテルの内において、絶対的である。そして哲学の結びは、その端緒に還帰する」(GW. V, 459)。これは、イェーナ大学で講じられた「自然法講義草稿」の断片であるが、ここから、〈精神〉を媒介として歴史的世界を再構成せんとする戦略が窺える。それはまた、ベルリンでの「世界史の哲学」講義と共通する問題意識であった。「国民精神は、同時に本質的に一つの特殊な精神であるとともに、絶対的な普遍的精神に他ならない。(……)世界精神は、人間の意識の中に顕現している世界の精神である」(VidG, 60)。国民の興亡が織り成す歴史を貫く絶対的精神の行程を解明せんとする歴史哲学においては、その対象は国民精神に求められる。「特殊な一国民の特殊な精神は没落することがある。しかし、その精神は、世界精神の行程の連鎖の中の一環であって、この普遍的精神が没落することはあり得ない」(ibid.)。

〈精神〉に依拠することによって、歴史的世界は、ヘーゲルにとって哲学の対象となった。「たとえば、古代哲学は近世哲学の基礎であって、近世哲学の内に端的に包括されているに違いない」(VidG, 143)。ところが、歴史的変遷のしるしを読み取ることができる国憲に関しては、ヘーゲル自身、「古いものと新しいものとに共通の本質的な原理はない」(VidG, 144) と認めざるを得ない。この限りでは、歴史は「幾多の罪なき花を踏み躙り、途上にて数多くのものを打ち砕いて押し進む」(VidG, 105) 相貌を呈することになる。その渦の中で、「個々の国民精神は、別の国民の原理へと移行することによって、自らを成就する。そこで諸々の国民の原理の進行、生成、解消が生ずる」(VidG, 65)。そうした世界史は、さまざまな過去の〈変化〉だけを見せることになる。しかし、ヘーゲルによれば、「こうした運動の連関がどこにあるかを明らかにするのが、哲学的世界史の課題である」(VidG, 65) という。「究極目的」(VidG, 53) を踏まえつつ、「全体を貫通している一つの普遍的な思想」(VidG, 33) を認識することが、歴史哲学に求められたのである。

こうした目的論的な歴史認識によって、世界史は、ある意味では弁神論として再構成されることをヘーゲルも認める（Vgl. VidG, 48）。だが、ヘーゲルにあって世界史が〈精神〉に即して見られているからこそ、「精神の現在の世界、現在の形態、精神の自己認識は、歴史の中のすべてのものを、以前に現われた諸段階として自らの内に包括している」（VidG, 182）ことになる。その結果、歴史は単に、神的理念、摂理の実現行程を意味するだけではなくなる。「世界史は、神的な過程の叙述、つまり精神が自己自身を、自分の真理を知り、実現する段階行程の叙述である。それはすべて自己認識の段階である」（VidG, 74f.）。歴史は精神の自己認識の過程だとされる。「世界史が永遠の理性の所産であり、理性が世界史の偉大な革命を規定していたという普遍的な信念こそ、先ずは哲学へと、そしてまた世界史の哲学へと進んでいく際の前提でなければならない」（VidG, 46）。こうして歴史は、ヘーゲルにあっては、世界形成の過程であるとともに、哲学知に向かう自己形成の過程にもなったのである。それは、既に、一八〇二年から五年にかけて行なわれた『自然法講義』で「神の歴史は全人類の歴史であり、どの個人も人類のこの歴史全体を経て進む」（GW. V, 463）と語られていたことからも窺えるのである。

そのイェーナでの講義でヘーゲルは、宗教の歴史的な形態を三段階に区分していた。つまり、「根源的な宥和という同一性」（GW. V, 460）としてのギリシア的自然宗教、「同一性の無限な差異」を示していたユダヤ教と、「相対的な同一性を再構成」してこれを宥和した原始キリスト教、そして「無差別な調和の再構成」（GW. V, 463）を目指す国民宗教である。更にヘーゲルによると、国民宗教としてのキリスト教も、宥和を直観する美しき宗教としてのカトリシズムから、この宥和への確信を無限な憧れに転化して主観性に立脚するプロテスタンティズムへと展開する。そして「キリスト教から哲学を媒介とすることによって宗教の第三の形式が形成される」（GW. V, 464）という。ここでこそ、自由な国民が存在し、理性が自らの実在性を人倫的精神として再び産出している、とヘーゲルは捉える。しかも、「いかなる個別者といえど、世界が形成されていく絶対的な必然性の連鎖の無自覚的な一つの環である。どの個別者も、もし偉大なる必然性がどこに行こうとしているのかを認識して、この認識からその形態を呼び出す呪文を口にすることができるようになるなら、その時に限って、この連鎖のもっと長い連鎖についての支配者へと自らを高めることができる」(GW. V, 465)。哲学知を構成して歴史の認識に到達したところにヘーゲルは、歴史の超克に繋がる、自己形成過程の終焉を見る。

こうして「数千年にわたって、世界とそれが形成されるすべての形を支配してきた〈対立〉があるが、〈受苦〉とこの〈対立〉との全エネルギー」(GW. V, 465) を自らの内に包括して、その対立を超える認識を与えるものを、ヘーゲルは、哲学に見定めた。そこに我々は、「歴史を取り扱う哲学にとって第一のものは、諸国民の運命、受苦、エネルギーではなく(……)諸々の出来事を引き起こすその出来事の精神である」(VidG, 33) と語られた世界史の哲学の原型を見ることができるのである。

結　語

我々は、ヘーゲルの歴史哲学それ自体が、歴史認識におけるさまざまな契機を自らの内に包括し、それらを超える認識を抱くことによって成立したことを、見てきた。自らの歴史哲学についてヘーゲルは、「理性自身の前提が理性に他ならず、理性の目的が絶対的な究極目的であるように、その究極目的へ参画し、自然的な宇宙の現象だけでなく、――世界史において――精神的な宇宙の現象へと内面から究極目的を産出するのは理性自身である」(VidG, 29) と学生に向かって講じた。そして、「こうした理念が真なるものであり、永遠なものであり、端的に力強いものであるということは（……）哲学の中で証明されるものであって、ここ〔世界史の哲学〕では証明されたものとして前提されている」（ibid.）と続けたのである。確かに、自らの哲学体系の中に世界史の哲学を位置付け、しかも、歴史を精神の体系として再構成していたヘーゲルその人にとって、歴史の理念が真であることは、「周知」（VidG, 30）のところであったろう。しかし、そうした世界史の哲学が物語られる時、それは聴き手にとってみれば、〈ヘーゲル哲学〉の全体像を把握していない限り、「全体の概観」（ibid.）を得ていない以上、「静かなる岸辺に佇み、そこから安んじて遥かなる混乱した瓦礫の廃虚を望む」（VidG. 80）ところに、歴史の〈認識〉に立ち合うとする自らの姿を見出したとしても、やむをえないことだったかもしれない。しかし、ヘーゲルにあって歴史は、精神哲学の中に包含される形で体系化され、自らの哲学の存在証明となっていた。その時、聴き手にしてみれば、歴史哲学は、歴史を物語りこそすれ、精神哲学の完成を告知しこそすれ、歴史の〈認識〉を与えるものではなかったと言わざるを得ない。

一八〇六年夏学期の「精神哲学」講義の草稿[16]からは、歴史的な経過の認識とともに、失われた古代の自然的統一への痛惜の言葉が見出される。「個別者の意志と普遍的なものの意志とが同じ意志である」（GW. VIII, 262 am Rande）ところに、「ギリシア人の美しい幸福な自由」（GW. VIII, 262）が捉えられた。「各人が習俗であり、普遍的なものと直接的に一体である。（……）各人は自らを直接的に普遍的なものとして知っている」（ibid.）。そこに「美しき公共生活」（GW. VIII, 263）は成り立っていた。他方、「近代のより高次の原理」（ibid.）が招来した「より高次の抽象、より大きい対立と教養形成、より深い精神」（GW. VIII, 262）をヘーゲルは、「各人が、完全に自らの内に還帰し、自分の〈自己〉そのものを本質として知り、定在している普遍的なものから引き離されていながらも絶対的であって、自らの知において自らの絶対的なものを直接的に所有しているという我意に達した」（GW.

VIII, 262）近代的な主体として捉え返す。それは、〈自己知〉という形で拓かれた内面に自由が限定されることも意味した。「近代の原理によって、その直接的な在り方をしている個々人の外的で現実的な自由は喪われる一方で、彼らの内的自由、思想の自由が保持される」（GW. VIII, 263f.）。こうした「直接性と出来事（Geschehen）」（GW. VIII, 286）を精神の諸契機として概念的に把握するものこそ哲学だと見たヘーゲルは、「宥和の享受と定在がここにある。ここで自我が絶対的なものを認識する」と断言し、「これが、この〈自己〉である」（GW. VIII, 286）と続けた。哲学による自己知の弁証過程こそ歴史なのであった。

振り返ってみるに、アリストテレスは、その『詩学』で、物語の構成について、「始めと中間と終りとをもつ[17]」全体としての行為の再現であって、統一性を持っていなければならない、としていた。ヘーゲルは『差異論文』で、学の成立についてこう述べていた。「学は、その諸部分のそれぞれを絶対的に措定し、それを通して端緒やそれぞれを個別的な点において同一性と知とを構成することによって、自らを自らの内で基礎付ける、ということを主張する。（……）知の諸部分は、同時にこの認識の全体でもってしか基礎付けられない」（GW. IV, 82）。絶対的なものの存立を明らかにする哲学知の成立過程が、体系の構築段階が、意識の自己展開過程として物語られていた。そうであるなら、その時だけ、すなわち、ヘーゲルに哲学体系が成立し得ていない段階で歴史が物語られてこそ、聴き手にとっては歴史の〈認識〉に、共に立ち合うことができたであろう。哲学体系が成立してからは、歴史哲学はヘーゲル哲学とその時代を寿ぐものであったに違いない。

〔註〕

（1）テュービンゲン時代、ヘーゲルがその思想的出発点において、国民宗教の構想に携わったのは、「我々の生活の最も重要な出来事の一つである」(SW. I, 9)宗教によって、「国民の精神を高揚、改良」(SW. I, 12)しようと、期待したからであった。そのために宗教は、「自然という美しい糸を自然に従って編んで、高貴な帯を編み上げる」(SW. I, 31)ことによって、「人間の感情の織物の中に入り込んで、行為の動機の一つとなり、その中で生き生きと活動的に実証される」(SW. I, 16)ものでなくてはならなかった。そうした主体的な宗教は、「悟性や記憶」(SW. I, 13, 17 u. 19)にではなく、「心胸」(SW. I, 17 u. 19)に基づいていて、「教義学(Dogmatik)に押し込められることのない」(SW. I, 65)宗教である。ヘーゲルの見るところ、「自然は、どんな人間の内にも、道徳性から生ずる一層繊細な感覚の種を植えつけておいた」(SW. I, 15)。しかし、それだけでは、「人間の自然は理性の理念をいわば孕んでいるに過ぎない」(SW. I, 11)。そこでヘーゲルは、道徳性を活気づけることを、宗教に求めたのである。

確かにそれは、ギリシアの自然宗教に範を求めたものと見ることもできよう。だがヘーゲルは、ギリシア人達の置かれていた制約を認識してもいた。「出来してしまって変えられないところのものの意図について、ギリシア人は詮索することができなかった。というのも、彼らの運命、彼らの必然的な運は無自覚的なものだったからである。といっても、この必然性に彼らは、でき得る限りの諦念とともにすすんで服従した」(SW. I, 36)。それに対して、現実のドイツでは、「我々の宗教は、人々を教育して、常にその眼差が上に向けられている天国の市民にしようとしているが、天国の市民にとっては人間的な感覚は疎遠(fremd)なものとなってしまう」(SW. I, 42)。そうした幻滅が、ヘーゲルをして、ギリシアへの思いを強めたと考えられる。それに対してローマ時代に至っては、ギリシアに見られた美しき「自然的関係」が破壊され、「国家の悲惨な姿」(SW. I, 76)が残された、とヘーゲルは捉える。それだけではない。「ローマにいたのはローマ人に過ぎず、人間ではなかった。これに対しギリシアでは、人文学、人間の感覚、人間の傾向そして芸術が評価されていた」(SW. I, 50)と、古代ギリシアが称揚されたのである。

ヘーゲルが、テュービンゲンやベルンで思索をめぐらした課題は、統一国家の内面的基盤となるべき「国民の精神」(I, 42)を形成するために、人間の自然を道徳的に教化することであった。「我々の自然そのものの内には、(……)悪しき傾向を防ぎ、人間の最善なるものを促進する、という愛すべき感情が織り込まれている」(SW. I, 29)と見ていたからである。

ところが、「ローマ人の公共の徳が喪失し外的な偉大さが没落していった時代に、キリスト教が公然と歓迎されて受け入れられた」(SW. I, 100)。キリスト教は、「我々の本性の堕落」(SW. I, 93)を想定することに基づいていたからである。そうした「キリストへの信仰の根拠は、事跡（Geschichte）にある」（SW. I, 94）。「歴史物語り的（historisch）な人格としてのキリストへの信仰は、他人の証言に基づいている信仰である」（SW. I, 92）とも語られる。ヘーゲルは、〈自然〉に立脚する一方、〈語り伝えられるもの〉を拒否する。「歴史の真理（Geschichtswahrheit）については、民衆は、子どもの頃から物語られていることを信じ、決してそれについて疑いを抱かないように慣らされていて、しかも、こうしたものの真理について探究を始めることすら出来ないほどにされている」（SW. I, 95）。

〈歴史〉に〈権威的で既成的な伝統〉を見て、これを拒否する一方、たとえば、キリストの「徳そのものが認識され、愛される」（SW. I, 98）ためにも、国民が「道徳的理念への感受性や道徳性」（ibid.）を涵養する必要がある、とヘーゲルは見たのである。

「徳の独自の基礎は、人間の理性の内に存する、そして人間的自然の地位、すなわち人間的自然について要求される完全性の段階は、未成年の立場よりも高く措定されなければならない」（SW. I, 118）。一七九五年に書かれた、このヘーゲルの叙述に、我々は、シラーの『美的教育書簡』（一七九五年）での思索の反映を見ることができる。「第三書簡」では、理性によって「自然的必然性を道徳的必然性に高め」（Schiller. XX, 313）、「人為的な方法で成年において自らの幼年時代を取り戻す」（ibid.）ところに、「成年に達した民族が自らの自然国家を人倫国家へと改造する」（Schiller. XX, 314）可能性が捉えられていた。

一七九五年冬から翌年初夏にかけて書かれた「キリスト教の実定性・続稿」で、古典古代への憧憬が全面に展開され、そこからは、より色濃くシラーの影響が見て取れる。といっても、確かに、ギリシアが讃えられるのではあるが、憧憬の内実は、自前の歴史を持っている、という点にある。「大抵の、とくに自由な国民の追憶の中では、自分達の祖国の歴史に登場した古代の英雄たち、建国者とか解放者などが、その国民が市民法の支配する国家に統一された時に、かつての勇士たちが国民の追憶の中に生きていたのとほとんど変わりないように、生きている」（SW. I, 197）。ここでヘーゲルは、〈自らの歴史を持つこと〉によって、ドイツ人に国家統一を成り立たしめる心性、共通の「想像力の表象」（SW. I, 199）を実現しようとする。その戦略は、美の理念に奉仕する「新しき神話」、「理性の神話」（SW. I, 236）を作ろうとする、所謂「ドイツ観念論最古の体系プログラム」と共通している。

伝えられた〈歴史〉に対して、主体的な実践を強調していたヘーゲルが、自ら〈歴史〉を語ろうとした時に、理論的反省の内で歴史が捉え直される。それが同時に、国民教育の実践活動から、哲学体系の構築という知的な活動へという転回と重なっていた事情は、歴史哲学に宿命として胚胎したようにも思われるのである。*

＊　こうした問題の基本的な観点について、筆者には、加藤尚武教授の「革命が死んだ日に歴史が生まれた」（『現代思想』一九七八年、一二月臨時増刊号所収）から学ぶところが大であった。

（2）ヴァルター・イェシュケは、その論稿「美の革命」において、次のように、この講義草稿を位置付けている。「イェーナ時代のヘーゲルが、初期ロマン派の呪縛の内に立ちつつ、「自然法講義草稿」（一八〇二）において彼の時代のために狙っていた「無差別な調和の再構成」は、もはや美の革新として理解されるのではなく、国民の人倫から生まれ、哲学的に言表された自由の思想において、基礎付けられたものであると理解される。／その時代の美の革命に対する希望と期待は、それが定式化されて一〇年もたたないうちに、芸術の終焉というテーゼでその終息に到る」（Walter Jaeschke: Ästhehische Revolution, S. 4 (in: Früher Idealismus und Frühromantik. – Der Streit um die Grundlagen der Ästhetik (1795–1805). hrsg. v. Walter Jaeschke und Helmut Holzhey (Felix Meiner) 1990)）。本論稿は、この論点によって導かれることになろう。なお、「本来の意味における歴史物語り（historical narrative）は、民族の群がそれによって一つの国民乃至国家に形成されるような歴史の過程を経験するときに現れるものである」（R・K・ブルトマン『歴史と終末論』（中川秀恭訳、岩波書店、一九五九年）一八―一九頁）ともされるが、本稿では、そのように厳格な意味では用いない。

（3）新旧論争が歴史哲学に与えた影響については、Hans Robert Jauß: Schlegels und Schillers Replik auf die 〉Querelle des Anciens et Modernes〈. (in: Literaturgeschichte als Provokation. (Suhrkamp)) が詳しい。Peter Szondi: Poetik und Geschichtsphilosophie I (Suhrkamp) からは、文学史的な背景を学んだ。また、邦語文献では、小田部胤久氏の「〈理性に類比的なものの術〉の誕生と変容」（『講座ドイツ観念論・第六巻――問題史的反省』（弘文堂・一九九〇年）所収）、及び、穴吹章子氏の「文学の独立」（神戸英米研究会刊『神戸論叢』第一二号・一九八二年所収）並びに「新旧論争と近代派」（『神戸論叢』第一三号・一九八三年所収）で論じられているのを参看した。

（4）ハンス・ベルティング『美術史の終焉？』（元木幸訳、勁草書房、一九九一年）六頁。

（5）Hans Robert Jauß: Literaturgeschichte als Provokation. (Shrkamp) 1970. S. 209 ――なお、同書の部分訳である『挑発としての文学史』（轡田収訳、岩波書店、一九七六年）二五五―二五六頁の訳注を参照。同書からの引用は、(Jauß) で表記する。

(6) カール・レーヴィットは、その著『世界と世界史』で次のように述べている。「『歴史』(historia) はギリシャ語では独立した名詞ではなくて、一つの動詞 (historein) であり、これは探究すること、知ること、覚えていること、ならびに、『歴史家』が探究しえたことを物語り、あるいは報告すること、を意味する。その両者、すなわち歴史的に探究することと探究された出来事は、ヨーロッパのほとんどすべての国語において、storia, histoire, history (story はうまく物語られた歴史である) というように、一つのギリシャ語系の単語で呼ばれる。ドイツ語だけは、Geschichte (探究された出来事) と Historie (歴史的探究) を区別する。ヒストーリエは、探究であり知識であるから、探究し知りうる一切の事に関していうことができる」(『世界と世界史』柴田治三郎訳、岩波書店、一九七二年、九五―九六頁)。

(7) 小田部胤久氏の「芸術のモナドロジー――ヘルダー〈触覚の美学〉の意味するもの」、『現代哲学の冒険一二・行為と美』岩波書店、一九九〇年、三一九頁。

(8) Gunter Scholz: Der Weg zum Kunstsystem des deutschen Idealismus. S. 24 (in: Früher Idealismus und Frühromantik. – Der Streit um die Grundlagen der Ästhetik (1795–1805). hrsg. v. Walter Jaeschke und Helmut Holzhey (Felix Meiner) 1990)

(9) 「哲学革命」については、本書の第二章である「哲学の歴史が作られる現場」においては全体の流れを辿る形で、そして「事実から事行へ」(『講座ドイツ観念論第五巻・ヘーゲル』弘文堂、一九九〇年所収) においては、論議された問題を深める形で、さらには本書の第三章である「ラインホルトの根元哲学が目指したもの」においては、原点を明らかにする形で、論じているので、併読願えれば幸甚である。

(10) Vgl. Walter Jaeschke: Ästhetische Revolution. S. 6 (in: Früher Idealismus und Frühromantik. – Der Streit um die Grundlagen der Ästhetik (1795–1805). hrsg. v. Walter Jaeschke und Helmut Holzhey (Felix Meiner) 1990)

(11) これに関しては、拙稿「端緒と実体――失われたヘーゲルの『ヘルダー批評』をめぐって――」(神戸大学大学院文化学研究科紀要『文化學年報』第六号、一九八七年) において詳論したので、参照願いたい。

(12) その賞は、一七九一年には授与されるはずであったが、論題の周知が遅れたため、一七九二年の締切に延期された。ところが締切に間に合ったのが、シュヴァーブの論文だけであったので、再度締切が延期されて一七九五年に賞の発表が行なわれ、シュヴァーブ、アビヒト、ラインホルトの三名が当選した。

(13) この点に関しては、第二章の「哲学の歴史が作られる現場」、ならびに第一〇章の「精神と文化——理解と解釈のようが」でも詳細に論じている。

(14) ライプニッツ『人間悟性新論』米山優訳、みすず書房、六四頁。

(15) この「歴史の哲学は可能であるか?」に関しては、柴田隆行氏の「一八世紀末哲学史論争の行方」(東洋大学文学部紀要『白山哲学』第二二号、一九八八年)一五〇—一五二頁をも参照。

(16) 従来、『実在哲学II』と称されてきた『体系構想III』のことである。なお、そこでヘーゲルが、いかなる心情をもって、どのようにして自らの人倫的共同論を転換せざるを得なかったか、ということに関しては、拙稿「犠牲と承認——ヘーゲルの人倫的共同論とその破綻——」(東北大学哲学研究会刊『思索』第一六号、一九八三年)を是非とも併読願いたい。

(17) 『アリストテレス全集 一七』今道友信訳、岩波書店、三四頁。

VI　初期シェリングにおける歴史意識の出発《たびだち》

——物語の解釈から歴史の再構成へ——

はじめに

一八世紀後半のドイツの思想界を思いやる時、私達は、「新旧論争」という、今にして思えば不思議とも思える論争が、ドイツでの歴史意識の醸成に大きな役割を果たしたことが分かる。古典古代の芸術文化に、およそ範型を求めるか、それとも近代芸術の進歩を称揚するか、という論争なのであるが、この問題圏では、ヴィンケルマン、レッシングやメンデルスゾーン、ヘルダー、シラー、F・シュレーゲルらが立論するとともに、論争の広がりは思いの外に大きく、カントやラインホルト、マイモンまでをも巻き込んだ。疾風怒涛から啓蒙期、さらにはロマン派から初期ドイツ観念論に至るまで、一八世紀から一九世紀への転換期において、ドイツ文化のアイデンティティをかけて論争した問題だと言っていい。

啓蒙主義の進歩史観は、ある意味では、ともすると回顧的になりがちであったロマン主義とは反対のベクトルを示していた。しかし、歴史を把握する際の方向性は逆であろうと、やはり、強烈な歴史への関心が共通していたのも事実である。歴史への意識は、とりもなおさず、歴史の内に生きている自らへの自覚に繋がってゆく。本章は、まず、「新旧論争」にコミットするシェリングの姿を紹介することから始まる。それから、遡って、一七九二年のシェリングの第一論文、「創世記第三章の人間の諸悪の最初の起源に関する最古の哲学教義を解明するための批判的ならびに哲学的試み」でのシェリングの初発の問題設定を確認する。最後に、そうした問題設定と、超越論的哲学との関連を見通すことを課題としたい。

一　「新旧論争」と〈精神〉に根差す〈展開〉の論理

一七八八年以来、ベルリンの王立科学アカデミーは、「ライプニッツやヴォルフの時代以来、ドイツで形而上学は何を獲得してきたか」という表題で、懸賞論文を公募していた。この課題そのものが、形而上学の〈進歩〉を認めるか、認めないか、という、歴史意識を問う課題であった。実に、これにはカントが、応募しようと執筆し始めたものの、未完のまま筐底にしまいこまれてしまった草稿がある。「形而上学の進歩に関する懸賞論文」である。そこでは「形而上学は岸辺のない海であり、その海の中で進歩は何の痕跡も残さない」(Preisfrage. 8) とみなす一方で、理性能力に対する理性批判によってこそ、進歩は果たされる、と語っている。すなわち、「超越論的哲学、つまりすべてのア・プリオリな認識一般の可能性についての理論」(Preisfrage. 43) が、純粋理性の諸段階を区分することを必要とする旨が語られる。つまり、カントの把握は、強烈に自らの哲学の〈完成〉を意識することによって裏打ちされている。その完成態は自らの批判哲学である。従って、歴史は、自らの批判哲学の外部にはなく、カント哲学へと収斂する形で想定され、いわば自らの知の構成の中で、知の歴史としてみなされることになる。

さて、この懸賞に入選したのが、シュヴァーブ、アビヒト、そしてラインホルトであった。ラインホルトによると、形而上学に携わっている哲学者は、すべて、批判主義哲学者と非批判主義哲学者とに分かれて、後者はさらに、懐疑主義者と独断論者とに分かれるのだそうである（Preisschriften, 178）。こうした認識に基づいてラインホルトの見るところ、「より古い形而上学や比較的新しい形而上学のさまざまな教義概念が、論争もなく、かといって調和もなく、バラバラに樹てられた。形而上学の諸々の教科書において、いろんなセクトのさまざまな学説が、哲学的というより歴史物語的（historisch）に、探求的というより物語的（erzählend）に論じられた」（Preisschriften, 174f.）。ラインホルトの把握によれば、さまざまな学派の思想家達が割拠しているなかにあって、形而上学の教科書は、それらを哲学的にではなく、物語るだけだ、というのである。講壇哲学が隆盛を迎えるにあたって、この時代に多くの哲学の教科書が執筆されたことは、叢書『アエタス・カンティアナ』からもその一端を窺い知ることができる。それに加えて、当時、カントによる旧来の形而上学の打破に淵源を発する「哲学革命」が燎原の炎のように広がるという時代情勢もあった。しかも、四分五裂の状態を呈しながらであった。

ラインホルトやシュヴァーブ、そしてアビヒトの入選した懸賞論文は、一七九六年に出版された。そして、翌、一七九七年、『哲学雑誌』に発表された「最近の哲学的文献の一般的概観」でシェリングは、これに論評を加えたのである。

シュヴァーブは、ドイツの思想家達について、「形而上学的な思弁を、ヨーロッパの他の国民がほとんど諦めていた時代に、なお考え続けている」（Preisschriften, 3）という思弁哲学への独自な関心という点で、古代ギリシアの思想家達に擬えていた。それをシェリングは、「こうしたことについて語るのは、非常にいいことであった」と皮肉の調子で語る。「なぜなら、今日では、こうした所見をしばしばよく聞くことができるからである。それもとりわけ、哲学に好意的でないことについての自分なりの理由を持っている人々から、そして、模倣への執着や自分自身の力への不信が自分達の間からなくならないようにするために、自分達の不利になるように、自らの国民を古代の諸民族や近代の諸民族と比較することに飽きない人々から、聞くことができる」(Schelling. I-4, 95)。シェリングが新旧論争を念頭において、古代と近代との比較が無意味であると考えていたことは明らかである。シュヴァーブによれば、「同一律や矛盾律をライプニッツは必然的真理の基礎だとみなしたが、それらは周知のようにアリストテレスにおいて既に見出される」(Preisschriften, 10) という。シェリングは、ライプニッツによって哲学が得た利益が、同一律や矛盾律の提起によるものだとしたら、その利益はことのほか少ないとした上で、同一律や矛盾律が見出されないような学説はそもそもあるのか、と反論する。

シュヴァーブは、哲学史の内に、文字として残されてある典拠に基づいて、「先行者 (Vorgänger)」(Preisschriften, 10) を求めようとする。これに対してシェリングなら、普遍的な精神に根差していないからこそ、先行者を必要とするのだ、と見たかもしれない。シェリングによれば、「この仕方では、哲学の歴史はきっと、その本来の関心を喪失するに違いない」(ibid.)。本当の哲学者たちなら、根本的には以前から相互に一致していたことが、体系の精神に立ち返ってこそ、明らかに認識されるというのである。

歴史的な文献を解釈する際に、〈文字〉よりも〈精神〉を重視することは、シェリングにおける歴史が有機的に、内面的に構成されるものであることに繫がっている。「予め萌芽の内に含まれていなかったものは、萌芽から展開されることがないように、哲学においては、予め人間の精神そのものの内に (根源的綜合にとって) 現存していなかったものは、(分析によって) 生成することができない。それゆえ、ただ体系という名にふさわしい個々の体系すべてを貫いているのは、共通の支配的になっている精神である」(Schelling. I-4, 98)。哲学体系の内にいきづく精神を理解するならば、そこに、哲学の歴史の行程は、一つの精神の連続した発展行程として明らかになるという見込みのもとで、シェリングは、〈展開〉という観点を打ち出す。「哲学における進歩もすべて、展開 (Entwicklung）による進歩に他ならない。個々の体系も、体系という名にふさわしいものはいずれも、萌芽として考察され得る。それは、ゆっくりと、次第にではあるが、たえず、すべての方向に向かって多様な展開を通して自らを形成してゆく。ひとたび哲学の歴史のためにそうした中心点を見出した人だけが、哲学を、真実に、かつ人間的精神の尊厳に従って記述することができるのである」(Schelling. I-4, 98f.)。

こうした〈展開〉という観点に立脚することによって、シェリングは、啓蒙の進歩史観を乗り越えたと言っていい。なぜなら、啓蒙思想家達が語っていた〈進歩〉は、いわば、外的に成果が付け加わっていく量的な〈蓄積〉のイメージであって、それは、連関や脈絡のない〈変化〉のイメージにも近いものだからである。たしかに、レッシングの『人類の教育』は、「人類が、完全性（Vollkommenheit）へ到達する道」(Lessing. Werke, III, 657 (Hanser)) を進むように、啓蒙することを教育に期待するという、いわば〈完成〉モデルを呈示した。しかも、その教育は「人間が自己自身の内部から手に入れることのできたものを、人間に与える」(Lessing, 638) とされた。しかしながら、〈完成〉といっても、その完成に向けての進展を測る尺度が提示されていなければ、無規定的なものだと言わざるを得ない。もとより、啓蒙思想における〈進歩〉は、実際にメンデルスゾーンが、「ある国民の啓蒙は、第一に、知識の量」(Mendelssohn, 268) と明言しているように、量的な〈蓄積〉のイメージで捉えられるものであった。それに対して、〈展開〉は、「内的な原理によって、内面から有機的に形成」(Schelling. I-4, 99) されることを意味する、言い方を変えるなら、生きている現在において〈充実する時間〉の自覚化を、シェリングは歴史に求めたと言っていいかもしれない。有機体の発展というのは、自らを絶えず更新しながらも、その全体すべてが現在に向けて生きている、そうしたものである。

二　「最近の哲学的文献の一般的概観」における精神の叙述と歴史の自覚

シェリングのこの「最近の哲学的文献の一般的概観」は、表題の示すように、当時のドイツの思想界を概観したり総括したりする上での、極めて貴重なドキュメントであると同時に、超越論的観念論の構想の萌芽が散見される点でも、麗しき揺籃と言えるかもしれない。第五章での叙述と一部重なりもするが、重要な箇所なので紹介する。「精神はただ生成において（im Werden）のみ存在する、あるいはむしろ、精神はそれ自身、永遠の生成（ein ewiges Werden）に他ならない。（そこから、予め死せる物質から生ける自然の理念に至るまで、進展するもの（das Fortschreitende）、我々の知の進歩的なものが把握される。）それゆえ、精神は、自分自身に対して客体であるのではなく、むしろ客体になるべきなのである」（Schelling. I-4, 86）。知の主体を生成する精神と見定めることによって、精神の活動のすべてを精神の生成過程のなかで捉え、精神を自己対象化するなかで、知の成立過程の叙述を、哲学に課したのである。「精神のすべての活動は、それゆえ、無限なものを有限なものにおいて叙述することに向かう。このすべての活動の目標は自己意識であり、この活動の歴史が自己意識の歴史（die Geschichte des Selbst bewußtseyns）に他ならない。〔……〕人間精神の歴史は、それゆえ、それを通して精神が次第に自分自身を直観し、純粋な自己意識へと至るさまざまな状態の歴史に他ならないであろう」（Schelling. I-4, 109）。

シェリングやヘーゲルにあって〈歴史〉が問題とされたのは、記録が大事とか、教訓が学べるからというのではなく、また〈範型〉や〈理想〉を学び取れるからというのでもなく、〈精神〉そのもののうちに、精神の〈自己知〉を可能ならしめる条件や環境を探るための精神の自己形成過程として歴史が捉えられたからだ、というのなら、哲うか。

学知の成立以前の準備過程が〈歴史〉と見られたのか、それとも知が成り立ったからこそ歴史が創られるのであろうか。

一七八八年になって発表された「最近の哲学的文献の一般的概観」のうちに、「歴史の哲学は可能であるか？」と題された一節がある。そこでは「メカニズムがあるところには、歴史はない。そして逆に、歴史があるところには、メカニズムがない」(Schelling. I-4, 188) という言葉から明らかなように、有機的な歴史観が表明される。「語源によると、歴史は、生起したことの知見 (Kenntniß des Geschehenen) である。それゆえ、歴史が対象とするのは、存続するもの、持続的なものではなく、むしろ変化するもの、時間において進展するものである」(Schelling. I-4, 183)。そうした時間的に移り行くものの全領域を包括するのは自然である。すると、歴史の対象として自然は適格かというと、シェリングは「自然現象としてではなく、むしろ、自然存在としての人間にもふりかかったような自然の結果 (NaturErfolge) である限りの出来事ならすべて、歴史の内に受容される」(Schelling. I-4, 183f.) という。人間に「ふりかかった出来事」というのは、人間が予期することのできなかった出来事である。それに対して、自然現象としてみなされている出来事は、人間にとって生起するであろうことが知られている現象である。日蝕や彗星の接近は計算できて、予測できる以上、歴史の対象ではない。日々の星の運行や、潮の干満、火山の爆発の周期など、「定期的に合法則的に反復しているように人には見える出来事も、たとえこの反復の規則を洞察していないにせよ、(……) 歴史には属さない」(Schelling. I-4, 184)。

これに対して、たとえば、地上における最初の人間なら、地上での最初の一日の歴史を、日の出の見事の光景から、その歴史を物語り始めただろう、という。「朝に生まれて、夕べには死すような、かの一日限りの昆虫の一匹が自分の生の歴史を遺すとしたら、それは、この運命 (Gestirn) の経緯を、歴史物語的に物語るのではないか？」

(Schelling. I-4, 184)。つまり、「自然の体系にとっての新たな発見はどれも、歴史記述的な、すなわち予見されない成長（Zuwachs）である」（Schelling. I-4, 185）。明らかに、シェリングは、〈歴史〉と〈知〉を区別した上で、知的発見の対象として〈歴史〉を捉えている。「我々の知の限界が拡大すればするほど、歴史の限界は狭まってゆく。（それゆえ、多くの人にあって、その人の歴史物語的な知見の領域は、その人の本来の知の領域と反比例している）」（Schelling. I-4, 189）。言い換えるなら、歴史は、知られることによって初めてそこに自覚されるものだと言えよう。「我々がア・プリオリに規定できないすべてのものは、我々にとって歴史に属する」（Schelling. I-4, 189）。言うなれば、歴史は、経験を通してそれを知り、再構成する人間によって初めて、単なる過ぎ行く時間ではない歴史として創られる。だからこそ、歴史は書き換えられもする。「意図的になるなら、たとえば、詩人は、歴史でないものを歴史（Geschichte）にする。すなわち、必然的な出来事を、彼は偶然的なものとして叙述する」（Schelling. I-4, 189）。自然的な時間の内に生じた出来事は、初めて知られたものとして紡ぎ出す物語として語られてこそ、歴史として生み出されると言っていいのかもしれない。

確かに、シェリングは論文の掉尾で、「歴史の哲学が、ア・プリオリな歴史の学問としてある限り、実際の歴史の哲学というのは不可能である」（Schelling. I-4, 190）と結論付けている。だが、これによって、経験的な実践哲学としての歴史哲学の可能性は残された、とも言えようし、また、歴史が、物語られる営みや、解釈される営みによって創り出されることも含意されていると見ることもできよう。こうしたシェリングの歴史観の原初形態を探るために、シェリングの第一論文、「創世記第三章の人間の諸悪の最初の起源に関する最古の哲学教義を解明するための、批判的ならびに哲学的な試み」に遡ってみたい。

三　「根源悪論文」における麗しき子ども時代からの離脱と神話の解釈

一七九二年の九月に書かれたこの修士論文は、広範な歴史哲学関係の文献を渉猟するなかで、『創世記』での堕罪の物語を解釈する形をとりながら、カントの「人類の歴史の憶測的な起源」を範型にしつつ、さらに同年の『ベルリン月報』四月号に発表されていた、カントの「人間本性のうちにある根源悪について」、つまり後年、『単なる理性の限界内における宗教』の第一編になる論稿に倣いつつ、〈歴史〉に歩み出すことになった人類の原初的状態、さらにはその原因や歴史的世界の道行き、その終極的な目標を論じている。

内容的には、『創世記』を素材にしながらも、実は、そこに、神話論や、自然状態論を絡ませながら、人類が歴史的な展開に至るにいたった物語の「解釈」を呈示している。シェリングによれば、何が人間の悪の起源であるかということが教養ある人の関心事であったことは、「あらゆる時代の歴史叙述（Geschichtsdarstellung）すべて」(Schelling. I-1, 105) から明らかだ、という。確かに、我々は、経験によって成熟したとしても、しかし、古代の思想家達も、我々の有しているのと同じ理性によって、人間の子ども時代の愛すべき思いつきを、「神話」として装う形で、明るみに出した、とシェリングは見る。ただ、古代の言語が、感性的に捉えることのできない事柄を表現できないという未熟なものであったがゆえに、神話という形をとった、というのである。こうしてその神話的な物語を「解釈（auslegen)」(Schelling. I-1, 109) することを、「根源悪論文」は課題としたのである。

まず、シェリングは『創世記』第三章の堕罪の物語を手掛かりに、「人間の悪の最初の起源についての神話的な哲学説」(Schelling. I-1, 119) を読み込んでゆく。これについては、詳細を省かざるを得ないが、聖書学や宗教学に精通していたことが窺える論述がふんだんになされている。そして、「物語られていることは、一番最初の人間が神に服従しなかったことに基づいて、善悪の最初の区別が人間のもとに生じた、そしてそこからすべての他の人間の悪が生じた、ということだ」(Schelling. I-1, 121) として、シェリングは、この楽園追放をこう解釈する。「人間と根源的な天真爛漫 (Einfalt) との分離、自然そのものの至福の国からの背反 (Abfall)、黄金時代からの逸脱 (Übertritt)、そしてそこから人間の悪の最初の起源が記述される」(Schelling. I-1, 122) と。こうした〈人類の黄金時代〉というイメージは、『創世記』だけでなく、すべての古代の神話に共通だという。

このような〈黄金時代〉には、〈最も単純な至福〉、〈子ども時代 (Kindheit)〉、〈自然に従う〉、〈無知〉、〈無垢 (Unschuld)〉、〈本能に従う〉などのイメージが重ねられる。従って人類として、黄金時代からの逸脱を歩むとともに、我々個人もそれぞれの人生行路を歩むなかで、同じような逸脱の道を歩んだことになる。ただし、シェリングのいささか懐旧的な表現によれば、「最も単純な幸福時代について感覚したならば、その後の人生がいかに難儀であろうと、我々の子ども時代からそのままで、消し去られることはない」(Schelling. I-1, 123) という。それならシェリングは、こうした黄金時代を懐しむだけなのか。

しかし、翻ってみるに、悪の起源だと見定められたこの幸福な時代への背反は、また、大人への成長の道程、より高次のものへ向けての我々自身の展開でもある。神話が語る人間の根源的な状態をシェリングは、「善と悪を知らないで生きている幸福な子ども時代」(Schelling. I-1, 132) と解釈する。しかし他方で、そうした楽園からの追放を、人間が自由を意識して、自由を何らかの意図のもとで用いようとしたから、と解釈してもいる。したがって、人間が、理性に導かれて、理性の国に入るためには、黄金時代から追放されなくてはならなかった、というのである。「我々がこの時代を捨てた時、我々は人間の悲惨に出合った。我々が同時に我々自身を意識して、何が善で何が悪かを見抜いた時に、我々は、理性の指導に従うことを始めたのである」(Schelling. I-1, 132)。人間が、至福の黄金時代に離反するに至った要因を、シェリングは、人間に内在する「より高次の知恵への好奇心や許されたものを超え出んとする力の増長」(Schelling. I-1, 125) に見る。こうした論調は、まるでルソーを思わせる。「人間が、無知の状態に、そしてまるごと無垢の状態にありながら、幸福であったのは、自然に従っていた時である。つまり、将来を確信して、人生をあるがままに想定していて、自分についても、人間の認識の限界の外部にある諸事物との関連についても、くだらないお喋りをせずに、朗らかな子どものように濁りのない喜びをもって日々を生きていた時である」(Schelling. I-1, 123f.)。実際、シェリングは、「より高次のものを目指す絶えざる努力によって駆り立てられる人間の追放を、自然状態 (Status der Natur) からの追放」(Schelling. I-1, 128) とも言い換えるのである。

ここでシェリングは、ただ、神話物語を解釈しているだけではない。我々自身にあってさえ、一方では感性によって束縛されているとともに、他方では、「叡智的な国の市民」(Schelling. I-1, 141) である、という二つの「秩序連関 (Ordungsgefüge)」(ibid.) の間に定位されている。人間は、感性に身を任せるならば、自然の快適さに耽溺もするが、他方、より高次のものを要求する「叡智的な自然」(ibid.) によって、自発的な自己限定によって自らを律することもできる。ここでシェリングは問う。「我々よりはるかに高次のものを指し示す理性に聴従する」(Schelling. I-1, 142) ことによって、「なぜ、この人間の自然の国からの堕落が、人間の悪の端緒になり得たのか」(ibid.)、あるいは、「我々の内で自由に措定された文化ないしは理性の端緒が、いかにして人間の悪の端緒にもなり得たのか」(Schelling. I-1, 140f.) と。自然性を理性が律するという人間観を歴史的な展開に重ねることで、人間の自然性に対する自己批判を通して理性の実現へ向かうところに、歴史が捉え直されたのである。

人間の成長発展が、他面、至福の子ども時代からの「疎外化 (alieno: entfremden)」(Schelling. I-1, 95: 143) で

もあるという認識には、ヘルダーリンの『ヒュペーリオン最終前稿（Die vorletzte Fassung）』の序文で語られる「離心的人生行路（eine exzentrische Bahn）」の思想の原型を見ることもできる（Vgl. StA. III, 236）。そこでヘルダーリンは、子ども時代（Kindheit）から大人（Vollendung）へ人生行路を歩むことによって、「魂の一致」や「親しき世界のヘン・カイ・パンから引き裂かれてしまった」（StA. III, 256）という認識に立った上で、〈我々の内で理性を自然と合一させて無限な全体にすること〉を課題としている。ヘルダーリンにとっては、自然からの我々の離反は癒されるべきものであった。これに対してシェリングは、人間の根源の悪を自らに引き受け、「自然そのものを克服」（Schelling. I-1, 144）して、理性の国に向けて歩む人間の運命を引き受けたと言えよう。

四　「超越論的観念論の体系」と自由な実践活動の目標

シェリングは、ルソーと違って、人間性の文明化の明かるい面を強調した。時代の経過とともに、迷信は排除されて、次第に人は「経験によって知覚されたすべてのものを、学問へと関連づけ始めた」（Schelling. I-1, 144）という。かつて人間達の間で徳として支配的であった賢慮（Klugheit）の代わりに、より普遍的な法律が支配している。こうした認識に立つシェリングは、人間の進歩に肯定的である。たしかに、悪の問題は、文明社会にあっては、人間の軟弱さや、浪費癖、軽薄な流行、無数の犯罪、政治における抑圧や欺瞞など、さらには、戦争などとして拡大しているのも、事実としてシェリングは認める。しかし、それは「文化発達の媒介的な段階」（Schelling. I-1, 145）に見られる現象だという。というのは、「この悪や邪悪は、結局のところ、人間の最高の目標を完成するために、ふさわしい位置を割り当てられたのである。我々に押し寄せる悪や邪悪の力は、精神を抑圧するどころか、鼓舞した。そうした力は、我々に、我々自身に対する不信というよりもむしろ、確信や信頼を吹き込んだのである」(Schelling. I-1, 145)。

言い方を変えるなら、邪悪(Bosheit)といっても、人間を本性的な粗野から解放するとともに、感性的な衝動をコントロールすることにより、「精神を、理性の最高の支配権に向けて準備」(Schelling. I-1, 145) させたのである。確かに精神は、ますます善になるとはいえないまでも、「しっかりと人間性に向けて方向づけられている」(Schelling. I-1, 145) とシェリングは見る。シェリングが、こうした人間性に信頼を寄せることができたのも、「究極の、我々自身において基礎付けられた真なるものや善なるものの原理」(Schelling. I-1, 146) が、「予感」されていたからであろうか。「そうした目標は、個々の人間にとっても、全人類にとっても課せられている」(ibid.) というのである。シェリングはまた、すべての人間が根源状態に留まることを優先するか、それとも、根源状態を捨てた後に高貴な状態へと突破するべきなのかについては、議論の余地がないと言う。人間の「自発性(Spontaneität)」は両刃であって悪に誘いもするし、〈自由〉を実現しもする理性の〈自由〉をそこに見ることもできよう。「諸々の時代は、またしても、かつて黄金であった時代に向かって、ひとえに理性の導きと指導のもとにある」(Schelling. I-1, 147)。結果的には、精神が自然性を脱することで、「しっかりと人間性に向けて方向づけられる」(Schelling, I-1,145) と考えられていた。シェリングがこれほどまでに人間性に信頼を寄せることができたのは、「究極の、我々自身において基礎付けられた真なるものや善なるものの原理」(Schelling, I-1, 146) に基づいて、「理性の唯一支配」を「予感」するという目的論的な歴史観があったからだといえよう。

しかし、他面シェリングは、どのような国民であれ、「その時代のために十分に仕事をするやいなや、舞台から退く」(Schelling. I-1, 147) という世界秩序に属しているのも事実だという。しかも、人類としても、個人としても、全人類に予め割り当てられている道程が許している以上に進んではならないとも言う。そこには、歴史的な発展段階の必然性という考えを見て取ることができる。シェリングにとって歴史は、そうした自らを完成させようとする自由な理性と、その制約となる発展段階の必然性とが織り成す物語だと言っていいのかもしれない。

我々は、「最近の哲学的文献の一般的概観」に即して、シェリングにとって〈歴史〉は、物語られたり、解釈されたりするところに、再構成されるものであったことを確認した。遡って見ると、第一論文からしてシェリングは、既に、客観的な歴史物語を内面化して自覚化してゆくという、言うなれば超越論的な方法でもって、歴史の再構成に向かっていたと言えるであろう。シェリングにとって世界史は、そうした自らを完成させようとする自由な理性と、その制約となる発展段階の必然性とが織り成す物語だと言っていいのかもしれない。初期シェリングにおける歴史意識の出発を観てきた我々には、言うなれば、歴史は物語られることによって、一連のストーリーをもった歴史として我々にとって意味を持つようになることが明らかになった。しかし、その歴史の再構成はまた、知の成立を招来することによって物語の終わりともなり得るようなものであった。

こうした考え方は、『超越論的観念論の体系』において集約されて、完成される。「理想は、決して個人によってではなく、むしろひとえに種族によってのみ遂行され得るものであるが、そうした理想を自らの前に掲げている存在者にとってのみ歴史は存在する。このためには次のことが必要である。すなわち、(……) 歴史が進歩するなかで実現されるべきものは、ただ理性と自由によってのみ可能なものであるなら、伝統 (Tradition) もしくは伝承 (Überlieferung) が可能でなくてはならない」(Sch. II, 589)。自由なだけでは、歴史は実現されず、我々によって解釈されたり物語られたりしうる伝承が必要になってくる。その意味で、歴史とは、我々理性の実践的な活動の成果ということになる。

「理論と歴史はまったく反対なものである。人間が歴史をもつのはただ、彼が行なうであろうところのものが、どんな理論によっても予め計算され得ないがゆえのことである。恣意は、その限りで、歴史の女神である。神話は、本能の支配から自由の領域への第一歩をもってして、黄金時代を喪失するとともに、あるいは堕罪、つまり、恣意の最初の表明をもってして、歴史を始めている。哲学者達の理念においては、歴史は、理性の国（Vernunft-reich）をもって、すなわち、法・権利の黄金時代をもって終わりを告げる。すなわち、ありとあらゆる恣意が地上から消え去って、人間は自由によって、自然が人間を根源的にそこに位置させた同じ地点に、そして歴史が始まった時に人間がそこを去ったところのその地点に還帰するであろうような場合に、歴史は終わるのである」（Sch. II, 589）。こうした論述に接するにあたり、我々は、これまで瞥見してきた「根源悪論文」や「最近の哲学的文献の一般的概観」での歴史意識の結晶化と体系化を見る思いを抱くのである。

結　語

「歴史は、客観的に見られるなら、いろいろな出来事の系列に他ならず、主観的にのみ見られるなら、自由の行為の系列として現象する」（Sch. II, 597）。しかしシェリングが、『超越論的観念論の体系』では、自由と必然、主観と客観とを絶対的に綜合する目標を「精神の国における永遠の太陽」（Sch. II, 600）と呼び、その根拠を「絶対的なもの」（Sch. II, 601）に見定めた時、歴史は〈絶対的なものの自己展開過程〉として再構成されることになったと言える。歴史は、絶対的なものが自らを現示する過程だとされる時、そこには必然的に弁神論的な性格がつきまとう。「全体としての歴史は、絶対的なものが次第に自らを現わしつつ進展する啓示である。（……）神は自らを絶えず啓示する。人間は自らの歴史を通して、神の現存在についての証明を続けて行なう。その証明はしかし、ただ、歴史全体によってのみ完成され得るのである」(Sch. II, 603)。超越論的観念論の体系を構築し終えて、〈絶対的なもの〉についての知の成立を確証したシェリングにとって、歴史は、体系の内部に取り込まれて、体系構成の論理と化したとしても、それは、〈知〉を実現する非-知の途上が歴史として残されていた初期の構想の行き着くところであったとも言えよう。むしろ、歴史の意義は〈絶対的なもの〉が成立する客観的な過程として救済されることになったのかもしれない。だが、物語ることを通して歴史を自覚化・内面化せんとした、初期シェリングに見られた歴史哲学の原像は、「絶対的なもの」の再構成という目的の前では、手段化されて硬直し、色を失ってしまったようにも思われるのである。

VII　歴史と物語

——ヘーゲルの歴史哲学における物語——

「〈ヒストーリエ〉なしではどんな偉大な行為も忘却に委ねられてしまうであろう」
（カール・レーヴィット『世界と世界史』柴田治三郎訳）

はじめに

ヘーゲルはその「世界史の哲学」講義において、〈Geschichte〉としての歴史と、〈Historie〉としての歴史を、次のように区分していた。「我々の言葉では、歴史（Geschichte）は客観的な面と主観的な面とを併せ持っていて、出来事そのものを意味するのと同じように、出来事の記録（Historiam rerum gestarum）をも意味している。つまり、出来したこと、所業そして出来事そのものを意味するのと同じように、より本来的に区別された歴史物語（Geschichtserzaehlung）を意味する」（GW. XVIII, 192: VidG, 164: Vgl. SW. XII, 83）。しかし、ここで語られるのは、歴史の二つの面の区分というより、歴史が二つの面を併せ備えている、ということである。

さらに、ヘーゲルは歴史を三種類に区分しもする。一つは、「根源的歴史」（GW. XVIII, 122）と呼ばれる歴史であって、いわば体験したことの報告としての歴史である。そうした歴史は、「個別的な反省されていない諸々の特徴を集めて、それでもってその出来事を描出して、その直観または直観的な物語（Erzählng）のなかで彼の眼前に現わされていた通りの像を伝えて、後世の人々に表象させようとする」（GW. XVIII, 125: VidG, 6）という。

第二種の歴史は「反省的歴史」と呼ばれ、「本来はすっかり過ぎ去ったものをも、時代の内に現在しているものとしてだけではなく、この生き生きとした精神の内に現在しているものとして問題とする」(GW. XVIII, 129: VidG, 10) ところに成り立つ、とされる。つまり「過去の物語に生命を与えて、今日の生活に生かそう」(SW. XII, 17: Vgl. VidG, 16) としたり、歴史の「内容そのものの精神とは違っている記述者の精神をもって、記述者がその歴史史料に向かう」(GW. XVIII, 129: VidG, 11) ところに、第二種の歴史が定位される。これはヘーゲルの歴史哲学が、歴史の物語を超えたところに成り立つと理解される根拠である。

これに対して、ある国民の歴史全体に関連する形で、「諸々の出来事や行為の内面にあってそれらを導く魂そのもの」(VidG, 22) を明らかにすることができるなら、「全体の連関」が提示されることになると見て、ヘーゲルは、これを第三種の「哲学的な世界史」(VidG, 22) と特徴付ける。「哲学的な世界史の観点は、普遍的なものでこそあれ、抽象的に際立たされている特殊なものではない。(……) 哲学的な世界史の普遍的な観点は、〈抽象的に普遍的なもの〉ではなく、具体的にかつ端的に現在しているものである。なぜなら普遍的な観点というのは、永遠に自己のもとにあって存在している精神だからであって、その精神にとって過去というものはないからなのである」(VidG, 22)。

哲学的な世界史にとっては〈過去〉がないという観点は、「古代哲学は端的に近世哲学の内に含まれていなければならず、その地盤を構成している」(VidG, 143) と語る見方に通じる。だが、自由の理念の外面的な実現態である国家や憲法を考える際には、先例は〈過去〉のもので、「古いものと新しいものとの間に共通な本質的な原理はない」(VidG, 144) とも言われる。実際、歴史物語には、〈過去〉の〈旧聞〉に属するものもある。〈過去〉と〈現在〉とを繋ぐところに歴史を見ることもできよう。こうした多義的な歴史に通底する精神を、ヘーゲルの歴史哲学が私たちに明らかにしようとする時、歴史における物語の側面である〈Historie〉が、改めて重要になってくることを、本章で確認しておきたい。

一　世界史とは、自由の意識における進歩である

ヘーゲルは、周知のように、自由の理念が実現されてゆく過程を、歴史として捉えていた。「世界史とは、（……）精神が抱く自らの自由についての意識とそうした意識から生み出された実現とが展開するさまを物語る」（GW. XVIII, 196: VidG, 167)。ヘーゲルはこの展開を、「進歩（Fortschreiten）」とも呼ぶ。「世界史とは自由の意識における進歩である。この進歩を我々は、その必然性において認識しなければならない」（GW. XVIII, 153: SW. XII, 32)。それならば、これをもってヘーゲルの歴史哲学を、啓蒙思想に見られたような、いわゆる「進歩思想」だと見なしていいのだろうか。

「進歩思想」だと見られている著作に、レッシングの『人類の教育』（一七八〇年）がある。そこでは、「人間が自己自身の内部から手に入れることのできたものを、人間に与える」（Lessing, III, 638）とされる教育によって、順序を追って、人間の力が展開されることが論じられている。そしてその教育は、「人類を、完全性（Vollkommenheit）へ到達する道」（Lessing, III, 657）を進むよう、啓蒙するというのである。レッシングの観点によれば、人類は全体として、完成に向かって啓蒙されるということになる。これに対して、親友のメンデルスゾーンは、『イェルーザレム』（一七八三年）において、レッシングの名をあげながら、次のように反論している。「人は、人類という集合的なものが、唯一の人格であるかのように思っている。そして、摂理がこの唯一の人格を、ここで子

どもから大人へと教育するために、いわば学校へ送ったかのように考えられている。（……）進歩（Fortgang）は、永遠の進歩の一部を地上にもたらそうとする摂理が割り当てられた個々の人間にとって存在している」（Jerusalem, 44f.）。

この二人の考え方の相違から、進歩する単位は人類なのか、それとも個々人なのか、進歩には完成があるのか、永遠に続くものなのか、「進歩思想」だからといって一括りにできない問題があることが見て取れる。両者の見方の違いは、進歩を〈完成〉のイメージで捉えるか、それとも〈蓄積〉のイメージで見るか、の違いに起因すると言うこともできよう。メンデルスゾーンの『啓蒙とは何か』（一七八四年）では、次のように述べられている。「ある国民の啓蒙は、第一に、知識の量（Masse）、第二に、（a）人間（b）ならびに市民の使命との関係と、第三に、あらゆる身分を通じてのその使命の普及との関係と、第四に、彼らの天職の尺度に従って、比例関係にあるだろう」（Mendelssohn, 268）。量的な尺度によって啓蒙の度合が測られるというわけである。

ヘーゲルに戻ってみると、我々はレッシングの名を挙げて進歩史観を批判している論述に出合う。「レッシングの『人類の教育』に関する考えは、才気豊ではあるが、しかし、ただここで話題になっていることについては、遠く外れているだけである。（……）その事象、その質的なものは既に現前しているけれども、達成されるべきいかなる目標も言表されない。それはまったく無規定的である。我々が進歩（Fortschreiten）について明確に言表したいのなら、量的なものはまさしく没思想的なものである」（VidG, 150）。ここで批判された進歩史観は、レッシングの名を挙げながらも、メンデルスゾーンまでも射程に捉えられているといえよう。言及されている〈進歩〉は、量的なものという表現から分かるように、歴史的発展に伴って、その成果が〈蓄積〉されてゆくところに〈進歩〉を見るというような、〈蓄積〉モデルであることに間違いないからである。もし、歴史における進歩が〈集積〉なり、〈蓄積〉なりしてゆくものなら、永遠にその進歩は止むことがないまま続いてゆくことになろう。それに対して、〈完成〉モデルでは、目標としてその〈完成〉の時が設定されるが、それなら、それでもって歴史は〈終焉〉を迎えることになるのであろうか。

二　求められているのは理性的な認識であって、知識の集積ではない

ヘーゲルによれば、人間本性の内に、「より善いもの、より完全なものに向かう変化能力（Veraenderungsfaehigkeit）」（GW. XVIII, 182: VidG, 149）を見る進歩史観にあっては、「完成能力（Perfektibilitaet）への衝動」（ibid.）が見据えられていた、という。しかしながら、「〈完成能力〉は実際のところ、〈変化〉一般とほとんど同様に、まったく規定を欠いたものである。〈完成能力〉には目的も目標もない。〈完成能力〉が目指しているとされる、より善いもの、より完全なものは、まったく規定されていないものである」（GW. XVIII, 182: VidG, 149f.）。このように、〈完成〉モデルの思想であるにもかかわらず、ヘーゲルが「目的も目標もない」と考えたのはどうしてなのか。

その理由は、人類の〈進歩〉を云々するにしても、「変化を測る尺度、現前しているものがどの程度正当なもので、実体的なものであるかを計る尺度が現存していない」（VidG, 150）とヘーゲルが見なしたところに求めることができる。どこまで行けば〈完成〉になるのかを測る尺度がなければ、〈完成〉モデルにあっても、〈蓄積〉モデルと同じように、単なる〈変化〉の様相しか呈することができないであろう。歴史を〈変化〉の相で見るならば、そこには、いわば「いかに気高いものでも、美しいものでも亡んでゆく」（VidG, 35）メランコリックな光景が現出

することになる。絶えず自らを更新してゆく過去の残骸の集積だけが残ったとしても、それは、哲学的な世界史の範疇には入らない。

歴史を〈変化〉や〈集積〉として捉えるだけでは、外面的な把握に留まり、その歴史記述は、偶然的な出来事を次々に〈枚挙・列挙〉するという形にならざるを得ない。「もちろん、求められているのは、理性的な洞察、理性的な認識なのであって、学問の研究にあたっては主観的な欲求として前提されるかもしれないが、単に知識の集積(Sammlung)なのではない」(GW. XVIII, 141: VidG, 30: SW. XII, 21f.)。我々にしても、歴史的な出来事についての知識を、〈自分の精神の外部にあるもの〉という形でいくら積み重ねてみても、そこからは、さまざまな偶然的な〈出来事〉と〈出来事〉とから成る〈変化の連続〉しか知ることができないだろう。この〈変化〉とは違って、ヘーゲルは、〈展開〉という観点に立つ。「展開(Entwicklung)の原理はさらに進んでいて、一つの内的な規定、つまり即自的に現前している前提が根底にあって、これが顕現するということを含んでいる」(GW. XVIII, 182f.: VidG, 151)。

〈変化〉ではなく、〈展開〉としての歴史のモデルを示すのに、ヘーゲルは広く知られているメタファーを用いる。その一つは、植物のメタファーである。「植物は種子から始まる。ところが、種子は同時にその植物の全生活の総決算である。したがって、植物は種子を生み出すために自らを展開する。種子が端緒であり、同時に個体の総決算であり、出発点としてそして結果として異なっているにもかかわらず同一である。これが〈生〉というものの無力である」(VidG, 58)。〈展開〉という観点に立って、その経過を普遍史として跡付けようとするならば、亡びを迎える〈生〉ではなく、亡びを超えて生き延びる〈実体的なもの〉に依拠して、歴史を現在まで構成する必要が自ずと出てくる。これが精神である。「世界精神は、人間の意識のなかに自らを顕現させている世界の精神である。人間はこの世界精神に対して、個別者がその実体を成す全体に対するように、関係する。(……)特殊な一国民の精神は没落することがあるけれども、それは世界精神の行程の連鎖の中の一環であって、この普遍的な精神は没落することがあり得ない」(VidG, 60)。世界史を精神の展開が貫いているのは、歴史の解釈者が自らの精神をもって、世界史を連関づけて把握しようとするからである。

「不死鳥のメタファー」(Vgl. SW. XII, 98) も説明に用いられている。「〈変化〉のこうしたカテゴリーは直ちに、死から新たな生が復活するというまた別の一面が結びつく。この思想は東洋人たちが捉えた思想であって、おそらく彼らの最も偉大な思想であろう。(……)その思想は、個人に関しては輪廻の表象ということで括られようが、もっと一般的に知られているのは不死鳥の比喩である」(VidG, 35)。しかしながらヘーゲルは、これを、「肉体に当てはまる比喩であって、精神にはあてはまらない」(VidG, 35) と斥けている。

もとより、ヘーゲルの見るところ「精神の仕事は、ただ、自らの活動性を新たに増大させ、そして新たに自らを亡ぼすという、ただ一つの成果だけを持つ」(VidG, 35) という。だが、不死鳥史観で語られたのは、肉体の亡びと再生である。しかも、そこでの〈自己否定〉は、思想の内において生じるのではなく、自然的な時間において想定されている。その上、繰り返されるにせよその都度、一過性で終わるものである。確かに、歴史における〈否定〉的な出来事も、自然的な時間において生ずるものではあろう。しかし、「理性が世界を支配しているし、したがって世界史においても、理性的に事が生じてきた」(GW. XVIII, 140: VidG, 28: SW. XII, 20) と捉えるところに成り立つ哲学的な世界史にあっては、〈否定〉は、不死鳥史観の場合とは違って、精神の展開過程における自己否定という形で、次の展開を把握するための契機として、全体の内に発展的な契機として、歴史の解釈者によって把握されなくてはならない。こうした発展的な契機としての〈否定〉について、ヘーゲルは『哲学史講義』において、

「新大陸発見のメタファー」にことよせて説明している。(1)

そこで〈否定〉は、新たな〈肯定的なもの〉を生み出す橋頭堡として、展開全体の内に発展的な契機として内在化されることが講じられている。ヘーゲルにあって「世界史は、自由の意識をその内容としている原理が展開する(Entwicklung) 段階行程 (Stufengang) を叙述する」(GW. XVIII, 185: VidG, 155) とされる時、〈進歩〉でも、〈変化の総体〉でもない、歴史認識の〈展開〉には、従来の成果を超出する発展的な契機としての〈否定〉が組み込まれなくてはならなかったのである。

三　自由とは、自らを実現する目的であり、精神唯一の目的である

そのような〈否定〉を、歴史哲学を講じるヘーゲル自身はいかなる形で経験して、受容したのであろうか。周知のように、青年時代に限りない憧憬を古典古代に寄せていたヘーゲルが、古代ギリシアに実現されていたと見た〈自然的な統一〉が、歴史の進展に伴って失われてしまったことを思想的に捉え返すとともに、当時のドイツに〈統一〉を再構築する理路を確立しようとしたところに、彼の初期の思索のモチーフがあった。そのヘーゲルが、超越論的観念論に〈歴史的形成〉の要素を導入することによって、自らの哲学体系を構築しようとした時に、古典古代の亡び、〈歴史の経過〉を自らの思索の内で位置付けざるを得なくなる。いわば彼の歴史観は、古典古代への追慕を知が成立する過程で贖うなかで心胸のうちに埋めてこそ成り立った、と言っても過言ではない。(2)

ここで興味深いのは、一八世紀後半のドイツで、古典古代の位置付けが大きな問題であった、ということである。すなわち、「新旧論争」である。(3) 発端の一つはヴィンケルマンに見ることができる。彼は、『絵画と彫刻藝術におけ

るギリシアの藝術作品の模倣についての思索』（一七五五年）において、ギリシア藝術の特徴を、「高貴なる単純と静謐なる偉大さ」（Winckelmann, I, 34）と規定したことで余りに有名であるが、ギリシア藝術に〈藝術の完成態〉を見るとともに、当時の藝術が偉大になる唯一の道を、「古代人の模倣」（Winckelmann, I, 8）に見定めたわけである。つまり、彼は古代藝術を〈規範化〉した。その論理を支えていたのは、次のような歴史観であった。「藝術は、（……）すべての発明と同じように、必要があって始まり、次いで美が追求され、そして最後に、過剰なものが生じた。これが藝術の主要な三段階である」（Winckelmann, III, 61）。

こうしたヴィンケルマンへの賛辞を惜しまなかったひとりにヘルダーがいる。彼は、ギリシアを美しい青年時代だと見ていた。だがそれは、同時に克服される時代でもあるとヘルダーが認識していたことを物語っている。彼の基本的な観点は、それぞれの時代で、その教養形成が違う、というものである。外的な状況の違いを踏まえるならば、ある時代を〈規範化〉することには繋がらない。といっても、時代や風土などの観点から、単に歴史的に〈相対化〉したわけでもない。ヘルダーが「新旧論争」について論及した『人間性を促進するための書簡』では、次のように述べられている。「古代人の優位か近代人の優位かという論争は空虚なものであって、それに際して確定的なことはほとんど考えられなかった。／論争がなおのこと空虚になったのは、比較の尺度が採用されなかったか、あるいは誤った尺度が採用されたことによる」（Herder, XVIII, 135）。

この〈尺度〉をヘルダーはどこに求めたのであろうか。「さまざまな思考様式や努力、願望の画廊においては、我々は、政治史や戦史という裏切りの多い殺伐たる道程においてよりも確かに深く、時代や国民を知るようになる。政治史や戦史においては、ある国民について、その国民がいかに統治し、殺しあったか、ということ以上のものを見ることができるのは稀である。これに対し、先の〔文芸の〕画廊においては、ある国民について、いかに考え、何を願い、何を欲し、いかに喜び、自分たちの指導者や自分たちの傾向にどのように導かれたのか、ということを学ぶ」(Herder, XVIII, 137)。

実にこの画廊は、相対的に、ただ比較考量するために、無差別な展覧を供するものではない。ヘルダーは文芸の基底に、人間の「構想力や心情」(Herder, XVIII, 140) という内面的なものを捉えていた。それを「文芸の精神」(Herder, XVIII, 140) とも呼んだ。文芸の精神なる普遍的なものを〈尺度〉とする立場に立った上で、歴史全体を対象化することを通して、ヘルダーは、歴史が無差別な展覧、無秩序な相対化に堕することを防いだと言えよう。しかし、〈尺度〉というのは外からあてがわれるものである。たしかに「習俗や感覚、知識や経験の進歩」(Herder, XVIII, 139) を捉えることで、歴史認識は〈古代の規範化〉からは解放されはした。しかし、ここに新たな〈目的〉が見込まれたことを看過するわけにはいかない。歴史に何らかの〈尺度〉から見た〈進歩〉の道程が併せ捉えられることによって、「我ら、純真の、真理と習俗の国に向かう」(Herder, XVIII, 140) と、歴史の〈目標〉が設定されたのである。

歴史認識における〈規範化〉と〈相対化〉という相反するスタンスを乗り越える形で、歴史に目的を内在化させることによって歴史哲学への道を整えていったのはシラーであった。彼は、『素朴文学と情感文学について』で、古代の文学と近代の文学とを、素朴文学と情感文学として規定した上で、古代の詩人は、「自然によって、感性的な真理によって」(Schiller, XX, 438) 感動させるのに対して、近代の詩人は、「理念によって我々を感動させる」(Schiller, XX, 438) という「流儀」の違いを捉えた。確かにこれだけでは、〈古代〉と〈近代〉の二項対立が残るように思われるかもしれない。しかしシラーは、古代と近代を比較する尺度として、時代を通底する「人間の精神」を捉えていた (Vgl. Schiller, XX, 437)。それによって歴史は、普遍的なものであると同時に、個人的なものでもあることになる。「近代の詩人が歩みこの道程は、それはそうと、そもそも人間が個人としても全体としても辿らなくてはならない道程なのである。自然は人間を自己自身と一致させ、人為的な技術は人間を分かち、分裂させる。理想によって人間は統一へと還帰する」(Schiller, XX, 438)。普遍史を個人史に重ねることを通して、歴史をシラーは一つの〈自己生成過程〉として捉え返そうとする。歴史の根拠を、自己形成する内在的な〈精神〉に求めることによって、〈過去〉から〈現在〉までを連関づけるとともに、〈動的な自己生成過程〉としての意味を歴史に与えようとしたのである。さらにまた、文化が人間性の自然的な統一を分裂させたという認識に立って、だからこそ近代にあっては、人間の分裂を内面から再合一することが美的教養の課題になると捉えた議論は、『美的教育書簡』での歴史把握と相俟って、若きヘルダーリンやヘーゲルの思索に圧倒的な影響を及ぼしたのであった。

振り返ってみるに、シラーの一七八九年五月二六日のイェーナ大学教授就任演説は、「世界史とは何か、また何のためにこれを学ぶか」と題されていた。そこに興味深い叙述がある。世界史の源泉は文字による伝承に基づくが、史料の保存にバラつきがあることをキリスト教に即して例示した箇所である。「そうであれば、我々の世界史は、断片の寄せ集めでしかないことになろう。となれば、決して学たる名に値しないものである。そこで今や、哲学的な悟性がその助けになる。その悟性は、これらの断片を、人為的な結合の連環に繋ぐことによって、それでもって、寄せ集めを体系へと高めるのである」(Hanser-Schiller, IV, 763)。それどころか、哲学的な精神は史料で自足することなく、思想にまで高めあげる、という。「哲学的な精神は、調和(Harmonie)を自己自身の内から取り出し、そして自らの外部へ、物事を秩序のうちへと移し変える。言うなればこの精神は、理性的な目的を世界の行程のうちにもたらし、目的論的な原理を世界史の内にもたらす。この原理を携えて哲学的な精神は、もう一度、世界史を遍歴し、そして大いなる舞台が上演する現象のそれぞれに対して吟味する」(Hanser-Schiller, IV, 764)。シラーは、世界史の向かう目標を観想することこそ、研究者の喜びだとも語っている。これによって歴史研究は、史料や実証から解放されることになる。

シラーは歴史を、単なる〈列挙〉や〈相対化〉から高めようとするなかで、歴史の〈目的〉を精神の内に設定した。このように、〈精神〉という内面的な原理に依拠して歴史を見て、歴史を内面から構成しようとするところに、我々は、〈展開〉の論理を見ることができる。それは同時に、〈過去〉と〈現在〉とを二分する「新旧論争」の克服であった。「歴史は、古代に対する誇張された賛美や、過ぎ去った時代への幼稚な憧憬から我々を癒してくれる。そして我々自身の所有するものへ目を向けさせる」(Hanswer-Schiller, IV, 766) という。ここからは、歴史的な現実の必然性とその基底を把握しようとするシラーの意図を読み取ることができる。

ヘーゲルは「世界史の哲学」講義で、「自由とは、その概念上、自らについての知であるので、まさに自らを意識して、それとともに自らを実現するという無限の必然性を自らの内に含んでいるものこそ、それ自身における自由です。自由とは、自らを実現する目的であり、精神の唯一の目的なのです」(GW. XVIII, 154: VidG, 63f.: SW. XII, 33) と語り、その講義ノートの欄外に、「人類の教育とは何のため。自由のためだ。そのために人間は教育されている」(GW. XVIII, 153 am Rande: VidG, 64 am Rande) と書き込んだ。自由に向けた〈精神の自己実現過程〉としての歴史が語られる時、それが人間自身の教養形成である以上、〈進歩〉に見えて、実は、偶然性や外面性、相対性を全体の内へと包含する〈展開〉として把握されなければならない。その根底に理念の一貫性、連続性が貫徹されていると捉えてこそ、歴史の哲学なのである。そしてそうした理念を講述する歴史哲学は、個人はもちろん、国家をさえも手段としつつ、自由が実現されることを歴史の目的として明らかにするものであった。

四　真なるものは絶対的現在という意味での〈今〉である

歴史の〈目的〉に対する強烈な自覚を、我々は、カントの歴史哲学に見出すことができる。「形而上学の観点から意志の自由について、いかなる概念が得られようとも、意志の現象、つまり人間の行為は、他のどのような自然の出来事とも同様に、不変的な自然法則に従って規定されている。歴史は、このような現象を物語る（Erzählung）ことに携わっており、その現象の原因が深く隠されているにしても、自ずと次のようなことを期待させる。すなわち、人間の意志の自由な戯れであろうと、全体として考察するなら、歴史は、自由の規則的な進行を発見できるということ、それからまた、そのようにして、ここの主体にあっては錯綜して無規則的であるように見える現象も、人類全体という場では、人間の根源的素質が緩慢ではあっても、常に進展して展開しているものとして認識され得るだろう、ということを期待させるのである」（Kant. VI, 33）。この「世界市民的な見地における普遍史の理念」でカントが語っているのは、歴史から、「自然の意図」なり、「自然の計画」なりにでも帰せしめたくなるような法則性を読み取ることができるということ、さらに「人類の歴史の憶測的な起源」にあっては、「人類にとっては、より劣悪な状態からより善い状態への進歩（Fortschritt）である行程が、個人にとっては必ずしもそうではない」（Kant, VI, 92）とも語られている。カントは、人類の歴史を目的論的に構想するのに対し、個人については、それぞれ自らに責任を負うとしたのであった。

進歩の目的としては、「法・権利を普遍的に管理する市民社会の達成」（Kant, VI, 39）に人類の課題が見定められている。この、〈人類全体としてより善い状態へと進歩する〉という論点については、『学部の争い』においても、同じように語られている。そこでは、家庭教育にあってはもちろん、学校教育において、さらには「精神的な文化や、宗教論によって強化される道徳的な文化において、若い人々を教養形成することによって、とどのつまりは、単に善き国家公民としてのみならず、絶えず進歩し続けるとともに維持され得る善に向けて、教育するまでに到ること」(Kant. VI, 366) が求められたのである。

カントは決して、歴史哲学を主題的に論じたわけではないが、〈改良〉のイメージで〈進歩〉を捉え、その〈目的〉を市民社会の実現として捉えていた、と言うことができよう。然るにヘーゲルは、こうした改良史観を厳しく拒絶していた。また、市民社会が実現されたことを踏まえた現状認識から出発していたのは周知の通りである。カントとヘーゲル、両者にあってその歴史観はまったく違っている。そのポイントの一つを、「ヘルダー論評」に見られるように、〈有機体〉のモデルでもって歴史を説明する仕方について、カントは、比喩でしかなく、原理的な説明でないと見て、これを認めなかったところに求めることができよう。

有機体のモデルに関しては、シェリングが、「最近の哲学的文献の一般的概観」(一七九七年)で、哲学の歴史を論じる際に用いているのが注目に値する。すなわち、〈列挙〉モデルを斥けるシェリングにあって、個々の体系すべてを貫いている〈精神〉を理解することによってこそ、個々の哲学体系は、連関と必然性を伴った、一つの精神の発達である「哲学の歴史」として現前することが論じられるのである。「哲学における進歩もすべて、展開による進歩に他ならない。個々の体系も、体系という名に値するものはいずれも、萌芽として考察され得る。それは、ゆっくりと、次第にではあるが、絶えず、すべての方向に向かって多様な展開を通して自らを形成してゆく。ひとたび哲学の歴史のためにそうした核心を見出した人だけが、哲学を、真実に、かつ人間的精神の尊厳に従って記述することができるのである」(Schelling. I-4, 98f.)。精神の自己形成にあっては、過ぎ去って無関係になった過去はなく、すべては現在のうちに生きている、こうした〈展開〉にこそ〈有機体〉モデルの核心がある。

シェリングの論述は、〈展開〉の根拠を極めて明確に示している。それは、単なる〈羅列〉や〈列挙〉ではなく、連関のない〈変化〉でもなく、また、外的に成果が付け加わる〈蓄積〉や、寄せ集めてゆく〈集積〉でもない。〈羅列〉や〈列挙〉というモデルで示すことができるのは、〈編年史〉や〈年代記〉を物語ることであろう。これに対して〈展開〉は、「内的な原理によって内面から有機的に形成」(Schelling, I-4, 99) されることを意味する。したがって、哲学の歴史的展開の核心を捉えた人は、また、哲学を内面から真実に記述できるともされたのである。

またシェリングは、哲学を、超越論的観念論の戦略構想のうちに定位してもいる。「精神のすべての活動は、それゆえ、無限なものを有限なものにおいて叙述することに向かう。このすべての活動の目標は自己意識であり、この活動の歴史が自己意識の歴史に他ならない。(……) 人間精神の歴史は、それゆえ、それを通して精神が次第に自分自身を直観し、純粋な自己意識へと到るさまざまな状態の歴史に他ならないであろう」(Schelling, I-4, 109)。もし、シェリングにあって歴史が問題とされたのは、〈精神の自己知〉を再構成する過程だと見定められていたがゆえのことであったのなら、哲学知の成立以前の、そこに到る過程が〈歴史〉として残されたと見ることもできよう。事実、シェリングは、「歴史の哲学は可能であるか?」と題された一節で、「歴史物語的 (historisch) な知見の領域は、その人の本来の知の領域とは反比例している」(Schelling, I-4, 189) として、〈歴史〉と〈知〉を対立的に捉えていた。言うなれば、シェリングにあって、歴史を経験するということが、〈知〉を実現する途上にあることを意味するならば、哲学知に到った時にこそ、〈歴史〉が終わって〈知〉が始まる、ということになろう。それだからこそ、実践哲学としての歴史哲学の可能性は残されこそすれ、「歴史の哲学が、ア・プリオリな歴史の学問のことだというのなら、歴史の哲学というのは不可能である」(Schelling, I-4, 190) とされたのであった。

ヘーゲル自身も歴史哲学について、歴史をア・プリオリに構成すると見なす通説には距離を置く（Vgl. GW. XVIII, 139: VidG, 25)。後年、『哲学史講義』でこう論じていた。「歴史が物語るものは、ある時には存在したけれど、他の時には消失し、他のものによって駆逐されたものなのです。我々は、真理は永遠であるというところから出発するならば、真理は過ぎ去り行くものの領域には現われませんから、そこでいかなる歴史も持たないことになってしまいます」(EidG, 14f)。時に応じてさまざまに物語られる領域には、真理がないとするなら、真理はどこに現われるのであろうか。

ヘーゲルは言う。「真なるものは、永遠に即且つ対自的に存在し、昨日存在していたものでも、明日存在するものでもなく、端的に現在しているものであって、絶対的現在の意味での〈今〉なのです」(VidG, 182)。真なるものとして精神によって把握されるものには過去がないというのは、精神の対象となるのが〈自分〉だからである。そうであるなら、ヘーゲルにとっての歴史哲学の目的は、「精神」という自己形成する内面的な原理を把握するというところにあったと言える。その精神の自己知への過程が歴史だというのなら、それは超越論的哲学が構成しようとしたものに共通することになる。歴史的展開の到達点において、精神の自己知が普遍史と個体史とを包括する形で把握される時、哲学的な世界史は、〈過去〉と〈今〉とを〈永遠の真〉において、一挙に開示することになる。

結　語

しかしながら、それならばこそ、過去にあったものを今に生かそうとする〈物語〉にせよ、その時々に客観的に生じた〈出来事〉とは、切り離すことのできるものではないだろう。それらには「内面的な共通の基盤」(GW.

XVIII, 192: VidG, 164: SW. XII, 83）があることは、ヘーゲルも明言している。我々が歴史的に反省する際にも、ヘーゲルの言う第一種の歴史と第二種の歴史とが、同じように結び付けられている。自らの教養形成を振り返って、〈あの時、こうだった〉と自らの経験を語ることもできるし、〈あの時自分はこうだったから、今回はこうした方が良かろう〉と過去の経験を今に生かそうともする。事実、ヘーゲルは「我々は第一の条件として、歴史物語的なもの（das Historische）を忠実に把捉する、ということを挙げてもよかった」（GW. XVIII, 143: VidG, 31）と語っている。

それだけではない。我々は、折々に生じたことから、ストーリーを作り、しかも、自らについての説明となるその筋書きを書き替えもする。加えて、〈あの時ああしていたら、こうならなかっただろうに、この次はこのようにしよう〉と反省を込めて、未来へと期待を膨らませもする。自らを物語ることによって、自覚を深めることもある。決して、歴史とは回顧的なだけではない。「精神の概念は、自己自身のうちへの復帰、つまり自らを対象とすることです。したがって、進歩（Fortschreiten）は、無際限に進む無規定的なものではなく、むしろそこには一つの目的が、自己自身のうちへの一つの復帰があります。したがって、そこにはある種の循環（Kreislauf）も存在していて、精神は自己自身を探求するのです」（VidG, 181）。それでは、自らの将来を予め見込むなかでこそ、現在の自らを知ることができる、というところに設定される循環の上に、歴史哲学は存立するのであろうか。

しかし、ヘーゲルの歴史哲学は、それに留まるものではない。体系的には、『精神哲学』のなかの「客観的精神」の掉尾に位置することで、あたかも、国家成立を成し遂げた国民が自らの出自を神話として物語るように、国家と市民社会の実在性を展望している。リーデルは言う。「歴史において現象する弁証法は、正当化の弁証法であるが、それは克服の弁証法でもある」(4)と。しかし、そうであるなら、歴史を克服する弁証法でもあるが、すべてを包括して把握することを通して成り立つ〈現在〉を正当化する物語でもあった、と言うことができよう。

〔註〕

（1）この内容については、第一章の「哲学と哲学史」を参看願いたい。重複を避けるために、ここでは立ち入らない。

（2）この件については、旧稿ではあるが、「犠牲と承認――ヘーゲルの人倫的共同論とその破綻――」（東北大学哲学研究会『思索』第十六号・一九八三年）で詳述したので、参看いただければ幸いである。

（3）この問題については、本書の第五章「歴史が物語られる時――ドイツにおける新旧論争と、シェリング及びヘーゲルにおける歴史哲学の成立」において詳述している。

（4）Manfred Riedel: Fortschritt und Dialektik in Hegels Geschichtsphilosophie. In: Zwischen Tradition und Revolution —Studien zu Hegels Rechtsphilosophie. S. 221f. (Klett-Cotta)

VIII　懐疑の自己実現と無限性

――講義と著作を通してイェーナ期ヘーゲルを貫いたモチーフ――

はじめに

体系期のヘーゲルが参照を指示する自著のなかで、最も早く執筆された著作は何かと問うことは、ヘーゲル哲学を貫ぬいて生き続けた思索の原点は何か、と問うことに繋がる。そしてそれは、一八三〇年の『エンツュクロペディー』（第三版）の三九節で論及されている「懐疑論論文」であることは周知の通りである。イェーナ時代の掉尾を飾る『精神の現象学』において、現象する知の叙述全体が「自らを実現する懐疑論」（GW. IX, 56）だとされたが、それが意味していたのは、懐疑論が規定的否定の論理を知らないままに、一切を抽象的な無とか空虚とかに投げこんでしまう時に果たす感性的な認識に対する全面否定を、ヘーゲルが自らの論理に、弁証法的否定の一契機として受容した、ということであった。

一八一七年の『ハイデルベルク・エンツュクロペディー』でも懐疑論について、本来の学知への導入となる「緒論」の役割をも果たす、と『精神の現象学』を振り返りながら再確認される。「私は以前に『精神の現象学』すなわち意識の学的な歴史を、それが純粋な学の概念を生み出すものであるがゆえに、純粋な学に先行しなければならないという意味で、哲学の第一部として扱った。しかし、同時に意識とその歴史とは、どんな哲学的諸学もそうであるように、絶対的な端緒ではなく哲学の円環のうちの一項である。懐疑論もまた、有限な認識のあらゆる形式を貫いて遂行される否定的な学である限り、同じく学への導入の役割を演じるであろう」(Glockner. Bd. VI, 48f.)。イェーナ時代を貫くヘーゲルのモチーフが、自らの体系構築に向かって試行錯誤を重ねるなかで、有限な認識に対する否定作用を学的認識の内に位置づけて、無限な認識を拓く論理を確立するところにあったことを物語る箇所である。つまり、思弁的な認識を構成する肯定的な理性への一過程として、懐疑論から受容された否定作用が位置づけられた。ヘーゲル哲学の根幹たる弁証法における否定的理性と、その無を突破する思弁的理性は、イェーナにおいて成立したのであった。

一　内在的な自己超出と同一性を構成する思弁

(1)　シラー、シュレーゲル、ラインホルト、フィヒテ、シェリングの集っていたイェーナ

一八世紀末のイェーナは、ドイツ・ロマン派、そしてドイツ観念論という文芸・思想運動の中心地で、さまざまな論争の舞台となった。その喧騒のなかで一七九九年の秋、無神論論争でイェーナを追われたフィヒテから、シェリングは、共同で雑誌を編集・発行する計画を持ちかけられていた。だが、その計画が遅滞する間の一八〇〇年四月、シェリングは『超越論的観念論の体系』において、フィヒテの知識学の枠を超え出て、自然哲学を対極に定位する超越論的観念論を構想した。その後に交されたフィヒテ、シェリングの往復書簡の内に、二人の間に広がっていく思想的な懸隔が、人格的な不信へと増幅してゆき、雑誌発行の計画が雲散霧消する経緯を見ることができる。フィヒテとシェリングが、互いに根本的な哲学観の違いを認めあいながらも連帯を模索したのは、二人とも、ライ

ンホルトやバルディリと思想的に対決することを迫られていたからであった。だが、一八〇一年五月にシェリングの「わが哲学体系の叙述」が公表された後は、互いに自説を主張し合い、相手を批判し合う激しい論争が繰り広げられる。ヘーゲルがシェリングを頼ってイェーナに出てきたのは、まさに、シェリングとフィヒテが対立が激化するとともに、ラインホルトの方でも『一九世紀初頭における哲学の状況について一層容易に概観するための寄稿』を発行して、活発な論陣を張るようになった時期、一八〇一年一月であった。

ヘーゲルは、『フィヒテ哲学とシェリング哲学の体系の差異』（以下『差異論文』と略記）を執筆し、一〇月初めには上梓するとともに、イェーナ大学の教授資格を取得することにより、冬学期からイェーナ大学の私講師として教壇に立つことになる。『差異論文』は、フィヒテ哲学とシェリング哲学の違いを際立たせるとともに、ラインホルトを厳しく批判していた。ラインホルトが、フィヒテの哲学体系とシェリングの哲学体系との差異について、予感さえしていなかったことが、『差異論文』執筆の動機の一つだとされた。それとともに、ラインホルトがバルディリへの共感の中で構想した〈哲学を論理学に還元する〉という、「基礎付けたり、根本を論及したりする傾向」(GW. IV, 81) について、「哲学以前の哲学的営為」(ibid.) に留まるものだと、批判したのである。

他面、ヘーゲルは、超越論哲学と自然哲学という内面的には同一である二つの学のうちに、「まさに同じ絶対的なものを認識する立場」(GW. IV, 68) を拓いたシェリングの立場に即して立論する。「両方の学は、同時に一つの連続性において、連関する一つの学とみなされなければならない」(GW. IV, 74)。この二つの学を両極として、統体性を拓く中心点は、「無差別点」と称される。この無差別点において、絶対的なものは自らを構成する最高点に達すると見なされたのである (Vgl. GW. IV, 74)。だが、こうした論述には、フィヒテ哲学に対して、シェリング哲学を際立たせるだけでなく、「わが哲学体系の叙述」で明らかにされたシェリングの同一哲学に、『超越論的観念論の体系』からの思想的な一貫性を跡付けんとする意味もこめられていた。実は、一八〇〇年八月一三日付の『一般文芸新聞』に発表された「シェリングの『体系』についての批評」で、ラインホルトはバルディリの同一論に与しながら、シェリングの『超越論的観念論の体系』は同一性によって基礎づけられなければならないことを論評していたのである。「わが哲学体系の叙述」でシェリングが同一哲学の確立を宣したのは、その後のことである。従って『差異論文』での隠された意図は、ラインホルトから指摘されるまでもなく、『超越論的観念論の体系』において既に、同一哲学のモチーフが成立していたことを証すことだった、と考えられるのである。

(2) 有限な意識の超出と無限な思弁への高揚

ヘーゲルによれば、こうした同一性を構成できるのは「思弁」だと言う。「思弁とは、一にして普遍的な理性の自己自身をめざす活動」(GW. IV, 12) である。ヘーゲルは言う、「意識が特殊性に囚われているのを見出す理性が哲学的な思弁になるのは、理性が自己自身に高まり、自己自身と、その対象でもある絶対的なものとに自らを委ねることによってのみである。理性がそのために賭けるのは、意識の有限性に他ならない。この有限性を克服して、意識の内に絶対的なものを構成するためには、理性は思弁に高まり、制限されたものや独自なものが根拠のないものであるなかで、自己自身の基礎づけを、自己自身の内にこそ捉えなければならない」(GW. IV, 11f.)。認識の高揚をそれ自身で基礎づけるために、自らの限界を自ら内在的に超出するという自己否定の論理の確立を迫られていたヘーゲルは、知の自己関係的な構造を明らかにする。意識が特殊性に囚われている有限なものであることを、理性は自覚するとともに、有限な意識を超出して無限な思弁へと高まることによって、自らによって自らを基礎づけるという構造である。意識が自己関係的に自らを否定するとともに、理性へと内在的に超出することを証すことは、とりも直さず、「意識の事実」を表現する〈意識律〉を第一の根本命題として基礎に据えて、それに立脚して哲学の基礎づけを目指すことに終始したラインホルトの思索に対するアンチテーゼでもあった。

ラインホルトだけではなく、カントやフィヒテの観念論をヘーゲルは、〈反省〉という主観的な知に留まっている哲学だとみなす。反省は限界ある認識であって、〈あれか－これか〉という対立的な認識、つまり悟性的な知しか示し得ないという。カントの用語を用いるなら、〈二律背反〉を構成するところに留まってしまう。悟性は、二律背反という形で「有限なものと無限なものというこれらの対立し合うものを、両者が相互に対立し合うものとして同時に存立するように固定するなら、悟性は自らを破壊してしまう。というのも、有限なものと無限なものとの対立は、その一方が措定される限りにおいて他方が止揚されている、という意味をもっているからである。理性はこうしたことを認識しているがゆえに、悟性そのものを止揚してしまっている」(GW. IV, 17)。理性は外在的に否定するのではない。「理性は、否定的な絶対的なものの力として、従って、絶対的な否定作用として、しかも同時に、客観的な統体性と主観的な統体性という対立し合うものを措定する力として自らを呈示する。まず理性は、悟性をして悟性自身を超えさせて、悟性なりの仕方で全体へと悟性を駆り立てる。つまり理性は悟性を誘惑するのである」(GW. IV, 17)。悟性に対する理性の否定は、実は悟性の水準にある認識の自己否定作用として生じるのである。

対立に囚われる悟性的な認識に対して、「思弁は、常識の意識にあっては必然的に対立し合っているものを、意識的な同一性へと構成する」(GW. IV, 21)。しかし、一面的な認識にこだわる常識にしてみれば、理性の境地である思弁は、否定的なものとしか映じない。「思弁は、（……）最高の綜合において、意識しているということそれ自体の無化をも要求するからである」(GW. IV, 23)。こうした思弁の働きについて、ヘーゲルは一八〇一年から二年にかけての冬学期、初めて講じた「論理学および形而上学」においても次のように語った。「私達は悟性的な形式そのものを理性によって止揚して、この有限な認識形式がどのような意義と形態とを理性に対して持つのかを、示さなければなりません。ですから理性の認識は、これが論理学に属する限りでは、それの否定的な認識にすぎないということになるでしょう」(GW. V, 272)。その上で、こうした「有限な認識を理性によって止揚する」(GW. V, 273) ことを通して、「推論の思弁的な意義、を探究し、先行する段階で講述された悟性の形式もしくは有限性の法則を止揚し、およそ学問的な認識の基礎を告知する」(GW. V, 273f.) ところに、論理学の課題をヘーゲルは捉えた。そして、論理学の最後の段階、つまり「理性の否定的もしくは無化する側面から、本来の哲学もしくは形而上学へ移ることになります」(GW. V, 274) と、自らの体系を構想したのである。

(3) 主観と客観との絶対的同一性の構成

一八〇一年から二年にかけて講じられた「論理学および形而上学」講義を聴講した受講生のノートを読むと、『差異論文』の背景にある論理が見えてくる。絶対的なものの構造だとヘーゲルが捉えた「同一性と非同一性との同一性」(GW. IV, 64) について、かなり詳しく述べられている。フィヒテにあっては〈自我は自我である〉という同一性が主観的なものでしかなく、要請に留まらざるを得なかったのに対し、シェリングは絶対的なものを樹てたという。だが、それに留まらずヘーゲルは「この絶対的なものは、同一性と非同一性の同一性として措定されなければならない」(Troxler, 72) と、自らが〈絶対的なもの〉へ寄せていたイメージを刻印する。シェリングにあって絶対的なものは、認識され得ないものとして構想されていたからである (Vgl. Troxler, 105)。事実、一八〇二年一月、『哲学批判雑誌』第一巻第一分冊に発表した「絶対的同一性体系およびそれと最近の (ラインホルトの)

二元論との関係について」にあってもシェリングは、絶対的な同一性が決して意識され得ないことを強調していた（Vgl. GW. IV, 145)。絶対的な同一性について、その自己超出を否定して（GW. IV, 158)、「精神の国の永遠なる太陽」（ibid.）と呼ぶに至っては、絶対的な同一性は知の対象というより、まるで信仰の対象のようなのである。

しかるに、ヘーゲル自身は、絶対的なものの自己形成について語っていた（Vgl. GW. IV, 75)。「絶対的なものは、完成に到るまで自己自身を産出する自らの展開途上において、同時に、どの点にあっても自らを留め（hemmen)、そして一つの形態へと自らを組織しなければならない。こうした多様な形で絶対的なものは自らを形成するものとして現象する」（GW. IV, 91)。ところがシェリングは、絶対的同一性の自己超出について、ラインホルトやバルディリが説明しようとしていることを論難するとともに、それを否定する（Vgl. GW. IV, 158)。絶対的なものをめぐるヘーゲルとシェリングの違いは、たとえば「構成（Konstruktion)」の捉え方からも明らかになる。

一八〇二年末のシェリングに、「哲学の構成について」という小論がある。ただそれは書評という制約もあり、哲学の方法としての〈構成〉に論及が限られている。「構成の最も普遍的な概念に関しては、カントこそ、おそらくその概念を深く、まこと哲学的に把握していた最初の人であろう。彼は構成を、汎通的に、概念と直観とを等置することとして記述している」（GW. IV, 278)。ただシェリングは、カントの構成が無自覚的であって、フィヒテは規則のないまま構成していたと語る論評対象の叙述に与するに留まっていた。これに対してヘーゲルの言う「構成」は、哲学の方法に留まらない。「学は、自らの部分のそれぞれを絶対的に措定し、これによって端緒においても、それぞれの個々の点においても同一性と知とを構成することによって、自らを自らの内で基礎づけることを主張する」（GW. IV, 82)。学は自らを構成することを通して、絶対的な同一性を構成しもする。そして、反省はそのためにこそ役立つのだとされる。「哲学的反省は、（……）絶対的に対立し合うものの叙述から始まり、それらを二律背反へと結合して、――これが絶対的なものを叙述する反省の唯一の方法なのであって――(……)絶対的な同一性を、主観と客観を捨象する同一性としてではなく、主観と客観との同一性として構成することができる」(GW. IV, 38)。

二　二律背反と懐疑論における対立した判断の両立とその否定

(1)　二律背反は自らを否定する

理性は「同一性と非同一性を同一的に措定する」(GW. IV, 66)と捉えたヘーゲルにとって、対立関係という非同一性はむしろ、絶対的な同一性を構成するために不可欠な契機となった。有限な認識に留まる反省的な悟性なら、二律背反を矛盾として受け止めるわけだが、その対立項がともに否定されるところに、むしろヘーゲルは二律背反の意義を見定める。対立とその無化は、同一性の自己回復過程として位置づけられたのである。絶対的な同一性には、主観と客観、有限と無限、認識と存在、自我と自然という対立項がともに包含されている。理性は「こうした矛盾しているものどもを合一して、双方を同等に措定し、アウフヘーベンする」(GW. IV, 23)というのである。「二律背反において通常の反省は、矛盾しか見抜くことができない。理性だけは、双方が措定されていると同時に無化されていて、双方があると同時にないという絶対的な矛盾において真理を見抜く」(GW. IV, 77)。「矛盾は真の、無矛盾は偽の基準である」(GW. V, 227)として「就職テーゼ」第一条で定式化された弁証法の論理の骨格がここにある。

「論理学および形而上学」講義ではこう語られる。「反省はいずれも規定されたものを用いて二つの対立したものを措定します。その上で、それらをもう一度綜合しようとするのです。それによって反省は、理性の努力を表現してはいますが、反省は、自分の樹てた対立と綜合が無効（Nichtigkeit）であることを認めないために、矛盾に陥るだけなのです」（Troxler, 70）。さまざまな限界に囚われている認識から「知性を構成する」（Troxler, 73）べく、ヘーゲルは「対立的に措定されたものを、同一性ならびに非同一性として規定する」（ibid.）ことから出発する。従って、〈同一性と非同一性との同一性〉の成り立つ段階は、反省的な悟性認識を超えたところに成り立つ思弁的な理性の立場である。すなわちヘーゲルは、思弁的な理性に至る意識の展開過程を、制約された相対的で有限な認識から無限な認識に至る論理と重ね合わせて、〈絶対的なもの〉を再構成する過程として捉えていたのである。

（2）　懐疑論は二律背反を構成する対立項を否定する

それに対して、思弁的な理性を断念した主観的な反省哲学は、彼岸や物自体を想定することによって、常識にも適わなくなるとともに、主観と客観を峻別することによって、制約のない認識にも到らないことになる。二律背反に矛盾しか見出せない悟性的な認識（Vgl. GW. IV, 77）によって招来される対立を否定することを通して、理性的な認識を拓く契機としてヘーゲルは、懐疑論のトロポイに着目する。ヘーゲルは一八〇二年三月、『哲学批判雑誌』に「懐疑論論文」を発表し、懐疑論者を標榜するG・E・シュルツェの著書『理論哲学の批判』を批判するとともに、古代の懐疑論を称揚することを通して、懐疑論の否定作用を、自らの思弁の内に導入することを試みたのである。初期論理学構想においてヘーゲルは、悟性的な認識が制限されていることを証して、その確実性を否定するところに、哲学への緒論としての論理学の役割を求めて、これを理性の否定的側面だと捉えていた（Vgl. GW. V, 272)。「懐疑論論文」にはこうある。「哲学の端緒は、通常の意識がもたらす真理を超える高揚、そしてより高次の真理の予感であるに違いないので、懐疑論は哲学への第一段階とみなされうる」(GW. IV, 215f.)。

もとより、懐疑論の原理は「あらゆる命題に対して同等の命題を対置する」(GW. IV, 208) というところにある。その際に懐疑論は、単に反対命題を主張するに留まるものではなく、「一方とも他方ともつかない」(GW. IV, 209) という態度をとって判断中止に到る。このように対立する判断が樹てられることを証す基準がトロポイであって、なかでもアイネシデモスによる十箇条が良く知られている。そしてヘーゲルは、トロポイの本義を、通常の意識が囚われている相対性を指摘して、その判断の確実性を否定するところに見定めた。「十箇条のトロポイのどれ一つをとっても、理性や理性的認識に関わるものではなく、すべてのトロポイは徹底的に有限なもの及びその認識つまり悟性にのみ関わる」(GW. IV, 215)。

加えてヘーゲルが言うには、トロポイの内容は「現実的なものならすべて他者によって制約されている、という相関関係一般」(ibid.) に当てはまるがゆえに、「理性原理を表現している」(ibid.) という。トロポイが理性的だと称揚されるのは、有限的な認識について、そこに相対性を指摘することを通して、その認識の確実性を否定したからである。「いかなるものであれ、は他者への関係においてのみ存在する」(ibid.) ということを指摘するトロポイの意義は、「知性の対立物がそれ自体で、そして相互にどのように関係しているかを意識する」(Troxler, 73) ことに他ならない。こうしたことは「論理学および形而上学」講義の筆記ノートによれば、我々の哲学の原理だとまで語られているのである。「懐疑論論文」で懐疑論に哲学への導入としての役割が帰せられたのは、通常の意識が与える制約された認識を超え出る契機だと捉えられたからである。「有限なものそのものにおいて認識されるべき二律背反から、懐疑論は、通常の意識の非真理性を認識する」(GW. IV, 215)。懐疑論が有限な認識に突きつける否定作用にヘーゲルは、理性の果たす否定作用を見たのである。

対立を超出するといっても、矛盾しているものを両立させて矛盾律をおかすなら、それは矛盾律を固守する認識原理、すなわち悟性の否定に繋がる。ある事柄が同時に肯定されかつ否定されるということは、矛盾律に従うなら、皆無（nihil negatigum）を結果する。しかしヘーゲルは、矛盾している判断の両立である二律背反を、理性の陥ったアポリアとはみなさず、むしろ対立構造を無化して、制約のない無限な認識を拓く契機だと考えた。つまりヘーゲルは、二律背反の両項を併存させることで、有限な認識原理の自己否定を招来するならば、そこに無限な認識を開示しうるようになると考えたからこそ、そうした作用を「絶対的なものを認識するための否定的な側面」（GW. IV, 207）だと呼んだのである。

三　理性命題と無限な認識の構成

（1）懐疑論は、悟性的で相対的な認識の全領域を破壊する

「懐疑論論文」において、相対立する一面的で有限な判断が並置されて、相互に無化されるところに〈無限性〉を捉え、こうした形で成立する「理性命題」には理性認識が表現されていると想定された。ヘーゲルが理性命題の例として挙げるのは、スピノザの『エチカ』第一部にある「神は世界の内在的原因であって、超越的原因ではない」という定理一八である。ヘーゲルによれば、この命題は世界の「原因」である神を、「結果」である世界に内在させることによって、「結果」と一つのものにして、それによって「原因」と「結果」という二つの概念の対立関係を無化したというのである。自己原因とは、その本質が存在を自己の内に含むものだ、とする『エチカ』冒頭の定義でも、本質と存在という排斥し合うものが一つになって呈示されていることによって、両者は同時に否定さ

れているとヘーゲルは見る。「こうした理性命題はいずれも、端的に相互に矛盾している二つのものに分解されるがゆえに――たとえば『神は原因でありかつ神は原因ではない』（……）という風に――いかなる命題に対しても同等の命題が対置される、という懐疑論の原理が、強烈に現われている」（GW. IV, 208）とヘーゲルは言う。「真の哲学ならすべて、こうした否定的な側面をもっていて、言いかえるなら、矛盾律を永遠に止揚している」（GW. IV, 209）。ヘーゲルによって「真正な懐疑論」（GW. IV, 207）だとされたプラトンの『パルメニデス』篇は、「悟性概念による知の全領域を包括して、破壊する」（ibid.）ことによって、「（悟性的）認識のあらゆる真理を全面的に否定することへ向かった」（ibid.）と称賛されたのである。

古代の初期懐疑論は、ある論件について、いわば二律背反を構成して、判断停止をすることを常としていた。だが、ヘーゲルは、自らが懐疑論を論ずるにあたって典拠としていたセクストゥスの『ピュロン哲学綱要』での叙述を曲げてまで、中期アカデメイア派の代表者、アルケシラオスの思想をも懐疑論だと強弁する。それはヘーゲルが、懐疑する意識そのものの確実性までも否定するような、徹底的な懐疑を求めた結果だと言える。というのも、アルケシラオスは、いっさいのものを疑うなら、自らの懐疑そのものも疑わしいという懐疑の自己否定を説いたからである。ヘーゲルの立論の射程には、勿論、近世の、主観性に立脚する二元論的哲学の発端でもあったデカルトの懐疑まで捉えられていた。

しかし、だからといって、ヘーゲルの〈否定〉は、いわば空無の深淵をもたらすようなものではない。プラトンの『パルメニデス』篇が、「それ自身、絶対的なものを認識するための否定的側面であって、直接的には、肯定的側面としての理性を前提する」（GW. IV, 207）と語られたように、ヘーゲルは懐疑的な意識の自己否定を、思弁的理性に到る一契機として、成果に算入して、理性に内在させたのである。その意味では、〈規定的否定〉の構想の下で、自己否定作用を論じていた。「信と知」の言葉を用いるなら、「否定的理性」（GW. IV, 359）と「絶対的理性」（ibid.）という二つの機能を果たすものとして、ヘーゲルは理性を考えていた。ここに、弁証法の生き生きとした原像を見出すことができるのである。

（2）制限のある相対的なものが自らを否定することによって無限性が拓かれる

「信と知」は、一八〇二年七月に発行された『哲学批判雑誌』に発表された。そこでは、カント、ヤコービ、フィヒテに見られた「個人の心の内に寺院と祭壇を築く」（GW. IV, 316）ような主観性に立脚する哲学の姿勢が、〈信ずる〉ということで一括されるとともに、絶対的なものを〈知ること〉の境位にある哲学が対置される。もっともカントやフィヒテを、ヤコービと一緒に論ずるには無理もある。ヤコービは認識の確実性を、主観的で日常的な〈信じこむ〉場合の認識にまで拡張した。それに対してカントやフィヒテの思想は、日常的な認識の確実性を否定して（Vgl. GW. IV, 376）、有限な認識を無効とみる（Vgl. GW. IV, 337）点で、有限性と無限性との対立を無化する要求を含んでいた（Vgl. GW. IV, 398）とヘーゲルは捉える。その意味では、反省哲学は悟性の域を脱し、理性的な否定作用を行なうまで進んでいたことになる（Vgl. GW. IV, 13）。だが、反省は「有限性に絶対的に対立している無限性」（GW. IV, 322）であった結果、「対立するものを措定する」（GW. IV, 359）だけで、いわば自らを再び悟性におとしめるのだという。これに対して、理性的な認識を構成するためには「無限なものと、それに対立する有限なものとを、その対立によって無化してしまう永遠なものが、双方の絶対的同一性として措定されていなければならない」（GW. IV, 355）とされたのである。

「信と知」では、無や否定性を組み込んだ形で無限な知の構造が語られる。「有限性に絶対的に対立する無限性」

(GW. IV, 322) としての純粋概念、「反省にとっての無」(GW. IV, 369)、そして「対立あるいは有限性を純粋に無化すること」(GW. IV, 413) は、絶対的なものの否定的側面としての無限性 (Vgl. GW. IV, 413) だとされる一方で、「二元論的でない否定性、すなわち無限性、無」(GW. IV, 399)、A－Aとして実在する無 (Vgl. GW. IV, 358)、「絶対的な概念」(GW. IV, 358) が想定され、これは「絶対的な純粋肯定」(ibid.) として捉え直された。こうした無限性把握の構造の背景に、ヘーゲルによるスピノザ解釈を看過できない。すなわち「有限である、ということは実は、或る本性の存在の部分的否定であり、無限である、ということはその絶対的肯定である」という『エチカ』第一部定理八備考一の規定に、ヘーゲルは、有限なものを同時に自己内に含む「唯一なる無限なもの」の概念を見出していたのである (Vgl. GW. IV, 354)。ヘーゲルは、有限な認識に対立する無限性を「否定的理性の無限性」(GW. IV, 359) と呼ぶ一方で、真の無限性を「絶対的理性の無限性」(ibid.) だとする。

ただ、スピノザの静的な実体の無限性とは違い、ヘーゲル的な理性は動的であって、自らに関係するとともに、自らを超出するところに無限性が想定されていた。「理性的なものは、一方が他方の反対であるような有限なもののいずれをも、自らの内に包含する」(GW. IV, 220) と考えられていたからである。「真の無限なものは絶対的理念、普遍的なものと特殊的なものとの同一性、言いかえるなら (……) 有限なものに対立している限りの無限なものと、有限なものとの同一性である」(GW. IV, 358f.)。つまり、有限なもの、それに対立する無限なもの、さらに対立し合うものを無化したところに想定される無限なものという三重性のうちに、「無限性という思惟の真の性格」(GW. IV, 358) が構想された。こうした三重性の構造をとることによって、知が、自らの対立項を自ら媒介するところに無限性を拓くという論理を構築しようとしていたヘーゲルに、〈自己媒介〉の論理が成立したのである。

四　無限性と判断の根源分割からの回復

（1）自らの反対を生きのびて到達する無限性

「意識はそれ自身で、絶対的に普遍的なものとして、単一なものとして、同じく己れ自身の反対になり、対立を通り抜けなければならない」（GW. VI, 276）。これは一八〇三年から四年の冬学期に講じられた「思弁哲学の体系」の草稿にある一文である。意識を「己れ自身の直接的で単一な反対である」（GW. VI, 266）とする規定から始まり、有限な意識が人倫的な精神へと高揚する過程は、言語、道具、家族財という〈媒語〉を媒介として、他者へと働きかける中で、〈己れ自身の反対〉へと転化しつつ、無限なものに成る道として論理づけられる。つまり〈反対する両項を関連づける〉という媒介をもって、有限なものが、自らの限界を超出する形で無限なものへと展開する理路の構成が、叙述されるのである。

それは、個別性のうちに隠されたままの精神が、個別性を止揚する媒語（Mitte）として、自らを無限な精神であると明らかにする道筋でもあった。もとより有限で個別的な意識なら、絶対的なものへ向けて展開する中で矛盾に巻き込まれ、自己自身を無化することになる。ここでヘーゲルは講義ノートに書き加える。「意識は絶対的に関係づけられないものへの関係という矛盾である。関係は実現されなければならない。（…）そして意識は実践的な関係として存在する」（GW. VI, 298f.）と。日常的な意識でさえ、常にただ相対的な認識の一側面でしかないにせよ、他者と関係をきりむすぶ実践的な活動のさなかにあっては、自ら招来して直面した矛盾を解決することを通して自らの制約を超出する。まして自己自身への絶対的な反省を行なう自己意識なら、自らの内に対立を包み込みながら、自らの反対を突破してゆく（Vgl. GW. VI, 276）。ここにヘーゲルは「精神の有機的構造」（GW. VI, 271）を見る。自らを媒介するところに、自らの有限性を超出しようとする論理は、「精神が、悟性や形式的な理性を通して、実践的な対立を生み出し、この対立を労働において止揚するのは、いかなる媒語に基づいてなのか」（GW. VI, 282）という問題設定を見ても明らかである。そして「個別性が絶対的な個別性であり、無限性であり、自分自身の直接的な反対、すなわち精神の本質である」（GW. VI, 314）境地に向けて、個別的な意識が自らの限界を経験する道程が叙述される。自分が絶対的に自分に他ならないのは実体である。「絶対的な意識は個別的なものとしての意識が〈止揚されている状態〉である。止揚されている状態とは、一方が他方において〈自分自身になること〉と同時に、自分自身において〈自分にとって他となること〉という永遠な運動である」（GW. VI, 314）。個別的で相対的な意識から絶対的な意識へと生成してゆくこの過程は、実体へ向かう主体の運動だと言えよう。

この運動を論理化する試みの一つが、一八〇四年夏から執筆され、一八〇五年の夏学期に講じられた「論理学および形而上学」（LMN）である。その論理学では、関係性のなかで測る尺度・規定である「質」「量」「定量」から、その相対性を脱却してゆく認識の展開を裏付ける弁証法の具体化が試みられる（Vgl. GW. VII, 35）。質であれ量であれ一定のものであるが、これは〈他の、別の質や量〉との相対性の中で限定的に示される規定である。これを「否定的に自らに関係する」とヘーゲルは見る。そうした規定のもとで把握する認識の動きは「それ自身の反対、すなわち否定態になって、この否定態からそれ自身の反対の反対、すなわち再び自己自身に統体性として成る」（GW. VII, 7）というように、「概念の弁証法」の構造が描かれる。しかし、こうした単純な関係にあっては、自己自身に立ち返ったといっても自己認識に達したわけではない。なぜなら、一定の認識に更なる認識が外在的に次々と加わって、最初の認識の限界が拡張されたとしても、それは悪無限性、つまり無際限でしかないからである。

本当の無限性は自らの内で分節化されていることだという（Vgl. GW. VII, 37）。それ自身の内で分割されていながら一体性が保たれているという関係をヘーゲルは、存在や思惟における相関関係（Verhältniss）だというように無限性を概念化する。「真の無限性は、規定性が自らを止揚する、つまりa－A＝0という要求の実現である。それは、自らの補完（Vervollständigung）を常にある他のものの内に持っていたり、またこの他のものを常に自己の外部に有していたりするような系列ではない。むしろこの他のものは、その規定されたものそれ自身に即してあり、規定されたものはそれだけで、絶対的な矛盾である」（GW. VII, 33）。知の自己形成は、自らに関係するなかで自らを内在的に超出するという反省の論理として、弁証法が成立して初めて跡付けられ得たのである。

（2）　自らの内で自らの限界を超出する精神

「無限なものの本性は対立しあう両者が一つであることであり、この二重のものとしての自己を、いいかえれば、他者そのものとしての自己自身を止揚する運動であり、そのようにして無限なものは、自己自身から生成している」（GW. VII, 38）。反対項が媒介を通じて相互に移行する運動（Vgl. GW. VII, 67）というのは明らかに懐疑の動きを思わせるが、これは「自らを実現する無限性」（GW. VII, 67）や、弁証法の自己実現（Vgl. GW. VII, 76）が想定されるもとで遂行される。反対項から成る相関関係でさえ、すべての規定が無差別化されて充実した統一体になるなら、「それ自身の反対になる」（GW. VII, 75）。認識に関して、「規定された概念において本質的であるものについて、これまで行なってきた我々の反省が、この概念自身に即して展開されるなら、それはその概念の実現であり、言いかえればその自己自身への反省である」（GW. VII, 79）。規定された概念から、想定されている普遍妥当性に向けて、判断さらには推論へと、自己反省の道程が続く。そもそも認識とは、ヘーゲルによれば、我々の「反省が自己自身を叙述する」(GW. VII, 112) ことに他ならなかったのである。

自らを叙述する反省の過程が、認識することの外面的な契機から認識そのものの内容へと移行するところに、「認識となる認識」(GW. VII, 126) である「形而上学」が想定されている。無限性に向けて自らの限界を超出する認識の展開は、〈自らの反対になる〉形で進められたが、これは懐疑論的な反省の動きに他ならない。これに対して〈構成〉は、ヘーゲルの見るところ、分割されて対立したものを相関関係において関係づける契機でこそあれ (Vgl. GW. VII, 115)、外部に原理を持つものであった (Vgl. GW. VII, 117)。外在的な原理ではなく、精神の内にヘーゲルは、有限な認識の相対性や限界を剔抉することを通して無限性に向けて知の水準を高めてゆく原理を求めた。そこに懐疑の自己実現を見てよい。これは判断停止に留まったり、知の不在を指摘したりする懐疑ではない。折りしも論敵シュルツェが、一八〇五年の『人間の認識についての懐疑的思考様式の主要契機 (Die Hauptmomente der skeptischen Denkart über die menschliche Erkenntniß)』で、真理と仮象を区別する懐疑を称揚していたのである。「疑うことは、真理を要求する一種の思惟であって、従って、ひそかになんらかの無制約なもしくは絶対的な根拠を前提している」(Transzendentalphilosophie und Spekulation—Der Streit um die Gestalt einer Ersten Philosophie (1799–1807) Quellenband. Hrsg. v. Walter Jaeschke. (Felix Meiner) S. 382f.)。

知の自己形成における〈懐疑〉の意義は、一八〇六年夏学期の「精神哲学」講義で、「精神は自らを自らでもって媒介する」(GW. VIII, 185) という精神の論理へと彫琢される。この時すでに『精神の現象学』は書き進められていた。『精神の現象学』でヘーゲルは、現象する知が真理ではないことを自覚的に見抜く洞察を「自らを実現する懐疑論」(GW. IX, 56) と称し、「意識それ自身を学へと教養形成する詳細な歴史」(GW. IX, 56) を構成するとした。「死を耐え忍び、死の内に自らを保持する生こそ精神の生である。精神がその生を獲得するのは、ひとえに精神が絶対的な分裂において自分自身を見出すからである」（GW. IX, 27）とも言う。意識が、自らの相対性を徹底的に自己否定することを貫徹して生き延びることを、精神は、自己分裂からの回復として捉え返す（Vgl. GW. IX, 112）。こうした結実を見るならば、「統体性は、最高の分離からの再建によってのみ、最高の生動性において可能である」（GW. IV, 13f.）と語った『差異論文』に、イェーナ時代の思索は凝縮されていたと言えよう。

いや、振り返ってみれば、青年期の思索からしてヘーゲルにあっては、普遍的なもののために個別性を犠牲に供するという発想が貫かれていた。古典古代の共和国であれ、偽善にまみれることのない真の信仰であれ、イエスの教えにしても、領邦国家を脱する精神性の実現にしても、目指されたものは、主観性や個別性を無化することを通して制約を超出したところに捉えられていた。そこに拓かれる無限性や普遍性の実現は、古典古代に見られたような美しい統一が喪われたことを踏まえて、対立や分裂から調和を回復する歴史的な課題とも重なったことによって、実践的な方法論のみならず、哲学の課題ともされた。イェーナ時代にあって差し当たりは、意識の哲学が囚われていた主観性や有限性の制約を脱する認識の展開の論理として形成され、ヘーゲル哲学全体の論理として貫徹されることになる。弁証法は、こうして、懐疑の否定性を哲学知に到る認識の展開の契機として理性に内在化させることによって、ヘーゲル哲学のうちに確立されたのである。イェーナに赴くにあたってヘーゲルは、青年時代の理想が反省形式や体系へと変化せざるを得なかったとしたためていたが、まさに、自らの抱懐する理念を哲学体系において実現するべき階梯を構築することになった。そしてその理念は〈無限性〉であり、単に無限に憧憬を馳せるだけでなく、それを思想において実現する方途をイェーナで模索したのである。

IX　知の内に約束された宥和への途
――『精神の現象学』の基底に見る宗教思想の展開――

はじめに

「親愛なる兄弟！　僕らが『神の国』の合言葉でもって互いに分かれてからも、貴兄はきっと、僕のことを時折り思い出してくれていることだと思います。二人とも姿を変えてしまった後でも、僕らはこの合言葉で再び分かり合うことでしょう」(Br. I,9)。これは、一七九四年七月一〇日付けで、ヴァルタースハウゼンのヘルダーリンから、ベルンのヘーゲルに宛てられた書簡である。一一月初旬にヘルダーリンはイェーナに転居する。そして、翌九五年一月末にヘーゲルは、シェリングに宛てて次のように書く。「ヘルダーリンはイェーナから時々手紙を書いてきます。(……)彼はフィヒテを聴講して、感激してフィヒテのことを、人類のために闘い、その影響範囲が講義室の壁の中だけではきっと留まらない巨人だと言っていました。(……)神の国よ、来たれ。僕らは怠惰に拱手していてはならないのだ！(……)理性と自由こそ、ずっと僕らの合言葉、僕らの合一点は見えない教会さ」(Br. I, 18)。

ここで友情の盟約として語られていた「神の国」に、チュービンゲン・シュティフトの先輩であるピエティストによって強調された響きを聞くことができるとともに、我々にしてみれば、カントの『単なる理性の限界内における宗教』で語られた、倫理的な共同としての「神の国」の影響を見て取らなければならない。「善い志操を持つすべての人の願いは、それゆえ、『神の国の来たらんことを、神の意志が地上で行なわれんことを』である。だが、このようになるためには、彼らはさてどうしたらよいだろうか。／神的にして道徳的な立法の下にある倫理的公共体は教会であるが、それが可能な経験の対象でない限りにおいては、見えない教会と呼ばれる(1)」。

そもそも『ルカによる福音書』では、次のように伝えられている。すなわち、パリサイ人たちに神の国はいつ来るのかと尋ねられたイエスは、「神の国は見える形では来ない。また、『見よ、ここに』とか、『あそこに』ともいえない」と答えて、「見よ、神の国はあなた方のうちにある」と語ったというのである。『ルカによる福音書』の物語りと、ヘルダーリン、ヘーゲルらが生きていた時代状況とを重ね合わせて、ホフマイスターは次のように言う。「彼らはこの合言葉に生の全体状況の一刻の猶予も許されぬ確信にゆるぎない信念を抱いているのである。彼らは神の国の到来と共に、真正な社会の実現を望み、正常な社会形態のなかで真実な人間性が実現されるのを待望したのである(2)」。

信仰に基づく「共同」の理想像である「神の国」について、青年ヘーゲルは、いわば近代の二元論的な対立、主体と客体、無限と有限、全体と個別、教会と国家、法と道徳、信仰と知というような、そうした分裂・対立が解消される期待を込めて、仰ぎ見るとともに、その実現を実践的な課題として捉えていた。しかしながら、ヘーゲル自身、知の体系化に向かう中で、「信仰」の意義を捉え直して、純化することによって、むしろ「信仰」は知への一契機として内面化されてゆくことになる。ここに、「宥和」が社会的な場面において実現される実践的な課題というよりも、むしろ内面に拓かれる哲学的な意義を担うようになる経緯を重ね見てよい。ドイツ観念論の思潮の中で思想的な格闘を通して彫琢されてきたヘーゲル哲学において、「信仰」がどのように捉えられたのかを辿り見てゆくことを通して、実に『精神の現象学』の叙述の基底に、ヘーゲル自身の若き日々の思想体験があることについて、確認することが本章の課題である。

一　啓蒙思想における宗教の合理的な解釈、もしくは精神の喪失

少年時代において、メンデルスゾーンの「啓蒙とは何か」から抜粋を作り、また、レッシングを引用しつつ、「古代詩人と現代詩人のいくつかの特徴的な相違について」をギムナジウムの試験で口述したりと、若きヘーゲルの思索に啓蒙主義の影響を見るのは容易なことである。宗教論にあってもチュービンゲン神学校に在学当時から書き綴られ、ヘーゲルの哲学的な思索の出発点となった「国民宗教とキリスト教」を初めとして、キリスト教の現状に対して批判的な考察を加える諸論稿にあって、いたるところで、レッシングの『賢人ナータン』や、メンデルスゾーンの『イェルーザレム』が踏まえられている。

神学校で学ぶ若きヘーゲルをして、思想的な葛藤に巻き込んだのは、既成宗教であるキリスト教に見られた「実定性」であった。実定性とは、心胸の内に刻まれた自然法ではない実定法が作用するような働きであって、つまり自らがその制定に関わったわけではないという既成性であり、既成宗教の教義が聖書などで伝えられ、信者はそれを受け入れるところに信仰が成り立つという、他律性であったり、教会の規模が拡大して組織的になればなるほどそうならざるを得ない権威性であったりする。ヘーゲル自身が考えていたのは、次のような論点である。すなわち、宗教は、歴史記述の形で伝えられた客体的なものではなく、心胸の内から発する生き生きとした信仰を実現する主体的な宗教でなくてはならない。そして信仰する者を内面から道徳的に教化することを通して、国民の啓蒙に寄与するものでなくてはならない、さらにはそのためにも、大規模に働きかける公共的な宗教、すなわち国民宗教でな

くてはならない、というような論点である。こうした議論をヘーゲルが具体的に展開してゆく際に、啓蒙思想から得た教養が息づいていたのである。

一七九三年に書かれたと推定される、「どの程度宗教は主体的な宗教だと、あるいは客体的な宗教だと評価されるべきであろうか」と書き始められている草稿（Schüler, Nr. 29）がある。それは次のように、まるで『イェルーザレム』の読書ノートのような趣きである。「ユダヤ教の儀礼法は公共的宗教と私的宗教とを合一したのだろうか？／本来的に私的な宗教であるような宗教にあって、一般的な教師や監督者の仕事はどこにあるのだろうか？（…／…／）メンデルスゾーンの『イェルーザレム』の一二一頁にあるような寺院の破壊とともに、そうやってローマ人やギリシア人は、自らの祖国で生きていた。カトーは自分の祖国をすっかり把握して、祖国は彼の魂全体を満たしていた」（GW. I, 76）。

メンデルスゾーンの『イェルーザレム』の主題は、「国家と宗教の概念を、その限界と相互影響の概念を、市民生活の幸福とを絡めて」（Jerusalem. I, 17）論及するとともに、ユダヤ教を自然的な宗教にして理性的な宗教だと解釈して（Vgl. Jerusalem. II, 30f.）、ユダヤ教の儀礼の遵守を訴えることにあった。

メンデルスゾーンによれば、ユダヤ教は、一つには、「それらを欠いたら、人間が啓蒙されたり幸福になったりできないような、宗教の教説や命題、換言すれば神についての、神の統治や摂理についての永遠の諸真理」（Jerusalem. II, 112）から成っているとともに、二つには、「歴史の真理、換言すれば有史以前の世界の運命についての報告、とりわけ国民の父祖たちの生き方について、彼らによる真なる神の認識についての、神の前での彼らの転変についての報告」（Jerusalem. II, 113f.）から成っていて、さらには「この国民にとって永遠であるべき律法、規則、命令、生活規則」（Jerusalem. II, 114）が含まれているという。そもそも「キリスト教徒によって受け取られるよな意味での、啓示された宗教については、ユダヤ教は知らない」(Jerusalem. II, 31) と見ていたのである。

メンデルスゾーンは、理神論的にユダヤ教を解釈することを通して、キリスト教から際立たせようとするとともに、永遠の真理と歴史の真理とを区別する。「私が認識する永遠の真理というのは、〈人間理性にとって把握できるだけでなく、人間の力によって呈示され、実証され得るような真理〉に他ならないというのは本当である。ただ、私がこのように主張すると、私の父祖の宗教から逸脱せざるを得ないと考えるところに、ユダヤ教についての不当な把握」(Jerusalem. II, 30f.) がある、というのである。

これに対して、ユダヤ教の教えの重要な部分である「歴史記述的な報告は、国民統合の根拠を包括していた。歴史の真理として、それらの報告はその本性上、〈信ずる〉という形で受容されざるを得ない。権威だけがその報告に必要な明証を与える。国民のこれらの報告は、奇蹟によって強められもするし、権威によって支えられもしたのである」(Jerusalem. II, 114)。さらにユダヤ教の律法についても次のように説明する。「これらの律法は、啓示されたもので、すなわち神から言葉と著作によって知らされたものであった。だが、文字 (Buchstab) に委ねられたのは、それらの本質的なものだけである。そしてこの書き付けられた律法にしても、説明や限定、それにもっと詳しい規定が書かれていない以上、口頭で伝承され、口頭で生き生きと教授されることによって伝播されてこなかったなら、大部分は理解されず、あるいは時代とともに理解されないようになったに違いない。(……／) 書かれた律法も、書かれざる律法も、行為や生活規範の規則である以上、直接的には、公共の幸福と私的な幸福とを究極目的にしている。だがそれらは、大部分、書かれたものとして考察されなければならず、儀礼法としてこそ意味や意義を持つ。それらは、研究する悟性を、神的な真理へと導く。すなわち、永遠の真理へ導くとともに、この国民の宗教が基づいている歴史の真理へと導くのである」(Jerusalem. II, 115f.)。

こうした叙述からヘーゲルは、文字で伝えることのできるものが、解釈によって変えられたりすることなく受け継がれて意味や意義を持つためには、権威を必要とする一方、むしろ口頭で伝えられることによって、時代の変遷にもかかわらず生き生きと伝わる、という、いわば「文字」と「精神」の問題に接することになったかもしれない。(3) また、偶発的な事跡に基づく宗教が、歴史記述によって伝えられる限り、権威によって支えられなければならないことを明らかにするメンデルスゾーンの研究に、若きヘーゲルをして、キリスト教の実定性の研究へと向き合わせた機縁の一端を見ることもできよう。

さらに、レッシングからの影響も看過することができない。「歴史記述的な真理が論証され得ないのなら、何も、歴史記述的な真理によって論証されたことにはならない。／すなわち、偶然的な歴史の真理は、必然的な理性の真理についての証明とは決してなり得ないのである」(Lessing. III, 351f.)。これは、一七七七年に匿名で刊行された「精霊と力の証明について」という小論での記述である。ここでレッシングは、歴史物語で語られた真理が事実でないにしても、キリストが行なった事跡やキリストの復活という奇蹟について、それが歴史的な真理であるかどうかという検証を適用することはできない以上、理性の証明する問題ではなく、イエスが神の息子であることを伝える物語として、合理的に解釈しようとしたのである。

レッシングがゲッツェと論争する中で提起した論駁文の一つに『公理(Axiomata)』がある。そのなかの「見出し」だけを続けて紹介する。「文字は精神・精霊ではない。そして聖書は宗教ではない。従って、文字に対する反駁、あるいは聖書に対する反駁は、精神・精霊に対する反駁ではない。というのも、聖書は明らかに宗教に属している以上のものを含んでいるからである。そして、聖書がこうした多くのものにおいても同じように無謬であるに違いないというのは、単なる仮説でしかない。また、聖書が存在した以前に宗教は存在した。キリスト教は、福音書記者や使徒たちが記述した以前に成立していたのである。（……）宗教は、福音書記者や使徒たちが説いたがゆえに真理だ、というわけではない。彼らはその宗教が真であるがゆえに、説いたのである。書かれた伝承は、宗教の内的な真理から説明されなくてはならず、どのように書かれようと伝承は、宗教が内的な真理を持たないなら、宗教に内的な真理を与えることはできない」（Lessing. III, 448-466: Vgl. 327f.）。聖書の伝える歴史記述的な真理が仮に事実に反するものであれ、聖書の成立以前にキリスト教があった以上、文字に書かれたもの以上に、宗教の内的な真理こそが根拠になる、という具合に、レッシングは聖書に書かれた「文字」と、キリスト教の「精神」とを区別している。ヘーゲルがキリスト教の実定性を批判する論拠の淵源については、こうした啓蒙思潮の議論にまで遡及することができる。

しかしながら、ヘーゲルは、啓蒙主義に全面的に与したわけでは決してない。というのは、「悟性の啓蒙は、なるほど賢くはしたが、より善くすることはしなかった」（GW. I, 94: SW. I, 21）という認識がヘーゲルにあるからである。したがって、啓蒙に対するヘーゲルの評価は二面的である。確かに、啓蒙的な悟性は、あらゆる宗教の根底に存している普遍的な原理を純化しはする（GW. I, 94f.: SW. I, 21 u. 23）。しかしそれは、客体的な宗教について妥当するものでこそあれ、「人間に道徳性を与え得るような性質を有してはいない」（GW. I, 97: SW. I, 26）というのである。ヘーゲルにしてみれば、「宗教というものが心胸の事柄」（GW. I, 96: SW. I, 24）である以上、宗教における歴史記述的な真理の正当性について検証するような啓蒙は、人間の神聖な感情を看過して、その意味では宗教に感応する道徳的な心を忘れたものだと見えたに違いない。

二　道徳信仰と要請論、あるいは悟性の偽装

ヘーゲルの思索には、啓蒙の思潮だけでなく、カントやフィヒテも大きな影響を残している。チュービンゲン時代の草稿には、「私が宗教に含めているのは、実践理性の欲求が要求する限りでの、神と不死についての知識である」(GW. I, 89: SW. I, 16) というような記述もある。フィヒテの『あらゆる啓示の批判の試み』において、神は道徳的立法者だと理解されていた。そうした捉え方をヘーゲルも受け容れる。「宗教の作用は、道徳的立法者たる神という理念によって、人倫性の動機を強めることであり、この理念によって我々に措定される最高善という究極目的に関して、我々の実践理性の課題を充足させることである」(GW. I, 153f.: SW. I, 88)。ところが、一七九五年一月六日付で、チュービンゲンにいたシェリングから次のような書簡が届く。「ありとあらゆる教養は今となってはもう、実践理性の要請の烙印を押されて、理論的—歴史記述的な証明が決して十分でないものだから、(チュービンゲン流の)実践理性が問題を雲散霧消させています。(…／…) 僕の確信するところでは、古い迷信、それも単に実定的な宗教の、だけでなく、大抵の頭の中の、いわゆる自然的宗教の古い迷信までも、またしてもカント的な文字と結びついているようです」(Br. I, 14)。ヘーゲルがカント哲学の研究に本格的に取り組むことになったのは、シュトールの思想に対するシェリングの不満が表明されているこの書簡を受け取った後である。

一七九五年に書かれた「キリスト教の実定性」への予稿 (Schueler, Nr. 48) がある。「道徳律の命令が神の命令だと見なされ得るのは、こうした条件の下でのみ我々が道徳律を正義の運用者として、幸福と人倫性とを徹底する運用者として想定し得るがゆえに、である」(GW. I, 199) と、一旦は書いたものの、ヘーゲルはこれを抹消した。

フィヒテのように、神を道徳的な立法者と見るか、シュトールのように、道徳律の執行者としても見るかという狭間で、ヘーゲルは揺れ動いていたのかもしれない。とはいえ、それに続く『イエスの生涯』では、カント主義の色彩が全面的に滲み出ていて、徳の教師としてのイエス像が描かれる。ここでは、道徳性の実現に見合う幸福への要求が「偽善（Heuchelei）」（GW. I, 241 u. 260: Vgl. GW. I, 218）として斥けられる。これについては、シュトールによるカント解釈を排するなかで、カントの「道徳的信仰」をむしろ徹底せんとする戦略に依っていた、と見ることができる。

シュトールは、ヘーゲルやシェリングにしてみれば旧世代の、チュービンゲン神学校の教授であって、正統派の学説をカント哲学を取り入れることによって補強しようとしていた。彼の『カントの哲学的宗教論についての所見』によれば、「超感性的な事柄についての聖書の教説を、理論的な諸根拠に基づいて決定的に拒否するからといって、哲学的に取り扱ったということにはならない。むしろ、真正な哲学ならば、超感性的な諸対象への一切の洞察を欠いたままで、可能だとか不可能だとかと非難する理論理性を、その任にあらずして夢想的でさえあるような僭越さのゆえに拒否して、その限界内へ却下するであろう」（Storr, 2）という。シュトールの神学が超自然主義とも称される所以である。「償いについての聖書の教説は、心胸と生を改善するということ以外の条件の下では、罪責の許しと幸福への希望をもたらしはしない。しかし、この条件でこそ、カントもまた、恩寵に基づいて、人間が解放されることへの希望を抱いた」（Storr, 14）。シュトールは、「神的にして超感性的なことについての聖書の理論的な教えは、批判哲学の根本命題からしても拒絶され得ない」（Storr, 21）という原則の下で、道徳哲学を積極的にみずからの聖書解釈へと受容したのである。イエスの事跡だと伝えられる奇跡にしても、「神の現存在を確証するに留まらず、（……）人類の道徳的な完全性という点での理想であるだけでなく、人倫性と結び付けられた幸福の理想」(Storr, 66f.) だという。そして、道徳律に対しても、神的な律法に対しても、「誠実さと服従とが、それ自体、真なる幸福へのもっとも確実な道程」(Storr, 39f.) であるからして、服従こそが「もっとも確実で最大の効用をもたらす」(Storr, 40) というわけである。すなわち、善意志と法則との調和への動機を幸福に見定めて、その調和が実現されるところには、幸福が当然のように「期待される」(Storr, 42) と、シュトールは考えたのである。義務を我々に説く法則が幸福にも導くことが明かされる限りで、「道徳法則は、法則への服従への結果として、幸福を約束する」(Storr, 42) と書いて、『純粋理性批判』のB版八三九頁を指示してさえいる。

確かにカントは、純粋理性が我々に課すところの責務には、神と来世が結びついているように書いてはいる。だがあくまでも、そこで語られる幸福とは来世とも言うべき可想界での幸福なのである。しかも、カントは、「人は道徳そのものを幸福説として、すなわち幸福に与ることの指示として決して取り扱ってはならない」(KdpV, 234) と明言している。むしろ、幸福と道徳性との一致は「要請されている」(KdrV, B, 225) のである。こうしたシュトールによるカント援用の当否をめぐり、ヘーゲルは、カントの要請論を研究する必要に迫られたのかもしれない。

ヘーゲルに、一七九五年から九六年にかけて書かれた「ある実定的な信仰は」から始まる草稿 (Schüler, Nr. 54) がある。そこでは、客観的な真理をみずからのものとして信じるように命ずる「権威に基づいた信仰」(GW. I, 352: SW. I, 191) について、その存立機制が論じられる。ヘーゲルの見るところ、「理性が自由を、そして自立性を喪失」(GW. I, 353: SW. I, 192) した結果、「自らの精神に、自らの存在の全領域に優越する力」(ibid.) を認めるところに、実定的な宗教への信仰が生じるという。正統派は、たとえ、「道徳性こそ実際に人類の絶対的にして最高の目的」(ibid.) だと認めるにしても、その目的の実現にあたっては、「人間が、自らの外部のある実在に依存するよう、必ずや規定しなくてはならない」(ibid.) という観点をとる。ところが、「神の考えは人間の理性によって把握することも、推し量ることもできない」(GW. I, 354: SW. I, 193) 以上、そこに成り立つ信仰は「真理への実定的な信仰」(ibid.) に他ならず、そこに見られるのは「理性の無力」(GW. I, 354: SW. I, 192) でしかない、というわけである。

ここで踏まえられているのは、たとえば、神的な権威の前で「理性は、決定的なことを何も主張したり、否定したりすることができない」(Storr, 23) としたシュトールの宗教論が考えられる。ここに、宗教の実定性への批判が重なる。ヘーゲルにあって「信仰とは、行動に駆り立てるような、感情を伴った生き生きとした確信」(GW. I, 354: SW. I, 193) を意味していた。ところが、実定的な宗教が、自らの無力を実感している意志に対して、経験的世界に留め置かれた理性に対して、充足を与えるものだとしたら、そうした道徳的な無力に陥ったまま信仰を抱いている人間は、ヘーゲルにしてみれば、いわば信仰マシーンだったのかもしれない。「この装置の最初の始動者が、善良にして哀れみ深い主として、この装置の面倒を見てくれて、装置が止まろうとすると後押ししてくれる」(GW. I, 356: SW. I, 194)、そのような関係にある「機械」(ibid.) だというのである。

シュトールは、「幸福であるということは、必ずや、どんな理性的で有限な実在も要求するところであり、それゆえ幸福は、我々の意欲する必然的な素材（客体）である」(Storr, 31) と、『実践理性批判』を引きながら語っていた。だが、ヘーゲルの見るところ、「理性は直接的には幸福を要求しない」(GW. I, 357: SW. I, 196)。そもそも「幸福と道徳との調和の要請」(GW. I, 357: SW. I, 195) でさえ、調和が要請されるということ自体、調和が不在であるがゆえに発せられた要求であるに他ならない。悟性にしてみれば、自らが理解できないような超自然的な事柄を、想像力なら詠うこともできようが、真理だとするわけにはいかない。したがって、「信仰するという義務」(GW. I, 355: SW. I, 193) を充足させるために、悟性は、「それを前にしては自らが沈黙せざるを得ないような、より高次の能力」(GW. I, 355: SW. I, 194) を担ぎ出すに到る、という欺瞞を働くことになる。もとより、「神の現存在への道徳的信仰」(GW. I, 357: SW. I, 196) が持ち出されるのも、「信仰とは、理性が絶対的で、自己自身において完成されているなどという意識の欠如を意味する」(GW. I, 358: SW. I, 196) と考えるヘーゲルにしてみれば、理性の究極目的が制限されたからに他ならないことになる。

右で扱った草稿 (Schüler, Nr. 54) は、実は、「キリスト教の実定性」の基本稿を執筆していた中断期に書かれたものだと言われている。(4) その執筆中断の直前に論じられていたのは、信仰における「自己欺瞞」(GW. I, 347: SW. I, 185) であった。これは、教会にあって道徳感情を命じられたがゆえに、そうした感情を持つのでしかないにもかかわらず、これを、「文字に書かれてあることと自分の感情との一致」(ibid.) だと信じるのは、自己欺瞞だというのである。その結果、人間は、実際に感じることと、感覚すべきだとされることの矛盾に苛まされて、「孤立無援に陥り、不安に沈み、自信を喪失し (……)、狂乱に追いやられる精神状態に入る」(ibid.) という。このように、「力も決断も欠いて不安に漂い、そして神性の限りない恩寵を頼みとする中で、わずかな安らぎを見出すことしかできない」(GW. I, 348: SW. I, 185) 状態を危惧してヘーゲルは、実定的宗教における信仰の形骸化とその弊害について論じていたのである。

これに対して、一七九六年四月二九日以降に執筆が再開された箇所では、「人間精神のあらゆる能力の有する権利を、とりわけその中でも第一の、理性の権利」(GW. I, 349: SW. I, 187) を誤認したところに、教会の体系全体の基本的な誤りが捉えられる。こうしてヘーゲル自身、カントの道徳神学によって教会信仰を批判する有効性を検討することになる。

「理性は主体的であり、悟性は客体的である。ところが、キリスト教会によって理性の主体的なものは、いわば客体的なもののように、規則として樹立される。／理性は、道徳的な法則や必然的な法則、そして普遍妥当的な法則を樹立する。その限りでこれらは、カントによって、なるほど悟性の規則とは違った意味においてではあるが、〈客観的〉だと呼ばれている。が、今やこれらの法則を主体的に、もしくは格率にすることが課題なのである」(GW. I, 350: SW. I, 188)「理性」は、ヘーゲルによって、主体的なものとして、より実践的に捉え返される。このように「理性」にシフトすることによって、ヘーゲルは、カントに即しながらも、自らの依拠する理性的な道徳的信仰の立場を、正統派が受容したような道徳的信仰の考え方から差別化しようとした、と言えよう。これによってヘーゲルは、人間の理性を形だけのものとする教会信仰に対して、「唯一の道徳的動機、道徳律に対する尊敬の念」(GW. I, 350: SW. I, 189) に基づいて、「自らの胸 (Busen) の内から自らに法を立てるという、手放すことのできない人間の権利」(GW. I, 351: SW. I, 190)、つまり理性の自律を主張する。道徳的信仰の根幹を成す「自律」を、より徹底しようとしたのである。

道徳的信仰の立場にいったん自らの思索の拠り所を置いたヘーゲルに、転換が生じたのは、『キリスト教の精神とその運命』においてであった。道徳的な命令は、義務にたいする尊敬の念にもとづいているにせよ、自らの内に主を戴くようなものである以上、実定的な意味を持つようになることが指摘される (Vgl. SW. I, 321f.)。道徳律であれ、神の命令であれ、律法を遵守したからといって、律法を充足させはしないという認識が、ヘーゲルに、「愛」をめぐる思索を促すとともに、全一なる「生」の思索へと導いていったのである。

三　敢為の人の行動や断言も対立を招く

道徳律に見られるような、義務と傾向性との対立を解消せんとする試みは、シラーやゲーテ、そしてヤコービらにあって、それぞれに「美しい魂」として構想されていた。たとえばシラーによれば、「ただ本能だけで、本能的に行為するかのような気安さで、美しい魂は人間性にとって最も苦しい義務さえ遂行する。そしてこの魂が自然衝動からの極めて英雄果敢な犠牲を引き出したとしても、まさしくこの衝動の自発的な作用のように見える。(…／…) それゆえ美しい魂においては、人倫性と理性とが、義務と傾向性とが調和しているのである」(Schille. xx, 287f.)。人間を美へと教育することを通して、自由と自然との調和を再建しようとしたシラーの『美的教育書簡』は、「キリスト教の実定性」の「続稿」を執筆していたヘーゲルに強い影響を与えた。そして『キリスト教の精神とその運命』において、ヘーゲルは律法の精神の対極に、「美しい魂」を捉えるとともに、「a・道徳／b・愛／c・宗教」(SW. I, 302) という段階を踏んで、イエスがキリストになる経緯を検証する。

『キリスト教の精神とその運命』と称される草稿群は、実に重層的な構造を有している。たとえば、「キリスト教の精神」についての叙述は、「草案」(Schueler, Nr. 80) と「初稿」(Schueler, Nr. 83)、そして「草案続稿」(Schueler, Nr. 81) から「最終稿」(Schueler, Nr. 89) へと重なっている。(5) そのなかの「草案」において、主体性を喚起せんとする「美的宗教」(SW. I, 299: 久保 30) という構想が、「志操は命令の実定性、客体性を廃棄し、愛は志操の制限を廃棄し、宗教は愛の制限を廃棄する」(SW. I, 302: 久保 33) という認識の下で語られる。すなわちイエスが説いたのは、実定的な「命令」ではなく、道徳的に行為することを求める「志操 (Gesinnung)」だと解釈されたのである。とはいえ、志操を抱いただけでは、律法の客体性が廃棄されこそすれ、行為の原理として、行為を条件付けるところでのみ作用するだけである。実際に客体的な世界の中での個々の行為を束ね合わせようとするなら、「原理はもはや、何もしない志操ではいけない」(SW. I, 302: 久保 36)。ここに、「愛の欲求（普遍的な人類愛）」(SW. I, 302: 久保 36) が生じるという。ところが「美しい魂 (schoene Seele)」は、自らの有限性を自覚しながらも、あるいは自らの愛の満たされない欠如感のなかで、無限なものを装わざるを得ないがゆえに、ヘーゲルは「不幸だ」(SW. I, 302: 久保 36) と見るのである。

命令や律法の有する客体的な性格を打破せんとする根拠は、人間主体の欲求やその自然性にある。そうした人間を通底する生に立ち返る「愛による運命の宥和」は、「草案」では、イエスの説く「罪の赦し」に即して語られる。「イエスが弟子たちに、繋ぎ、また解く (zu bringen und zu loesen) 全権を与えたのは (……)、彼らのうちに人間の自然の深み全体を感じた信仰を見出したからであった。この信仰は、他の人たちを感じ尽くして、彼らの本質が調和しているか不調和であるかを感得する能力を、すなわち彼らの限界と運命とを感得する能力を含んでいる。(……) 反対に、道徳性はますます苦痛なものになるだけである。道徳性がいや増せば、ますますその行為の非道徳性が深く感じられ、罰や運命は廃棄されなくなる」(SW. I, 306f.: 久保 40f.)[(6)]。ここでヘーゲルは、道徳性を超える論理として、愛による共同を捉える。「愛は生の精華である。神の国は、一切の必然的な諸様態、発展の諸段階を含んだ樹木全体である」(SW. I, 308: 久保 41)。イエス自身、その説教を「神の国は存在している」(SW. I, 311: 久保 46) と述べ告げるところから始めたという。しかしながら、神の国を含め、信仰の中で存在し得るものは、「現実とその概念に対立している」(SW. I, 311: 久保 46) という認識がヘーゲルにあった。したがって、現実という場面ではイエスは、神の国の存在を、「断言 (versichern)」(SW. I, 312: 久保 46) するに留まらざるを得なかったことを述べるところで、「草案」は終わっている。

『キリスト教の精神とその運命』への「初稿」にあっては、イエス自身が結局のところ、美しい魂の運命に似た結果に陥らざるを得ないことが明らかにされる。「自由の意識と神的な調和、すべての生きている形姿が神性によってのみ生かされている生活を、イエスは（……）人間たちの神的な生と呼び、彼らの多様性における調和を神の国と呼ぶ」（久保 80）と書いて、ヘーゲルは斜線で抹消した。ヘーゲルの内で、「神の国」の位置づけについて迷いがあったことは確かである。すなわち、本来的には「自由と美そのものから出現する関連」（久保 81: Vgl. SW. I, 400）だけが見られる神の国については、所詮、ユダヤの民のもとで実現され得るべくもなく、イエスの心胸の内なる理想に留まったことをヘーゲルは認める。その結果、「イエスの神の国は、地上ではまだ場所を見出し得なかったがゆえに、彼はそれを、天国に移さざるを得なかった」（久保 82）と書いて、ヘーゲルはまた抹消した。それはまるで、美しき魂が「自らを保とうとしたからこそ、自らを無化する」（SW. I, 350）ようなのである。

とはいえ、美しい魂は、自らの気高さを保つために、その場から身を退かざるを得ない。そのことを、「結局は空虚へと引き下がらざるを得ないような自殺」（SW. I, 349）と書いて、これもまたヘーゲルは抹消した。そうした「空虚への逃亡」（久保 82: SW. I, 404）に陥らざるを得ないのは、美しい魂でも、イエスでもなく、「後代の夢想家」（久保 82: Vgl. SW. I, 404）だという。かろうじてヘーゲルの筆は、イエスを、確信を持って行動する「敢為(Kuehnheit)」（SW. I, 355）の人として描く。しかし、結果的には、夢想家と同じような結果を引き受けざるを得なかったことを確認せざるを得ないのである（Vgl. I, 351f. u. 405: 久保 83）。

イエスの弟子たちにしても、愛による魂の合一に基づいて「小さな神の国」を造ったものの、現実の国家との対立に巻き込まれて、その精神に背くことになってしまった。もとより、こうした〈すりかえ〉が生じたのも、道徳的な世界観としての神の国にあっては、その原理が内面化されているからだといえる。こうして、共同の理念としての神の国が、内外にわたる矛盾を招来せざるを得ないことに見極めをつけたからこそ、ヘーゲルは、復活したイエスという「形象化された愛」（久保 84: SW. I, 408）に、宗教の対象を見ることになる。「彼らの愛は、復活したイエスにおいて像と中心点を見出した。そうして彼らは宗教を持つようになる。宗教はこの復活したイエスに基づいている」（久保 84）。

「形象化された愛」を宗教の中心とすることによって客体性の確認に到ったこの認識は、「キリスト教の精神」の「最終稿」では、次のように総括される。復活したイエスという「このより高次の対立者は、神が必然的に持っている崇高さではない。（……）むしろそれは、教団の精神のうちに依存性があるのと同様の疎遠なもの、支配を自らのうちに持っている実定的なものであり、客体的なものである。依存性のこうした共同、一人の創設者によって存在するという共同において、すなわち、すべての者の生命の内へ一つの歴史的なもの、現実的なものを混ぜ合わせることにおいて、教団は、その実在的な紐帯を、つまり生活を営まない愛のうちには感じることのできない結びつきの堅固さを認識したのである」（SW. I, 411）。こうしてヘーゲルは、キリスト教として普遍化してゆくためには、実定性が有効であったと、その意義を認めることへと転換する。このことはすなわち、それまでヘーゲルが構想してきたような、主体的な国民宗教はもちろん、「美的宗教」の構想の挫折をも意味することになる。そして、「世界と交わることなく自らを維持する愛」（SW. I, 412）を中心として結集することによって、キリスト教団は、運命を担うことになる。そうなると、生きている者たちの結びつきは、生き生きとしていないものを媒介とすることになる。媒介とは折衷と違う。区別を踏まえた上で、実際の共同と、信仰対象に連なる内面の調和との宥和を形成する論理の形成に、ヘーゲルは新たに直面することになったと言える。

四　美しき魂や良心という心胸の内なる確信

しかし、ヘーゲルの眼前には、「心胸」に根差す宗教を展開する論者がいた。ヤコービである。「信と知」によれば、ヤコービに見られる思想の原理は、カントやフィヒテと同様に、「宗教的に見れば、プロテスタンティズムの原理、すなわち主観性であって、そこでは、美や真理が感情ならびに志操、愛や悟性において姿を現わしている。すなわち宗教は、個人の心胸のうちに寺院と祭壇を築くのである」(GW. IV, 316)。そうした主観性の哲学にあっては、悟性が、経験可能な有限的なものにおいて真理を認める一方で、「永遠に憧憬に満ちた愛としての宗教」(GW. IV, 317) において、永遠な美と浄福に憧れる崇高な面もあるという。ところが、幸福主義と啓蒙主義が「プロテスタンティズムの美しい主観性を、経験的な主観性へと貶め、経験的な現存在との一切の宥和をはねつけるプロテスタンティズムの痛苦の詩を、この有限なもので満足することや、それについての良心 (das gute Gewissen) という散文へと変えてしまった」(GW. IV, 319)。こうした位置づけのもとで、ヘーゲルは、彼らの思想を、主観的で有限的な性格を免れえていない「反省」という特徴で一括する。

とはいえ、カントやフィヒテと、ヤコービとでは、些か思想的な境位を異にする。ヘーゲルは、カントやフィヒテが、認識と信仰とを峻別した上で、感性的経験の無効性を証示することを通して真理を彼岸に措定した (Vgl. GW. IV, 377 u. 383) と見たのに対し、ヤコービについては、「日常的な客観的なものの確信にまで進行という名前を拡張」(GW. IV, 376) して、感性的な経験にまで信仰を引き下げておきながら、逆に、永遠なるものへの憧憬を抱き続けている (Vgl. GW. IV, 378) 点で、「プロテスタンティズムの主観的な美」(GW. IV, 384: Vgl. GW. IV, 383)

に接近している、とする。

ヤコービの信仰観は、『スピノザ書簡』から既にあきらかである。「親愛なるメンデルスゾーン、私たちはみな、社会のなかに生まれ、社会のなかに留まらなければならないように、信仰の内に生まれ、信仰の内に留まらざるを得ません。(……)信仰によって私たちが知るのは、私たちが身体を持っているということであったり、私たちの外部に他の物体や他の思惟する存在者が現前するということです。これは真の驚嘆すべき啓示です!」[7]。これをヘーゲルは次のように総括する。「ここにあるのは、日常的な現実についての知であって、感性的な知覚がただ信仰の内に包含されているだけでなく、信仰と永遠の真理とが、完全にこの感性的な知覚だけに限局されてしまっている」(GW. IV, 377f.)。感性的な知覚を信仰の内で絶対視することで、信仰を感性へと引き下ろすことになったヤコービの「信仰哲学」は、無神論論争に巻き込まれた最中のフィヒテに書き送った『フィヒテ宛公開書簡』からも明確に見て取れる。

「真なるものということで私が理解するのは、知の前そして知の外にあるものです。(…/)理解は、理解可能なものを前提しますし、理性は真なるものを前提します。理性は真なるものを前提する能力なのです。真なるものを前提しない理性なんてあり得ません。/その理性とともに人間に与えられているのは、真なるものを知る学の能力ではなく、真なるものについて自分が無知であることの感情と意識、つまり真なるものの予感でしかないのです」(GA. III-3, 239)。ヤコービはいわば、ソクラテスの顰にならったのかもしれないが、ヘーゲルにしてみれば、憧れや予感に対する知の無力宣言であるとともに、真なるものの彼岸化に他ならなかった。ところが、ここにこそヤコービは良心を見て、人間の尊厳を捉える。神に対して絶対的に帰依しつつ、ヤコービは逆説的に語る。「そうです、私は、無を意志する意志に背いて嘘をつこうとする無神論者であり、神を喪失した者(der Gottlose)です。

（……）安息日に麦の穂を摘もうとします、それも飢えを満たすためだけであって、掟が人間のために作られているのであって、決して人間が掟のために作られているのではないからなのです。私はこうした神を喪った者です。ですから、神の喪失を私に呼びかける哲学を私は嘲るわけです。哲学と哲学の最高の本質を嘲ります。なぜなら、私が私の内で抱いている最も神聖な確信でもって私が知るのは、絶対的に普遍的な理性法則の純然たる文字（Buchstab）に背くそうした犯罪があるからこそ、恩赦の特権（privelegium aggratiandi）があり、人間の本来的な至上権（Majestaetsrecht）がある、これが、人間の尊厳の紋章、人間の本性が神的であることの紋章、なのです」（GA. III-3, 241f.）。

自らの内面に抱く神への敬愛の念を絶対化する心情のあり方に、我々は、ゲーテが『ヴィルヘルム・マイスターの修業時代』の第六巻に挿入した、「美しい魂の告白」のヒロインの心情に通じるものを見ることができよう。ヘルンフート派の教えに惹かれる彼女は、自分の内面的な道徳的な本性[8]（Vgl. Goethe, 408: 邦訳 357）を、「信念（Ueberzeugung）[9]」（Goethe, 381: 邦訳 332）を裏切らないように生きることを心掛け、「自分の魂をよく検証して、ますます神様に近づいていく（ihm〔Gott〕immer naeher zu kommen）[10]」（Goethe, 417: 邦訳 365）ことを願っている人であった。想い起こせば、若きヘーゲル自身、「神に近づくとはいかなることか」（Br. I, 29）について、思いをめぐらせていたのである。彼女をしてゲーテは、「私には律法（Gesetz）という形で現われるものは何もありません。私を導き、常に正しい道を歩ませてくれるものは、内心の促し（Trieb）です[11]」（Goethe, 422: 邦訳 370）と語らせていた。そうした思想を頑なにまで守るところに、美しい魂が成り立つのである。しかし、彼女は「真に敬虔な志操をその身に育む[12]」（Goethe, 350: 邦訳 305）人として描かれてはいるものの、その人生が幸福で充実したものだとは決して見受けられないところに、美しい魂が独りよがりになりかねないことも暗示されていたと言えよう。

確かに、自らの心胸の内に神性を訪ねるなかで、自分自身の「人倫的な実在、深い愛に満ちた自然を自己自身と調和させんとする」[13] (Goethe, 407: 邦訳 356) ところに、自然のなかに神を見て喜ぶ[14] (Goethe, 418: 邦訳 366) ような思いになることもあるだろう。永遠なるものへの憧憬が、自然や宇宙を直観するところに、美を享受して、「宥和」(GW. IV, 385) を得ることもあるかもしれない。したがって、自然が「森羅万象として承認され」(GW. IV, 385) ているシュライエルマッハーの『宗教講話』を、ヘーゲルは、ヤコービのような信仰する態度の行き着くところだと捉える。そして、シュライエルマッハーその人こそ、ヘルンフート派の学校で学んだのであった。だが、森羅万象を自らが直観するところに宗教心を捉えたこの著作にしても、信仰につく人の内面に宗教が成り立つのであるからして、ヘーゲルはこれを、「藝術作品なき藝術 (die Kunst ohne Kunstwerk)」(GW. IV, 386) だと呼ぶ。すなわちそれは、再び主観性に陥っているのであって、「精神としての森羅万象の直観ではない」(GW. IV, 386) というのである。

ヘーゲルによると、直接的な確信という形での「信仰の無邪気さ (Unbefangenheit)」(GW. IV, 379) にあっては、永遠なるものと関係するからといって、理性認識と対立するなどという反省はなされていない。ところが、反省哲学だと括ることのできる思想にあっては、信じるということが「自分自身についての意識と結び」(GW. IV, 379) ついて、哲学に導入されるようになったという。この場合、「信仰は、〔形式的で有限な知を否定して主観性と有限性とを超克するという〕否定作用を意識している形において現われる」(GW. IV, 379)。その結果、「信仰の内には、反省の無化への反省、そして主観性の無化の意識という主観性が残る。こうして主観性は、自らの無化そのもののなかで救済されてしまったのである」(ibid.)。主観性の正当化を、「信仰の不純化にして主観性の聖化」(GW. IV, 380) だと捉えたヘーゲルは、そこに「パリサイ主義」(GW. IV, 410) に通じるものを見出す。

パリサイ主義については、『キリスト教の精神とその運命』で、「自らの義務を果たしたというパリサイ人の意識（……）のような良心は偽善（Heuchelei）である」（SW. I, 322f.）として、「自分自身についての反省、行為についての反省」（SW. I, 333）という反省意識に囚われた信仰が斥けられていた。「一八〇〇年体系断片」でも、有限性を絶対的に無化するところに、真の信仰のあり方が求められた。「この無化のための目的を持たない無化こそ、絶対的な客体に対する唯一の宗教的関係であることは明らかである」（SW. I, 425）。

「信と知」においてヘーゲルは言う。「有限性の全領域は（……）信なる信仰において（……）沈潜する。あらゆる主観性という蚊は、この焼き尽くす炎の中で燃え尽きる。そして帰依（Hingeben）や無化の意識さえも、無化されているのである」（GW. IV, 379）。主観性を「救済」（GW. IV, 375 u. 380）せずに、無化するところに信仰の純化を捉え、これを通して、個人の道徳的な美しさが、「藝術と哲学において、真の客観性と普遍性を受け取り、その点で絶対的なものに関する信仰と反省との対立が消失する」（GW. IV, 380）ことへ、ヘーゲルは理路を切り拓いた。ここに、自らを捨ててこそ得られもする「赦し」の成立を見て取ってもよい。このことはすなわち、信仰を純化することによって内面の内容が無になるのを贖うのが知であった、と見てよいかもしれない。そして、信仰を知の内に定位することによって信仰の持っていた実践的な活力を、知に内在化せしめた、と見ることもできるのである。

結　語　知の内に約束された宥和への途

振り返れば、道徳神学にあっては、道徳法則が神の意志と同義だ（Vgl. GA. I-1, 30）と捉えられた。「神の本質がまったく、ひとえに道徳法則によって規定されている」(GA. I-1, 22) とさえ見られていた。『あらゆる啓示の批判の試み』でフィヒテは、「我々の内なる超自然的なものの原理」(GA. I-1, 39) に立脚する宗教を「自然宗教」と呼び、「我々の外なる超自然的なものの原理」(ibid.) に立脚する宗教を「啓示宗教」と呼んでいた。双方の宗教とも、矛盾しあう原理を持つものではないとされ、合一される、と見られていた。もとより、神自身の告知は、「超感性的なものを通してのみ、我々の内に生じる」(GA. I-1, 38) のであるからして、神が「道徳的立法者として承認」(GA. I-1, 38) されるに到るのは、「我々の内なる道徳律」(GA. I-1, 39) が前提されていればこそだ、とされた。

それに対して、「道徳法則の執行者」(Storr, 140) としての神をも強調するシュトールは、その『フィヒテの「あらゆる啓示の批判の試み」に関する啓示についての所見』では、「我々の内における、自己意識による、道徳法則の告知」(Storr, 127) こそ、神の究極目的だとした。シュトールによれば、神についての実践的な真理の総括が、「我々自身から、独自の理性によって発見される限り、自然宗教」(Storr, 135) であり、「神自身から、感性界における超自然的な因果性によって知らされる限りにおいて、啓示宗教」(Storr, 135f.) だという。そして「啓示宗教は、自然宗教より多くの、神についての実践的な諸真理を教えた」(Storr, 136) と考えられるがゆえに、「啓示宗教の内容を単に、自然宗教の実践的な諸真理へ制限せんとすること」(Storr, 136f.) を、すなわち道徳神学を批判したのである。

対立した把握を示してはいるものの、道徳神学もシュトールも、理性と啓示という相で宗教を見ていたことに対して、ヘーゲルは「自然法講義草稿」(Kim. 45) で宗教の形態を歴史的に捉え直し、歴史的展開の相のもとで叙述する。ヘーゲルによると、自然宗教は、「根源的な宥和」、の状態にある国民の精神に生まれ、「生を営むということが、神々と語らうこと、つまり神々と相互に与え合い、受け取りあうことである」(GW. V, 461) ようななかで成り立っていた。第二の宗教形態とされるのは、神々が消え失せた自然にあって、精神と実在の個人との宥和を喪失した痛苦の感情を表現するものとしてのユダヤ教、さらには、この限りない苦悩と自然への侮蔑にもかかわらず、「一人の人間が絶対的なものと合一しているという確信」(GW. V, 462) を具現したキリストの教えである。このイエスにおいて「人間の姿をとって神が現出していた」(GW. V, 462) 上に、「神的なものが自ら死んだ」(GW. V, 463) というところに、「神性を喪失した自然の限りない苦悩」(GW. V, 463) が表現されているという。さらには、イエスの復活を通して、「人間は神化された」(GW. V, 463) という。こうしてヘーゲルは、キリスト教において宥和が再建される概念装置が整ったと見たわけである。

だがヘーゲルは、普遍教会を実現したカトリシズムも、無限の憧れを抱くプロテスタンティズムも、キリスト教の有限な形式だとして、「哲学を媒介として第三の宗教の形式が形成される」(GW. V, 464) と語ったという。従来の宗教では、自然について、これが神聖だとしてその内部から宥和をもたらす論理は見られなかったからである。したがってヘーゲルは、「精神が自らを精神としての本来固有の形態において聖化して、自らとの根源的な宥和を樹てる」(GW. V, 465) 働きを、「新しい宗教」に委ねるとともに、草稿の掉尾で「哲学」(GW. V, 465) に、そうした歴史的な経験全体の認識を示すことを期待したのである。

確かに、絶対的な宗教にあっては「神、すなわち彼岸にある絶対的な本質存在が人間となる」(GW. VIII, 282) とされはした。しかし、宗教は、本質を我がものとすることであれ、知や真理という形においてではなく、「知と真理との統一を表象する」(GW. VIII, 282) に留まる。やはり宗教は、「自らの現実性を超えた思惟」(GW. VIII, 285) であり、精神が「自らを表象するに過ぎず」(GW. VIII, 286)、「断言」(GW. VIII, 286) だとも言われる。教会がもたらし得るのは、「思惟における宥和」(GW. VIII, 284) でしかない。それに対して、この『一八〇五－〇六年の精神哲学草稿』でヘーゲルは、地の国を神の国として確認するかのように、「天国の現実〔化されたもの〕と、はまさに国家である」（GW　. VIII, 284）と言い切ったのである。

「人間は〔国家と教会という〕二つの世界に生きる」（GW. VIII, 284）、こう書いてヘーゲルは欄外に、「人間は自らの宥和を約束されている」（GW. VIII, 284 Anm.）と付け加えた。その宥和が成り立つのは哲学知を措いて他にない。振り返ってみるに、ベルンやフランクフルトにあって、ギリシア的な調和に憧憬を馳せつつ、近代の二元論的な対立を克服しようとしていた若きヘーゲルの実定性批判からして、主体と客体、組織と個人というような、二元論的な対立のなかに囚われたものであったと言えよう。教育・研究職に奉じることになったイェーナにおいて、有限的なものや主観的なものを自ら無化することを、知においても、信仰にあっても、追求することになった時、体系を構築しようとしていたヘーゲルは、すがるような思いで、幾つかの構想を、書き上げては改訂を重ね、破棄し、新たな構想を樹てる日々であった。宥和が約束されているという願いを支えたのは、哲学することへの使命感と、それまでの自らの労苦であったに違いない。

　事実、我々は、『精神の現象学』の叙述の基底に、ベルンからフランクフルト、そしてイェーナと、概念の荒野を遍歴してきたヘーゲル自身の精神の旅程を見るかの思いに誘われる。本章を通して、ヘーゲルの思想的発展を辿りつつ叙述されたのは、「啓蒙思想」、「道徳的世界観」、「すりかえ」、「断言」、「良心」、「美しき魂」、「赦し」であったが、これらはまさに、『精神の現象学』の「精神」章の後半部のモチーフに重なるからである。知の体系の構築を目指す際に、そこに向けた過程が、迂路のように見えたり、隘路のように思われても、身をすり減らすような艱難辛苦に堪えて研鑽を続け、身をもって「自己否定」を生き延びたヘーゲルには[15]、知の内に宥和は約束されていたのかもしれない。

〔註〕

（1）I. Kant: Die Religion innerhalb der Grenzen der blossen Vernunft. (1793) S. 133

（2）J・ホフマイスター『精神の帰郷』（久保田勉訳・ミネルヴァ書房）二〇三頁。

（3）この問題については、第一章「哲学と哲学史——ラインホルト、テンネマン、ブーレ、アスト、ヘーゲル」、第二章「哲学の歴史が作られる現場」、さらには、第五章「歴史が物語られる時——ドイツにおける新旧論争と、シェリング及びヘーゲルにおける歴史哲学の成立」においても触れたが、第十章「精神と文字——理解と解釈のよすが」で詳述している。

（4）久保陽一『初期ヘーゲル哲学研究』（東京大学出版会）九八頁以降を参照。

（5）久保陽一『初期ヘーゲル哲学研究』（東京大学出版会・一九九三年）二一八〜三一〇頁における詳細かつ精緻な考証と分析、とりわけ二二〇頁を参照。ならびに『ヘーゲル事典』（弘文堂）におけるクロノロギーを参照。

（6）なお、『精神の現象学』においても、「繋ぎ、また解く」ことについて言及されている (Vgl. GW. IX, 349)。

（7）F. H. Jacobi: Ueber die Lehre des Spinoza in Briefen an den Herrn Moses Mendelssohn. (Neue vermehrte Ausgabe, 1789) S. 215f.

（8）J. W. Goethe: Saemtliche Werke. (Carl Hanser) Bd. V. 408. なお、邦訳、前田敬作・今村孝訳『ゲーテ全集』第七巻（潮出版社）三五七頁参照。

（9）Goethe. 381: 邦訳三三二頁参照。

（10）Goethe. 417: 邦訳三六五頁参照。

（11）Goethe. 422: 邦訳三七〇頁参照。

（12）Goethe. 350: 邦訳三〇五頁参照。

（13）Goethe. 407: 邦訳三五六頁参照。

（14）Goethe. 418: 邦訳三六六頁参照。

（15）ヘーゲル弁証法における「自己否定」は、肯定的で思弁的な認識へと「生き延びる」契機であったこと、さらには、思弁的な知へ到るためのヘーゲルの思想的な格闘については、拙著『ヘーゲル——生きてゆく力としての弁証法』（NHK出版・二〇〇四年）を参看願いたい。

X　精神と文字
――理解と解釈のよすが――

「文字は殺しますが、
霊は生かします。」
（「コリントの信徒への手紙」より）

はじめに

「カント哲学は、その精神（Geist）が文字（Buchstab）から区別され、純粋に思弁的な内容がそれ以外の、論弁的な反省に属するものから、反省にとって有用でありうるものから際立たせられることが必要であった」（GW. IV, 5）。これは、ヘーゲルの『差異論文』の書き出し、第二段落冒頭にある文章である。精神が文字から区別されなければならなかったという奇妙な言い回しは、実は、カントとフィヒテの間での、知識学の正統性をめぐる論争を踏まえた揶揄であった。その論争の周辺を探ると、単に、カント哲学の正嫡は誰かという問題では済まない、哲学的な問題が浮き彫りになる。言うなれば、テクストを解釈する際に依拠するべきは、書かれてある「文言」か、それともそこから読み取った「精神」か、という問題である。哲学史に連綿と続く問題でもあるが、カントとフィヒテとの論争を通して、ドイツ観念論にあっても、改めて身近な問題として自覚されたようである。そして、F・

アストにあって、近代的な解釈学が誕生するに到る。実にそこで明らかにされた解釈についての思想は、ヘーゲル哲学の基本的な発想と通じ合うモチーフを含んでいた。本章は、カントとフィヒテとの間で交わされた、解釈学の課題に通じる論争を検証することから、アストの解釈学のあらましを概観することを通して、ヘーゲルにおける「藝術終焉論」の論理へと照射する試みである。

一　批判哲学の正統性をかけた論争

一七九七年初冬、フィヒテはカントから一通の手紙を受け取った。それは、九か月前にフィヒテが書き送った手紙への返信であった。その書簡でカントは、『ベルリン月報』などでの論文発表について伝える形で、近況を報告するとともに、体力の衰えを訴えながら、次のように書いていた。「私はほとんどまったく、実践的な分野に専念していたいと存じます。ですから、理論的な思弁の精緻さ、とりわけ最近の極めて尖鋭的な理屈に関しては、喜んで他の方々にお任せしましょう」(GA. III-3, 102)。そして、九五年と九六年に、フィヒテから送られた著書を落手した挨拶を記した上で、「生き生きとした、しかも分かりやすさを加味した叙述のできる卓越した才能が大兄（フィヒテ）の最近の論稿で展開されている」と持ち上げてみせたのであった。ところが、カントの真意は、フィヒテの才能を、『純粋理性批判』の解説のために活かすようにという忠告であったようだ。

しかし、この手紙を受け取ったフィヒテは、自らの知識学についてカント自身から、その正統性を認められたのだと考えた。九八年一月一日付けのカント宛て書簡で、フィヒテは次のように書き送った。『『理論的な思弁の精緻さ、とりわけ最近の極めて尖鋭的な頂点に関しては、喜んで他の方々にお任せします』と、先生ご自身が仰っておいでなので、ドイツの哲学者たちが大軍となって、その中に身を投じている人ならほとんど誰もが、先生から賜ったと申し立てて、私の体系を拒否せんとする判断を下していても、私はますます落ち着いていられるというものであります」(GA. III-3, 105)。この九八年は、フィヒテに大きな転機が兆した年となった。同僚として一〇月にシェリングを迎えるとともに、晩秋からいわゆる無神論論争に巻き込まれてゆく。明けて、一七九九年一月一一日の『エアランゲン文芸新聞』に次のような批評が掲載された。

「カントは超越論哲学の最初の教師であり、ラインホルトは批判主義の学説を普及させた最も卓れた人である。とはいえ、最初の超越論哲学者その人は、疑いもなくフィヒテである。フィヒテは、批判において構想された計画を実現したのであって、カントによって示唆された超越論的観念論を、体系的に完遂したのである」(Fichte im Gespraech, II, 37)。そしてその批評は次のようにも述べていた。「批評者の確信するところ、フィヒテの(そして厳密なカント主義者ではない)学説は、真の批判主義の精神(Geist)において考えられている。この人物の哲学的な方法は常に多くの喜びを獲得するに違いない。(……)政治家が今に到るまで解決しようとしても、その手段がその目的に矛盾するがゆえに解決できなかった大きな政治的な課題さえをも、解決するであろう。その課題というのはつまり、ドイツ人たちに一つの国民的性格を与えることであり、彼らを結局のところ、模倣者とか口真似などという非難を超えて高めることである」(Fichte im Gespräch, II, 38)。

これにカントは激しく反発して、「フィヒテの知識学に関する声明」を一七九九年八月七日の署名をもって、八月二八日の「一般文芸新聞」に公表する。そこでは「私はフィヒテの知識学をまったく根拠のない体系だと見なす。なぜなら、純粋な知識学は単なる論理学以上でも以下でもないからである」(Fichte im Gespräch, II, 217) という厳しい判断が表明されたのであった。そして次のように、『エアランゲン文芸新聞』の批評に反論した。「結局のところ〔『エアランゲン文芸新聞』の〕批評者の主張によれば、批判は、感性について言葉で説くものに関しては、文字通り（buchstaeblich）に受け取られてはいけないのだそうで、むしろ、批判を理解しようとする人なら、カントの文字は、アリストテレスの文字と同じように、精神（Geist）を殺すものだから、まずもってふさわしい（ベックやフィヒテの）立場を、自らのものとしなくてはならない、という。従って私は、もう一度言明するものである。批判が文字に従って理解されるべきであることはもちろんだ、と」（Fichte im Gespräch, II, 217）。カントにとって、フィヒテの知識学は許すことの出来ない、批判哲学からの背反だったのかもしれない。「批判哲学にとっては、いかなる意見の変化も、どのような修正（Nachbesserung）も、あるいは別の形の教義体系も存在せず、批判の体系は、完全に確かなものとされた基礎の上に立っていて、永遠に堅固である」（Fichte im Gespräch, II, 218）とカントは確信していたのである。

これに対してフィヒテは、九月一二日付でシェリングに宛てて、声明への反論を書き送る。これは、シェリングによる極めて簡単な序文が付された上で、九月二八日の『一般文芸新聞』に発表された。そこでは、カントが「老衰」のゆえに実践的な分野に専念せざるを得なくなったので、「理論的な思弁の精緻さ、とりわけ最近の極めて尖鋭的な理屈に関しては、喜んで他の方々にお任せしましょう」と書いていた一七九七年初冬の書簡の一節が引き合いに出されるとともに、「私の言葉遣いによれば、知識学という言葉は、論理学を表示するのでは決してなく、むしろ超越論哲学もしくは形而上学そのものを表示している」（GA. III-4, 76）と主張されたのであった。

以上が、フィヒテを巡る超越論哲学の正統性をめぐる論争である。ある意味では、非哲学的とも言えるような、言い合いの中から、解釈の縁《よすが》として、「文字」に忠実であることが先決か、それとも「精神」に重きを置くか、という問題が自覚化されることになった現場である。もとより、カントの権威を尊重して、テクストの「言葉遣い」

に拘ろうとするなら、権威あるテクストあるいはテクストの作者の、「精神」を体現したり、敷衍したりするという発想は出てこないであろう。いや、解説するのならともかく、解釈しようという試みさえ出てこないであろう。いみじくも、F・シュレーゲルは一七九七年の「文献学の哲学」で、「本来のカント主義者が文献学に本気になって取り組もうとしたなら、明らかに、笑止なことであっただろう。——文献学にとって必要な歴史主義はもっと、主張されなければならない。文字に対して精神を主張しなければならない」(KFSA. XVI, 35) と述べていたのであった。

ただ、ここにはパラドキシカルな気持ちも働いていたであろう。すなわち、フィヒテ自身、カントの権威を認めていたからこそ、カントの書簡を後ろ盾にしたかった。言い換えれば、フィヒテ自身、カント哲学の嫡流を汲むものだと主張する際には、カント哲学の権威と伝統の中に身を置こうとしていたこともまた、事実なのである。

二　フィヒテの「哲学における精神と文字」、ならびに時代を隔てたテクストの解釈

一八〇〇年初頭、フィヒテは、「哲学における精神と文字」を『哲学雑誌』に発表した。そこには、先行者の言葉を解釈するにあたっての「精神」と「文字」の問題が浮き彫りにされたカントとの論争をほのめかす言辞は、表立っては見て取れない。フィヒテにあっては珍しく、美学的な問題に立ち入っている論稿である。ただ、一七九五年には既に草稿が書かれていて、シラーの『ホーレン』に寄稿されながらも、シラーによって拒否されたこの論稿が、なぜ一八〇〇年になって発表されたかという背景を忖度するに、カントとの論争が影を落としていたと見るのが自然のようにも思われる。

フィヒテはゲーテに論及する。「我が国民のもとでの自然の得難い人気者である究極のマイスターの仕事において、(……) 教養ある読者が力強くひきつけられるのは、(……) 文字 (Buchstabe) ではなく、精神 (Geist) である。色彩が同じように単調であるなら、言葉が同じように分かりやすく、気高さも同じようであるなら、非常に気の抜けた仕事、非常に面白くない仕事、非常に無気力な仕事を成し遂げることしかできない。これらの仕事に支配しているのは、気分 (Stimmung) である。こうしたフマニテートの最も高貴な華は、自然によってただの一度、ギリシアの天空の下へと駆り立てられて、北方におけるそれらの奇跡の一つによって繰り返された。我々の魂に寄り添うのは、あの終わってしまった文化 (geendigte Cultur) の生き生きとした姿である」(GA. I-6, 357)。そして、ヴィンケルマンによる性格付けを想起させるかのように、ギリシア藝術の性格を「純粋な均一性 (Ebenheit) やその心情の動きにおける優しい優美さ (Grazie)」(ibid.) に見るとともに、それはすべて失われたとする認識を語る。だが、マイスターの仕事においてこそ、「ギリシア文化が自己自身において、自己自身に基づいて存立していた生き生きとした形象」は復活を見て、「我々の考察の対象」となるという。そこにフィヒテは、「感覚世界から引き裂かれたというのではなく、むしろ離脱したと感じている人間性の完成 (Vollendung der Menschheit)」(ibid.) を捉えたのである。

フィヒテは、ゲーテに、ギリシア藝術の精神の再現を見るとともに、「解釈」の営みに際して露呈する問題を意識していたようである。「誰だって、(……) 簡単に予感 (Ahnung) しさえすれば、自分がそこへと向上しなくてはならないのは、文化の次の段階だということが即自的に分かるだろう。(……) 私たちが話題としている詩人にとっては、人間文化の二つの異なった時期が存在していて、それらの段階すべてとともに見定められなくてはならない。詩人は、自分の時代を、最後の段階になって受容してこそ、前の段階を自分の時代とすることができる。ところが彼の天分は、時代のゆっくりとした行程を、はるかに飛び越える。彼は、本当の藝術家なら誰もがそうするべきであるように、自分の公衆そのものを形成したし、次の世界（Nach Welt）のために働いたのであって、我々人類がより高次の段階へ進んだのなら、そのとき彼の尽力（Zuthun）なしではあり得なかったのである」（GA. I-6, 358）。予め、目指すべき次の段階を「予感」していてこそ、より高次の段階へ進むことが出来る。それと同時に、自分の拠って立つ段階を把握してこそ、先行の段階をも自らのものとして、連続的な行程とすることができる。しかし、天才は時代の動きを超えていて、その時代では理解されなくても、次の時代のために働いている、こうした論旨に接するにあたり私たちは、次のようにガダマーが述べている思想の、歴史的現場に臨んでいるような思いに誘われる。すなわちガダマーはこう語っている。「人間同士のあいだで生じる了解という出来事の言語性は、まさになんとしても越えることのできない限界が存在することを示している。この限界も、ドイツ・ロマン派が、その形而上学的な意味を初めて積極的に評価したところであった」（ガダマー「テクストと解釈」『テクストと解釈』産業図書、三八頁）。

フィヒテがカントの老衰を踏まえた上で、その手紙を理解しようとした事態は象徴的である。つまりフィヒテにしてみればカントは今や、過ぎ去りつつあったものであったのだろう。だからこそ、そこに「解釈」の問題が挟まってきた。カントが現役の人であったのなら、その「言葉」のままで、十分に明示的かつ実効的であったに違いない。人でこそないが、同じように過ぎ去ったテクストが、今では伝承の形でしか機能していないという問題に、ヘーゲルも直面していた。

すなわち、フランクフルトで書かれた『ドイツ憲法論』の草稿には次のようにある。「ドイツの国憲という建造物は過ぎ去った幾世紀もの仕事であって、最早、今日の生命で支えられてはいない。この建造物のいろんな形式に刻印されているのは、一千年以上にわたる運命の全体であって、それらのうちに宿っているのは、遥かに過ぎ去った時代の、亡んで久しい幾世代の、正義と権力、勇気と怯懦、名誉と血潮、困窮と平安である。今日生きている世代が展開したり活動したりして誇りに思うような、そうした生命と活力は、この建造物の諸形式には少しも関わっていない。（……）そんな建造物は、その柱やその唐草模様とともに、世界における時代精神（Geist der Zeit）から遊離して存立している」（GW. V, 7）。

さてこの箇所を、一八〇二年晩秋から翌年にかけてイェーナでヘーゲルは、次のように書き直す。「〔ドイツという〕この団体の組織はドイツの国憲と呼ばれるものであり、これが形成されたのは、そののち、そして今日においてその団体のうちに住んでいるのとは全く異なった生活においてであった。亡んで久しい世代の、さらにはこれらの世代とともに没落した習俗や社会関係の、正義と権力、智恵と勇気、名誉と血潮、平安と困窮が、この団体のいろんな形式のうちに表現されている。しかし、時代が経過し、時代において教養形成が展開するにつれ、かの時代の運命と今日の時代の生命とは相互に分離してしまった。かの運命の住まっていた建造物は、最早、今日の世代の運命によって支えられてはいない。この世代の利害関心や活動に関わることや必要であることもなく、世界の精神から遊離して存立している。（……）全体は瓦解し、国家は最早存在しない」（GW. V, 165）。

ヘーゲルによれば、ドイツを国家と呼ぶことができないまでに到った「この結果の内的な原因が何であるか、つまりその精神（Geist）が何であるか」、「出来したことに目を奪われずに、出来事とその必然性を認識する」（GW. V, 162）ことが必要だという。とはいえ、それができるようになるのは難しく、人は往々にして「物事を、ただ個々の出来事として捉えるだけで、一つの精神（Geist）によって支配される出来事のシステムとして捉えはしない」（GW. V, 163）。この時点でヘーゲルは、まだ、「精神」を体系全体に貫徹する基軸として展開しきってはいない。にもかかわらず、今となっては最早生きているとはいえないような、過ぎ去ったものを捉えるには、「精神」に依拠することが必要だと考えている。この時のヘーゲルにとって、過ぎ去ったテクストは、ドイツの国憲であった。時代を隔てたテクストを理解するには、「精神」に基づくことが必要だという認識を私たちは、ヘーゲルにも見ることができることを確認しておきたい。

こうした解釈学的な把握は、必ずしもこれまでその思想の重要性が明らかにされてきたとは言えないが、ヘーゲルの同僚でもあったことのあるF・アストによって明確に自覚化されたものであった。

三　アストの解釈学における「全体」と「個別」の循環

F・アストは、麻生健の『解釈学』によれば、一七九八年以降、イェーナ大学で、シュレーゲル兄弟、フィヒテ、シェリングに学んで、そのイェーナ大学で、美学と哲学史の私講師を務めた後、ランツフートに転じたというから、ヘーゲルと同僚であった時期があることになる。ヘーゲルはアストの哲学史を、自らの哲学史講義で「比較的良く出来ている綱要の一つ」(Einl. 259) と評価してもいる。アストの『文法、解釈学そして批判の基本線』(以下、『解釈学』と略記) は、一八〇八年に刊行された。そこでアストは、過去の文化や著作だけでなく、著者、要するに人間一般を理解するための理論を提示しようとする。「理解という行為そのものへの反省、および『他者』理解の問題が新しく解釈学の視野に入ってくる」(麻生健『解釈学』世界書院、一〇一頁) からだという。その際に、解釈しようとする素材の「文字」に依拠するのではなく、「精神」を媒介とする。「アストの場合に著者への『自己移入』の鍵になるのは、ちょうど宗教改革以来の聖書解釈における『聖霊 (heiliger Geist)』に代わる、『精神 (Geist)』

である」（麻生健『解釈学』一〇五頁）。以下、そのアストの解釈学のあらましを見てゆきたい。

> 「フレムトな世界を理解し、把捉することだけでなく、そもそも他者一般を理解し、把捉することは、すべての精神的なものの根源的な統一と同等性がないなら、精神におけるすべてのことの根源的な統一がないなら、端的に不可能である。（……）私たちは、そうやって、私たちの精神が即自的に根本的に、古代の精神と一つでなかったなら、古代を普遍的なものにおいて理解しもしなければ、芸術作品もしくは著作を理解したりもしない以上、私たちの精神は、私たちにしてみれば、時代的にそして相対的にフレムトな精神を自己自身のうちに受容することができるだけである。（……）純粋な精神との関連では偶然的に違っている時代的なものにして外的なものを捨象するなら、すべての精神は同等である。そして、これこそまさしく、文献学的(philologisch)な教養の目標であり、時代的なものや偶然的なもの、主観的なものから精神を純化することであり、精神に、より高次の純粋な人間にとって必然的な根源性にして全般性を、つまりフマニテート(Humanität)を与えることである。これによって精神は、たとえどんなにフレムトであっても、あらゆる形式や叙述のうちに、真にして善かつ美なるものを捉えることができる」(Hermeneutik, 112)。

理解するにあたって、外から相対的に捉えるのではなく、普遍的な脈絡において捉えようとするためには、その対象と理解するものとの間に通じ合うものがなければならないとするなら、過ぎ去った時代の過ぎ去ったテクストを解釈して、理解できるのは、精神を措いてない、という把握である。その際に精神は、その時代だけに通用していた偶然的なものや相対的なもの、主観的なものから純化されることによって、必然的に、解釈対象の精神との根源的な統一を達成する中で、人間精神にとって普遍的に等しいものとして理解することが求められる。従って、解釈にあたっては、「根源的な統一」という「全体の精神」が、前提されることになる。そして明らかにされるべきも、そうした精神なのである。

「外国語で、疎遠な形式で書かれた著作を解釈（Deutung）したり、説明（Erklärung）したりすることはすべて、個々の箇所の了解（Verständnis）だけでなく、この疎遠な世界全体の了解を前提とする。しかし、このことはまたしても、精神の根源的な統一を前提する。なぜなら、根源的な統一が前提されることによってこそ、私たちは、疎遠な世界の総体について、理念を形成するだけでなく、どんな個別的な現象でさえも本当に正しく、すなわち全体の精神（Geist des Ganzen）のうちで捉えることができるからである」（Hermeneutik, 113）。著作の全体を個別的な箇所の理解を通して把握するとともに、個別的な箇所は著作全体を通して把握される、という循環において、全体の精神が成り立つとされる。こうした「解釈学的循環」が、「アストの解釈学の中ではじめて概念として登場する」（麻生健『解釈学』一〇五頁）というから、アストの意義は高い。

「理解や認識の根本法則は、全体の精神を、個別的なものから見出すことであり、全体を通して個別的なものを把握することである（Das Grundgesetz alles Verstehens und Erkennens ist, aus dem Einzelnen den Geist des Ganzen zu finden und durch das Ganze das Einzelne zu begreifen)」（Hermeneutik, 116）。

著者を理解するにあたって、明らかにされるべきは、「文字」や「言葉」ではなく、「精神」だとされ、著者個人の精神と時代全体との精神とを統一的に捉えるところに、「理解」が見定められている。従って、ある著作から、その時代の精神をさえ理解できることになる。「古代の著作家はみんな、とりわけその著作が精神の自由な所産であるような人たちは、それによって古代の一つの精神を叙述してはいる。しかしながら、それぞれは、その人の時代によって、その人の個体性によって、その人の教養や外的な生活の境遇によって措定されているその人の仕方に従って叙述するのである。古代のそれぞれの特殊な作家や著者によって私たちには、古代全体の理念や精神が開示される。しかしながら、私たちが完全に著者を理解するのは、ただ、その著者のうちに啓示される古代全体の精神を、著者個人の精神との統一において捉える時だけである」(Hermeneutik, 117)

通常は避けられるべきだとされる「循環」を、アストは積極的に捉える。「ここで、上で注目された循環(Zirkel)が登場する。つまり、個別的なものは、全体を通してのみ理解され得るし、逆に全体は個別的なものを通してのみ理解され得る、直観もしくは概念は個別的なものの認識に先行するとともに、個別的なものの認識を通して初めて、直観や概念が形成されるように思われる」(Hermeneutik, 119)。

著作全体を説明する際も、個々の部分を説明する際も、捉えられるべきは「全体の理念」である一方、「予感」や「先行認識」という形で捉えられていた理念が、個別的なものを統一付ける所に現出するという循環において成り立つのは、了解と説明の完成である。「著作全体を説明するに際して、あるいは、個々の部分を説明するにあたって、全体の理念が産出されるのは、すべてのその個々の境地(徴標)を組み合わせるからではない。むしろ、全体の理念は、理念というものを可能にする人にあって、既に、最初の個別性を捉えることで目覚めるとはいうものの、個別的なものにおける説明が進捗すればするほど、常により明晰により生き生きとなってゆく。個別性による全体の理念の最初の把捉というのは、予感(Ahnung)であり、すなわち、精神についての、まだ規定されても展開されてもいない先行認識(Vorerkenntnis)である。これが直観的で明晰な認識へと到るのは、個別的なものの把捉が進展することによる。それから個別的な領野が目を通されるなら、最初の把捉で予感されていた理念が、個別性において与えられていた多様なものの明晰で意識的な統一として出現し、了解と説明とが完成するわけである」(Hermeneutik, 119)。

このような、解釈における循環が、超越論的観念論の存立機制としての循環に通じる形で構想されていたことは、次の箇所からも明らかである。そこに私たちは、シェリングの『超越論的観念論の体系』やヘーゲルの『精神の現象学』に通じる、知の成立を叙述する方法を見て取ってよい。「ある著作の全体だけでなく、特殊な部分、いや個別的な箇所さえも、ただ、次のように理解され、説明されてよい。すなわち、人は、最初の特殊性でもって、精神や全体の理念を予感しながら捉えるのだと。それから、個別的な分肢や個別的な境地を解釈して、著作の個体としての本質への洞察に達することができる。すべての個別性を認識したあとで、全体は統一へと総括される。その統一というのは、境地の認識のあとで、明晰で自覚的かつ、すべてのその特殊性において生き生きとしている統一なのである。（……）全体の理念は、出発点においてその最初の方向を感じ取った後に、詩のあらゆる要素を通して展開される。そして説明は、こうした個々の契機を、それぞれの契機を、その個人的な生命において捉えなくてはならない。そこまできて、自己展開している境地の円環（Kreis）は満たされる。個別性の全体は、産出が始まる理念へと還帰する、個別性において展開された多様な生は、最初の叙述された産出の契機がほのめかしている根源的な統一と、再び、一つになり、初めには無規定的だった統一は、直観的で生き生きとした調和（Harmonie）になるわけである」(Hermeneutik, 120f.)。

こうした叙述に接するにあたり、ヘーゲルの『精神の現象学』における次のような叙述に想到せざるを得ない。「真なるものとは、自らを回復する同等性、言い換えれば他在において自己自身に反省することであり、根源的な統一そのものもしくは無媒介的な統一そのものではない。真なるものとは、自分自身に成ること、自らの結びを、自らの目的として前提し、また端緒として持ち、遂行と自らの結びとによってのみ現実的である円環（Kreis）なのである」(GW. IX, 18)。知が知の成立を明らかにする循環にあって、先行する段階の個別的な認識は、全体の円現を待って正当化されるという超越論的観念論の発想は、アストにあっても貫かれている。そしてその全体を把握するのは、個別的な意識ではなく精神なのである。

四　アストの解釈学における「精神」と「文字」

アストの解釈学の構想のなかで、「文字」に因る解釈は、「精神」を通した把握に到る最初の段階で必要になるとされる。目指されるべきは、「精神の解釈学」なのである。

「個別的なものは、全体の理念、すなわち精神を前提し、その精神は、個別性の全系列を通して直観的な生へと形成され、結局は自己自身のうちに還帰（zurückkehren）する。自分の根源的な本質へと精神が還流することでもって説明の円環は閉じられる（schließen）。従って個別的なものはどれも、精神を暗示する。というのも、そうした個別的なものは精神から流れ出し、精神でもって満たされているからである。それゆえ、どんな特殊性もその独自の生を持っている。なぜなら、特殊性は精神を個的な仕方で啓示しているからである。特殊性は、それだけでその単に外的で経験的な生の内で捉えられるなら、文字（Buchstabe）であり、その内的な本質において、その意義において、特殊性のうちで個的な仕方で表現されている全体の精神との関連で捉えられるなら、意味（Sinn）であり、文字や意味をその調和的な統一において完全に捉えるなら、精神である。文字は、身体もしくは精神の皮膜であり、これらを通して、眼に見えない精神が外的で眼に見える生へと移行する。意味は、精神を告知し、説明する。精神そのものは本当の生である。／説明されるべきどんな箇所にあっても、最初に問われなくてはならないことは、文字は何を語っているか、ということである。次に、どのように文字は語っているか、言い表されたことは、どんな意味をもっているのか、どのような意義にそれはあるのか、ということである。三番目には、全体の理念もしくは精神は、そこから文字が流れ出し、そこへと文字が意味を経て戻ろうとしているところの統一としては、どのようなものか、ということである。文字は、意味がなかったなら死んでしまい、理解できない。（……）。文字、意味、そして精神は、従って説明の三つの要素である。文字の解釈学（Hermeneutik）は個別的なものの言葉や事柄を明らかにする。意味の解釈学は、その意義を与えられた箇所の文脈において明らかにする。精神の解釈学は、全体の理念と個別的な箇所がより高次のレベルで関連していることを明らかにする。その全体の理念においては個別的なものは全体の統一へと自らを解消するのである」（Hermeneutik, 121f.）

とりわけ、古代研究にあっては、言語の習得が理解の前提になることは言うまでもないし、そのためには古代についての歴史的な知識も必要になる。著者それぞれにあって、その人の教養や言語、表現形式やその方法によって、叙述が違ってくる。したがって、当時の教養形成の状況や学問・藝術の様式を把握しておくことによってこそ、解釈者は、著者の創造的精神を捉えることができる、というわけである。

「言葉を明らかにしたり事柄を明らかにしたりすることは、言語や古代についての知見を前提とする。古代の文法的で歴史記述的な知識を前提するわけである。言語は、それが形成されさまざまな時代に応じて、さまざまな形式や語り口に応じて認識されていなければならない。なぜなら、それぞれの著者は、自分の時代の言語で、自分の国民の語り口で書くからである。ホメロスの語ることが、後の叙事詩人や抒情詩人、劇作家などの語ることから異なっているのは、その創造的精神（Genius）に従って、ではなく、その外的で形式的な教養に従ってなのである。（……）しかも私たちは、説明されるべき著者が叙述の対象に選んだ藝術や学問（Wissenschaft）などが、当時、教養形成のどのような段階にあったのかを探究しておかなくてはならない。芸術や学問についてどのような観点を、一般的に古代は、とりわけ所与の著者は抱いていたのか、ということも探究しておかなくてはならない。そうすることで、私たちは、その後の彫琢や認識の仕事であったものを、より以前の著者に転用したり、あるいは逆に、より以前の著者に、もっと古い表象や観点を裏打ちしたり、まだ展開されていない表象や観点を裏打ちしたり、しないようになるのである」(Hermeneutik, 122)。

アストは、プラトン研究者としての業績が知られているが、プラトン理解にあたって「著者の精神に即して」理解することを求める。そのためには、予め、どのような意図や目的をもって、どのような時代に、どのような境遇にあって、当該の著作が著者によって執筆されたのかということを探究しておかなくてはならないという。つまり、精神の把握に際しては、外的な状況の理解も必要になるわけである。

「著作や個々の箇所の意味は、とりわけ、その著者の精神や傾向から出現する。ただこれらを把握し、熟知している人だけが、それぞれの箇所を、その著者の精神において理解し、その本当の意味を明らかにすることができる。/たとえば、プラトンのある箇所が、意味と言葉に照らして、ほとんど類似しているアリストテレスの箇所とは異なった意味を持っていることはしばしばである。なぜなら、プラトンにあっては、生き生きとした直観や自由な生が、アリストテレスにあってはしばしば単に論理的な概念や悟性の反省たるものだからである。ところが私たちが個々の箇所をそれだけで考察するなら、それぞれの個別的な箇所やそれぞれの著作の意味は、それと密接に結び付けられた別の意味との、そして全体との連関に基づくことになる。こうして一にして同一の著作だけでなく、個々の類似した箇所も、異なった連関においては、異なった意味を持つことになる。しかし、個別的なものの了解が依存しているところの全体の意味を捉えるためには、予め、どのような精神において、どのような意図において、どんな時代に、公共的なそして個人的な生のどのような境遇にあって、当面の著作が著者によって執筆されたのかということを探究しておかなくてはならない。文献の、個人的な教養形成の、著者の生や著作の、そうしたものの歴史は、それぞれの個別的な著作を了解するためには必要である」(Hermeneutik, 123)。

アストによれば、著者の「精神」を説明し、その根源的な生にまで高まってこそ、著作の「文字」の意味も明らかになるという。精神へと透徹することによって、著作の個々の部分の脈絡や理路も明らかになる。多義的な文脈の解釈にあたっては、とりわけ、著作の精神を明晰に認識しておく必要があるとされる。「精神を説明することによって私たちは、文字も、文字の意味（Sinn des Buchstaben）をも超えて、根源的な生へと高まる。この生から、文字も文字の意味も、流れ出て、著者にとって、そうしたものとして輝き出しもするし、著者が自らをより高次の生の明晰さへと高めたならば、直観もしくは概念を身にまとう。しかし、精神を説明することは、二重である。すなわち、内的な説明と外的な説明、主体的な説明と客観的な説明である。精神を内的にもしくは主体的に説明することは、与えられた領域の内部で支えられる。なぜなら、その説明は、著者がそこから出発している理念を調査するからである。そうした理念から、著作の傾向や性格が展開され、著作の個々の部分における理念そのものが追構成（nachkonstruieren）される。（……）個々の箇所の精神を説明することは、その事柄や言葉の理解そしてその意味を、著者の念頭にある理念へ関連づけること、彼の観点、把握、そして叙述の精神へ関連づけること、である。それゆえ、さまざまな言葉の理解やさまざまな意味さえをも与える疑わしい箇所は、一つの著作の精神（その理念と傾向）を明晰に認識することによってのみ、正しく捉えられ、解釈されるのである」(Hermeneutik, 125f.)。

一つの著作のみならず、ある著者の当該の著作以外の著作を包括する形での理解に到るためにも、著者の精神の理解が有効であることを、アストは、プラトン理解に即して、一つの対話篇の理解が、その著作の理念の把握に基づくと同時に、プラトンの根本理念への通暁へと到り、最高の原理を開示することになることをもって説明する。「プラトンの対話篇の精神が正しく捉えられ、かつ叙述されるのは、私たちがそれぞれの個々の対話の理念をそれに類似した別の対話の理念と関連づけ、それゆえ類似した対話をその精神に従って相互に比較して、最後にそれらをプラトンの著作や哲学の根本理念に還元することによる。（……）個々の対話の理念を、すべての理念の一つの中心点に関連づけることも、また、その対話と密接に結びついている対話の理念を、すべての理念の一つの中心点に関連づけることも、最高の原理を開示する、つまり、個々の対話において叙述されていた理念がその究極の基礎付けを持つのみならず、その真の生命を持つことになるような、そうした最高の原理を開示するのである」（Hermeneutik, 126f.）。

しかも、古典古代という時代の精神を顧みるなら、その時代の文化全体の中で位置付けることができるようになるという。「古典的世界の哲学的な精神や藝術家的な精神を認識してこそ、プラトンの個々の著作だけでなく、その全仕事を古代の精神に従って、価値評価することができるのであって、その仕事が古代の似た仕事に対して、藝術や哲学を顧慮しつつどのような関係にあるのかを規定することができる」（Hermeneutik, 127）。

しかしながらアストによれば、時代的に、風土的に制約を担ったような評価よりも、真・善・美に照らして評価される捉え方の方が高次だという。「ある著作を、単に相対的かつ国民的に評価付けることよりも、なおより高次の評価付けというものが存在する。この評価付けは、即自的に考察されるなら、最高の評価付けである。というのもそれは、特殊な（制約された）立場から出発しているのではなく、むしろ、無制約的なものだからである。なぜなら、そうした評価付けにおいては、もはや個性（Individualität）とか国民性（Nationalität）とかが問題なのではなく、むしろ、真なるもの、美的なもの、そして善なるもの自体が問題とされるからである。真なるもの自体は、哲学的な著作、学問的な著作の立場であって、美的なもの自体は、藝術家的な著作の評価の原理であって、善なるもの自体は、自らのうちにおいて双方を捉えている、すべての生の精神である」(Hermeneutik, 129)。

著作を普遍的な生に照らして評価することによって、哲学史的な把握も可能になる。「私たちがたとえば、プラトンの著作を相対的にかつ個人的に評価しようとするなら、著作の精神を、プラトンのゲニウスに関連づけるだろうし、プラトンの著作を国民的に価値付けようとするなら、私たちの評価の尺度は、ギリシア古典古代の精神である。しかし、私たちは、プラトンの著作を無条件に価値付けようとするならば、単に相対的で国民的な立場以上に、最高の無制約な立場へと高まらなくてはならない。そうしてこそ私たちは、プラトンによって講述された理念は真理そのものとどのような調和においてあるのか、とか、それは、真なるものの無制約的な理念からどの程度近いのかそれとも離れているのか、ということを問う」(Hermeneutik, 129)。

この課題を達成することができるとしたら、それは、古代から現代までを一つの精神として捉えるとともに、プラトン哲学の理念が今日の哲学的な問題に生きていることを明らかにするような、哲学を措いて他にない。「哲学を欠いたら歴史もない」(Ast, 8)。これは、一八〇七年に刊行されたアストの『哲学史綱要』にある言葉である。そこでは、統一、対立、そしてより高次の統一という相で展開する哲学の歴史が、思弁によって貫徹されていて、真の生を叙述することが語られている。「歴史家は、事実を理念の啓示として叙述して、事実において(……)より高次の生を認識しなければならない。哲学者は、理念を、自然の歴史や人間の歴史の事実を通して実現して、現実の生へと展開しなければならない」(Ast, 8)。

「一切の教養・形成は、時間における展開である。なぜならそれは、自己展開する生の円環が完結するまで、そして最後の境地がその出発点へ、全体へ再び還帰するまで、物事の本質的な境地が、特殊なあり方をしているそれぞれのものを、次から次へと継起的に周期的に生み出すからである。／こうして人類の生は、〈絶えず自らを完結する、そして絶えず自らを開示する円環行程〉、永遠の現出、自己啓示、そして永遠の還流、自己解体なのである」(Ast, 9)。アストは、普遍的な理念としての生の実相に触れんがために、過去の哲学思想を取り上げる。現代を把握するために取り上げる思想は、過去のものでなければならなかった。人類の生は「還流」するからである。その意味では、過去の哲学的遺産は、過去のものとなったがゆえに、哲学の精神において今も生きている、と言い得るのかもしれない。

結　語

見てきたようなアストの解釈学の文脈でヘーゲルを捉え直してみると、共鳴し合う発想を見て取ることが出来る。『哲学史講義』や、知の成立を叙述する『精神の現象学』はもとより、藝術終焉論も、一つの解釈学的な構想であるような様相を見せてくる。一八二三年の「藝術哲学」講義でヘーゲルは、次のように、「藝術終焉論」に連なる論点を提示している。

「私たちは、藝術が、精神にその利害関心 (das Interesse) を意識させる一つの様式だと言いましたが、その場合、藝術は真理を言い表す最高の様式ではないことを、注意しておかなくてはなりません。藝術を最高の様式だと見なす思い違いについてはまた後でお話しましょう。藝術はその内容からしても、制約があります。感性的な素材を持っているわけです。ですから、藝術の内容がそうであるような、真理のある一つの段階でしかあり得ません。なぜなら、感性的なものでは最早表現することができないような、もっと深い理念のあり方があるからです。そしてこれこそ、私たちの宗教や教養形成の内容なのです。ここで藝術は、以前の段階とは違った形態をとることになります。こうしたより深い理念、最高の段階ではキリスト教の理念は、藝術によって感性的に表象されることはできないのです。というのも理念は、感性的なものに、似ていないどころか、十分になじむことがないからです。私たちの世界、宗教、そして理性の教養形成は、藝術を超えて、絶対的なものを表現する最高の段階として、一つの段階を超えています。それですから藝術作品は、私たちの究極的な絶対的な欲求を満たすことができません。私たちは最早、どんな藝術作品も賛美したりしません。藝術作品に対する私たちの関係は、もっと慎重なものです。同じような理由で、藝術作品について反省したいというもっと詳しい欲求があります。私たちは、藝術作品が理念の最高の表現であった以前よりも、もっと自由に、藝術作品に対して向かっています。藝術作品に対して私たちの判断の達するところでは、藝術作品の内容と叙述のふさわしさについて、私たちの考察している検証にかけましょう。こうしたことを顧慮するなら、藝術の学問は、古代におけるよりも、必要とされるでしょう。私たちは藝術を尊重しますし、藝術を持っています。しかし、藝術を究極のものだと見るのではなく、むしろ、藝術について熟考するのです」(Vorl. II, 5f.)。

しかし、である。アストはこうも述べている。「キリスト教は古典的世界を前面的に克服したわけではない。古典古代は、藝術や学問として生き続けている。そして人類の境地として、古典古代がキリスト教世界とともにより高次の時期へと移行した後でも、なおも生き続けてゆくだろう」(Ast, 12)。アストにあっては、古典古代も藝術も過ぎ去ったものではない。現在において生き続けている。もちろん、ヘーゲルは、藝術の意義を認めないのでは決してない。むしろ、過去においては、真理を表象する機能を果たしていたし、現在でも藝術は存立しうると、敬意を払っている。また、歴史において過去は、亡んで過ぎ去った残骸ではなく、現在に生きているという観点を持ち合わせていた。それならば、どうして藝術終焉論であったのか。

それは、哲学の対象とされるからではなかったのか。絶対的な理念を表現している藝術を理解するには、精神をもって臨まなくてはならず、そこにこそ藝術の真理を開示する「藝術の学問」が成り立つとするならば、常に藝術は、真理を表現する最高の媒体であってはならないことになろう。逆説的に言うなら、藝術は過ぎ去っているものであるからこそ、今日の哲学の立場から生き生きと捉え返すことができるわけである。哲学が藝術を考察するためには、「藝術の哲学」が成り立つためには、藝術は常に終わっていなければならなかったのである。

XI 「哲学史講義」における重層と変奏

はじめに

ヘーゲルは、「哲学史」を、一八〇五年の冬学期にイェーナ大学で開講して以来、ハイデルベルクさらにはベルリン大学で、その生涯に合計九回にわたって講ずるなかで形成と彫琢を重ねて、十回目の講義を始めた直後、病いに斃れた。その全容は、これまで伝えられることのないまま、グロックナー版やズールカンプ版として残されているテクストは、基本的にその編集者カール・ミシュレによって、さまざまな時期の、いくつかのノートから合成されたテクストであり、またミシュレ自身の手も加えられている。入念な校訂を重ねたとされるホフマイスター版でも、実は混乱が見られるのである。

ヘーゲルの行なった講義について近年、自筆草稿や受講生の筆記ノートを厳密な校訂とともに再編集した『講義録選集』の刊行が続けられている。このうち『講義録選集』の六巻から九巻までを占める「哲学史講義」は従来用いられることのなかった筆記ノートや、ミシュレ以後に確認されたヘーゲルの草稿などをも用いて、厳密に年度別のテクストに編集されている。従来の編集によって、ヘーゲルにおける哲学史の構造やその論理は、平板化されて、一つの連続したテクストになっているが、これを、各年度ごとに重層的に重なっているテクストを読み解くならば、動的な形で蘇らせることができるように思われる。

ミシュレ自身、「哲学史講義」を編集した際に三種類の信頼性がある資料に依拠したことを認めている。すなわち、まずヘーゲルの手になる完全な資料があり、そして講義の受講生による筆記ノート、さらには、ヘーゲル自筆の講義のためのメモである。このうち、ミシュレは、イェーナ時代に創られたヘーゲルの講義ノートと、ハイデルベルクでの講義ノートに依拠しつつ、さらに一八二九―三〇年の講義を筆記したJ・F・C・カムペのノート、一八二五―二六年の講義を筆記したグリースハイムのノート、そして二八二三―二四年の講義を筆記したミシュレ自身のノートを用いた旨、明記している。このうち、ヘーゲル自身の手になる講義ノートは、今日では散佚している。ミシュレ自身の筆記ノートも散佚している。しかしグリースハイムのノートは、ホフマイスター版でも用いられていて、また、カムペの筆記ノートも散佚しているとされるが、今日に伝えられている無署名の筆記ノートと同一ではないか、とも見られている。これもホフマイスター版で用いられている。

現在刊行されている『講義録選集』は、従来用いられることのなかった各年度にわたる筆記ノートや、ミシュレ以後に発見されたヘーゲルの草稿などを用いて、厳密な校訂を経て編集されている。通り一遍のテクストではない、各年度にわたって成立した哲学史講義を再編集した新しい版を読み解くことを通して、重層的に重なっているのに平板化されたヘーゲルにおける哲学史像を、新たに立体的に浮がび上がらせることができるようにも思われる。

確かに、ミシュレが言及していない一八二七―二八年の講義について、その筆記ノートを『講義録選集』で辿っても、ミシュレの編集したテクストに共通するような箇所は見当たらない。ところが、ミシュレが参看した二五―二六年、二九―三〇年、そして彼自身が筆記ノートを執った二三―二四年に関しては、ミシュレが編集したテクストに複雑に入り組んだ形で再構成されたさまが『講義録選集』から見て取れる。本章では、一つの完結した形で編集されていたヘーゲルの「哲学史講義」を、文字通り、読み解くことを通して、重層的に成立した軌跡を際立たせるなかで、新たな展望を得ることを課題とする。

一　重層している哲学史講義のテクストの単一化

たとえば、ズールカンプ版全集で「哲学史講義」は第一八巻から二〇巻までを占めているが、その冒頭、一八巻の一一頁から一五頁の中頃、「c) Hieraus [ergibt sich] das Verhältnis zur Philosophie selbst.」までは、ホフマイスター版の『哲学史への緒論』の三頁から七頁に対応するテクストである。ところが、そのあとに続く「Bei der Geschichte der Philosophie……」から、ホフマイスター版では、一八一六年のハイデルベルクでの講義とされている残りのテクストすべてが、『講義録選集』によれば、実に、一八二三年―二四年の冬学期のための自筆草稿だとされている。ズールカンプ版では一五頁から、途中の「A. Bestimmung der Geschichte der Philosophie」という表題を含めて、二八頁の最初の段落の末尾、「Namen der Philosophie teilen.」まで連続している。ところが、そのズールカンプ版では、次からは、『講義録選集』によると一八二〇年の草稿の一五頁のテクストから三行、さらに一八頁のテクストから八行ほど入り込んで、その次に「（a）私念の倉庫としての哲学の歴史」という表題が補われた上で、またしても、『講義録選集』の一五頁からの文章がズールカンプ版の二九頁の末尾まで続く、という具合である。そしてズールカンプ版の三〇頁から三三頁までは、対応する文章を『講義録選集』に探すと、一四一頁以降、つまり一八二三年―二四年のテクストに準じていて、三四頁から三五頁にかけては、『講義録選集』における二〇年の講義草稿のうち一六頁から一七頁までに対応している。

ミシュレによる『哲学史講義』の編集の分析・ズールカンプ版全集第18巻の冒頭部分

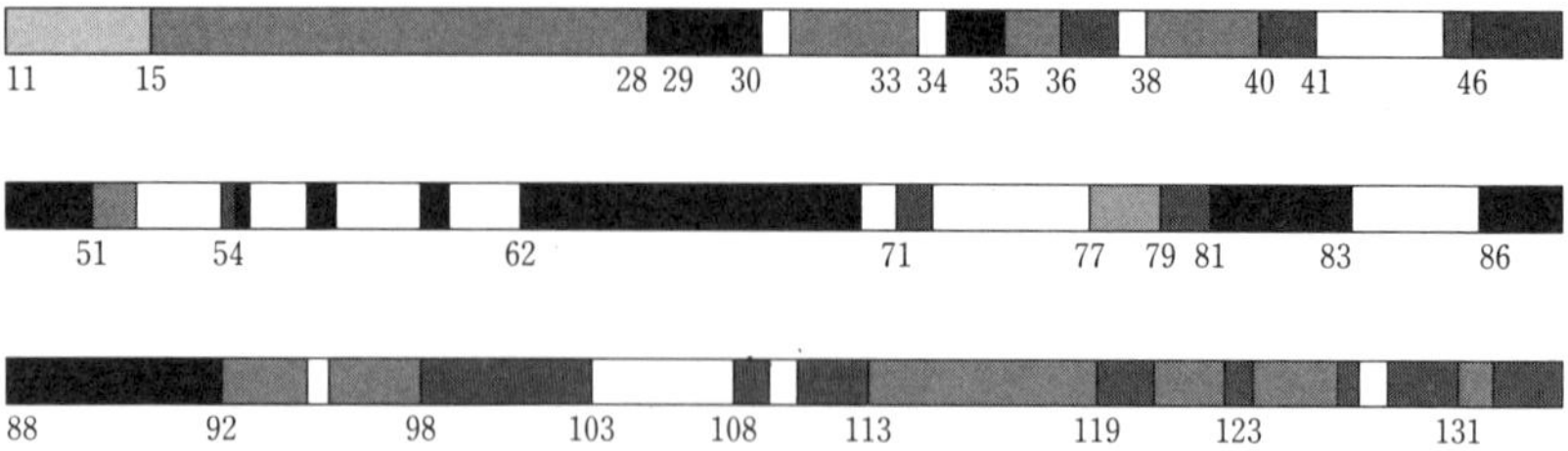

ミシュレの伝える自らの編集する際に用いたテクスト

①イエーナ時代に創られたヘーゲル自身の講義ノート　（散逸）
②ハイデルベルクでのヘーゲル自身の講義ノート
③1823－24年の講義を筆記したミシュレ自身のノート　（散逸）
④1825－26年の講義を筆記したグリースハイムのノート
⑤1829－30年の講義を筆記したＪ・Ｆ・Ｃカムベのノート　（散逸）

ミシュレは言及していないが、対応が考えられる講義ノート

⑥1820－21年にヘーゲル自身が著した講義ノート　（散逸）

ズールカンプ版にある従来のテクストの繋がりを、『講義録選集』に対応させようとしても、錯綜したり、輻輳したりしていて、入り組んでいるので一義的には対応を確定するのはむずかしいが、とりあえず、章末の註に例示するように関連づけることができる。あらためて、ミシュレの編集したテクストが、年代の違う草稿を重層的に合成するとともに、変奏された構想を単一の相で編集したところに成り立っていたことが確認できる。

ミシュレによって編集されたテクスト（数字はズールカンプ版の頁付け）に対応する箇所を『講義録選集』に求めて、その典拠を概略的に示した図を見るなら、いわば「つぎはぎ」であることは一目瞭然である。しかしながら、実際にヘーゲルの遺した草稿や受講生のノートをつぶさに検討してみると、むしろ非常に巧みにノートを繋いでテクストを構成しているという印象を拭えない。ヘーゲル自身の草稿といっても、その叙述の精粗に違いがあり、そのまま連続したテクストにしても、読者の便宜には供し得ないようにも思われるからである。テクスト・クリティークの面から、極めて大きい問題が残るのは勿論である。だが、類似の論点を展開していて、しかもより詳細で完成度の高い草稿や受講生のノートを繋いで合成する、という方針は理解できないわけでもない。それに実際に出来上がったミシュレによるテクストは、それなりの出来映えを示している、と言えるかもしれない。しかし、「哲学史講義」が何年にもわたり幾多の変奏を混じえて講じられたのも事実であり、ヘーゲル自身による彫琢や構想の変化の全貌をうかがい知るには、通り一遍のテクストでは限界があり、『講義録選集』の刊行を待たなくてはならなかったのである。

それなら、ミシュレの編集に比してホフマイスターのテクストが良く出来ているかというと、これには大いに疑問が残る。ベルリン時代の草稿を誤まってハイデルベルク時代のものだとみなした誤り以外にも、大きな問題がある。『講義録選集』における一八二九年—三〇年の「哲学史講義」の緒論と、ホフマイスター版で「付録」として収められている同じ講義のテクストを比較すると、その異同に接して考え込まざるを得ない。その講義からの次のような引用箇所のうち【 】の中の章句は、『講義録選集』にはあるが、ホフマイスター版にはなく、〔 〕の章句は、ホフマイスター版にはあるが、講義録選集にはない章句である。

「哲学が本質的に関わるのは、形式的なものでも、思想の単なる形式でもない。むしろ内容は思想そのものに〔内在し〕【含まれ】ていなければなりません。私達が哲学において関わるのは、内容溢れる思想に他なりません。内容は神であり、自然であり、魂であり、精神です。そうしたものは、自己自身における内実です。〔神は精神における唯一のものです。〕【しかし神は、一つの思想でしかありません。ただ精神にとってのみ存在しているのであって、それを私達は、ただ思想においてしか捉えることができないのです。】私達はなるほど、神について比喩的表現を持つのですが、それは正しく捉えられてはいないのです」(EGdP. 270f.: Vorl. VI, 1829/30, S. 314)。

ホフマイスターのテクストでは、宗教や教会に対して哲学を称揚せんとするヘーゲルの姿勢が、幾分弱められてしまうことは否めない。実に、還暦を迎えんとするヘーゲルは、まだ自らの思想の行方も定かに自覚できていなかった青年期の思索を彷彿とさせるかのように、教会の権威（Autorität）に対して、闘いを挑むのである。「真なるもの、即且対自的に真なるものが一つである場合、宗教と哲学は【本来】一つの【同じ】内容を持っているに違いありません。が、しかし、両者の関係は、歴史においてそう現われたように、徹底的に敵対的です。哲学の歴史が叙述するのは、自由な思想と、国民宗教の権威、教会の権威との闘いの歴史です。つまり、私達が実定宗教一般と称するものと自由な思想との闘いの歴史なのです」（EGdp. 288: Vorl. VI, 1829/30, S. 335）。ヘーゲルの見るところ、ソクラテスも、不信心を理由に罰せられたし、近代世界において哲学が登場した時も、教会から火刑罰をもって処されたこともあったと、哲学が歴史的には宗教と敵対して来たと捉えられる。

しかしながら、藝術が、もともとは、人生の飽くなき追求から、観念性の国、理念の国を直観に供したように、宗教においても人間は、「自らを、自分の特殊性を超えて、自分の必要を超えて高め、自らを絶対的な真理たるところのものにおいて強めて、絶対的なものとの交わりを享受する」（Hoff. 288: Vorl. VI, 1829/30, S. 335）。そして哲学も、ヘーゲルの見るところ、「自由な観念性への逃亡（Flucht in die freie Idealität）であり、思想の自由な王国への逃亡だ」（Hoff. 286: Vorl. Bd. 6, 1829/30, S. 333）という。なぜなら、哲学が登場するのは、「個々人がもはや、現存在の利害関心（Interesse）【すなわち自分達の国家の利害関心】や現実の政治生活の利害関心で満足しなくなって、もはや、これらの活動性の内へ、自分達の最高の使命・規定を措定しなくなった時であって、そこでもはや、現実や国民の人倫性が充足されず、充足はむしろ、ただ観念的なものの国においてのみあることになる」（EgdP. 285: Vorl. VI, 1829/30, S. 332）からである。つまり、「精神は現在（Gegenwart）から［身を退く］【逃げ出す】」（ibid.）ところに哲学の存立が捉えられた。

だからといって我々は、ヘーゲルにあって哲学が現実逃避と見なされていたかのような思いを抱く必要はない。哲学が身を退く現実というのは、既に崩壊に瀕している現実だからである。ヘーゲルは、哲学が登場する〈その時〉について語る。「それはつまり、［精神］【宗教的な形態や政治的な形態】をある形に仕上げることが、別の仕上げへと移行する状況なのです。そこでは、古い仕上げはそれ自体では充足されないままで【、古い生活が没落した、つまり一五世紀のことで】す。【私達は、哲学が再び勃興するのを見ますが、それはただ蒸し返しでしかなくて、異教徒の哲学が引き出されただけです。その後になってもう一度、前世紀そしてその前の世紀、つまり一七、一八世紀において哲学は再興されました。革命（Revolution）において】［そうした時代において］、政治的な実在が打ち倒された時、哲学はその場を得たわけです」（EGdP. 286: Vorl. VI, 1829/30, S. 332f.）。ヘーゲルは「政治的な革命と哲学の登場との調和（Zusammenstimmung）」（EGdP. 286: Vorl. VI, 1829/30, S. 333）にまで論及する。

「哲学は革命的な原理として現象する」（EGdP. 297: Vorl. VI, 1829/30, S. 344）と語る文脈は、ホフマイスター版にあって埋もれていた文面を掘り起こすと、意外なほどに明晰に辿ることができる。逆に言うと、ホフマイスターがテクストとして採用しなかったことが不思議なほどである。同じ講義でヘーゲルは、ギリシア思想の出自を、一面では宗教や神話に、他面では外的な自然の考察に捉えるとともに、対比的にキリスト教的ゲルマンの哲学を描出する。すなわち、精神が内面に構築する具体的な世界である。「そこでは、原理、関心の対象は、直ちに内面的なものそのもの、具体的な内面性、精神の具体的な世界、具体的な叡智的世界、宥和された（versöhnen）世界なのです」（EGdP. 301: Vorl. VI, 1829/30, S. 349）。ホフマイスター版ではこれに続いて、「［従って、ここでは思惟はまったく別の出発点を持っています］」（EGdP. 301）という文章が挿入された後に、「――宥和された世界、神的な世界、実現された精神的世界、地上における神の国（das Reich Gottes auf Erden）なのです」（EGdP. 301: Vorl. VI,

1829/30, S. 349）とテクストは続く。しかし、『講義録選集』にある次の文章は、ホフマイスター版にはない。すなわち、「【教会（Kirche）において、そこでは出発点はまったく違います】」（Vorl. VI, 1829/30, S. 349）、この文章が挿入されることによって、宥和された世界と教会とが対比されることになるとともに、次の文章の「そこで」が指す意味が変わる。「そこで重要なのは、この精神的な世界、この真なるものを《思惟を通して》把握することであるとともに、……精神的世界を思想の形式へ移すことになります。思惟はまず第一に、ただ現前して《前もって》措定されている真理に奉仕します。その限りで、思惟は自由の内にはありません」（EGdP. 301: Vorl. VI, 1829/30, S. 349）。哲学が思想の世界において真理を求めるのは、ホフマイスター版によれば、キリスト教が内面に精神的な世界を拓いたからだということになるが、『講義録選集』では、権威的な教会に対抗してのことであるとも読める。この違いは極めて大きい。

実際、ヘーゲルは、権威に基づく教会と対比的に、自由な思惟に基づく哲学のあり方を描出する。「精神が自由なものとして自らを意識するようになって初めて、哲学は登場することができます。自由は、現存在の本質的な基盤であり、世界をもたらすのです」（EGdP. 286f. Vorl. VI, 1829/30, S. 333f.）。ホフマイスター版では「【哲学の歴史においては、唯一、思想と思想の自由な展開だけが目的です。人はそのための党派に就くわけです】」（Vorl. VI, 1829/30, S. 329f.）という文章は文字化されていない。しかし、ヘーゲルが繰り返し強調するのは、哲学が成立するためには自由な思索が必要だ、ということである。この、思索の自由という文脈を辿ると、それが〈主観性〉に根差したものであることが分かる。「現代の原理はしたがって、主観性でして、対自的に自由であって、現代の自由を自らの内で、実体性と同一に措定するように規定します」（Vorl. VI, 1825/26, S. 274f.）。といっても、哲学が立脚するのは、恣意的な放恣としての自由ではない。「自由は一面においては恣意（Willkür）です。けれども、自由が自己自身の内で理性的であって、主観が自己自身を理性的なものに従って規定する限りにおいて、恣意であることを止めた自由は、本当のものを自らの内に持っているのです」(EGdP. 295f.: Vorl. VI, 1829/30, S. 342)。二九―三〇年の講義でのこの論点を、それ以前の講義に比べて見るなら、思索する自由の成り立ちを権威的な教会に対抗して捉え、世俗にあって思索する自由の称揚する論旨が際立っていることが分かるのである。

二 〈自由〉の境地としての〈主観性〉の位置をめぐる変奏

ヘーゲルが歴史を振り返って、ヨーロッパ哲学を、実質的にはギリシア、ローマの哲学と近代ゲルマンの哲学とに大別した上で、中世の哲学を加えて、哲学の歴史を三期に区分する点では、残されている草稿や筆記ノートを見ると、一貫している。哲学が出現する端緒は、従来の版本では、〈思索する自由〉という主観性にあると理解されている。「本来の哲学は、西洋において始まります。西洋においてこの自己意識の自由が出現するのです。〔……〕西洋においてこそ、初めて光が思想の閃光になって思想が自らの内へ叩き込まれ、そこから自らの世界(Welt)を創造したのです。従って、西洋の至福というのは、そこで主観が主観として持続しつつ、実体的なものにおいて持続される、というように規定しましょう」(SW. XVII, 121)。つまり、ヘーゲルにあっては、周知のように哲学の出現が自由の覚醒と軌を一にするものとして、古代ギリシアに見定められていた。ところが、そのことが明確に語られるのは、体系期にあっても、後期になってからのことなのである。

一八一九年の講義でヘーゲルは、哲学の出生地を「普遍的なものが具体的なものを自らのうちで捉えていて、充実しているという意義をもつところ」(Vorl. VI, 1819, S. 134) に見定め、この時期を「思想がその自由の境地において拡がる時」〔ibid.〕だとする。そしてこの講義では、ギリシア哲学は主観性をまだ欠いていると捉えられている。「ギリシア哲学にある欠陥のゆえに、精神はギリシア哲学以上に高まりました。ここで欠けているのは、絶対的な形式、自己自身を規定している統一、主観性です」(Vorl. VI, 1819, S. 136)。そしてローマの思想の衰微についても、「主観性の原理をまだ持っていなかった思想は見捨てられましたし、抽象的なものでした」(ibid.)と語られる。「最初の哲学は、無邪気なものでして、思想を無媒介的に客観的なものと考えるのです。これに対して主観的なものの対立は、第二の時期〔ヨーロッパ、ゲルマンの哲学〕になって漸く出現しました」(Vorl. VI, 1819, S. 135)という。主観性は、古代には見られない近代に特有の原理だと見られていた。

一八二〇年のヘーゲルの自筆講義草稿においても、「自由であるということが人間の概念を構成している」(Vorl. VI, 1820, S. 36)として、「進歩に貢献したことについては途方もなく大」だと評価されているのは、キリスト教における自由を念頭に置いてのことである。二三―二四年の講義では、〈自由〉に加えて、〈無媒介的な知から媒介的な知へ〉という構造で哲学の歴史が捉えられる。「哲学が出現するために、精神的な自由の意識が必要だと言うのなら、(……)精神の自由のために私達に必要なのは、精神が自然的なものから解き放たれていること、思索が自らのもとに留まっていること、従って精神がその素材に、直観に、意欲の自然性に溺れている状態から解き放たれることです」(Vorl. VI, 1823/24, S. 190)精神が哲学するために、先行している「精神と自然の統一」からの離脱の必要性が語られる。だが〈主観的な自由〉については、さして深められていない。むしろ、哲学的な思索と〈私念〉との違いが強調されたり、「私は自分を普遍的なものとして知る時に、自分を自由なものとして知るのです」(Vorl. VI, 1823/24, S. 195)と、普遍性の契機が強調されたりする。「自由はただ、多くの現実的に実在している自由のもとでのみ自由なのです」(Vorl. VI, 1823/24, S. 195)と語られるが、それは日常的な場面での自由についてである。それだけに、哲学する際の「主観性」の意義が強調されるようになる二五－二六年以降の講義との「違い」が目立つのである。

翻ってみるに、これまで我々は、「歴史哲学」でもソクラテスに主観性の覚醒が読み込まれていたのを知っている。「主観性という内面世界が登場することによって、現実との断絶が生じました。ソクラテス自身はなるほど、市民としての自らの義務をも果たしましたが、彼にとって本当の故郷だったのは、この現存の国家やその宗教ではなくて、思想の世界でした」(SW. XII, 329)。『哲学史講義』の従来のテクストでは「無限な主観性、自己意識の自由がソクラテスにおいて現われました」(SW. XVIII, S. 442) と語られている。だが、一八二三－二三年の「世界史の哲学」講義でソクラテスに割り当てられているのは、内面性の開示である。これに対して、『講義録選集』での通史の部分は、一八二五－二六年の講義であるが、そこでは、ソクラテス以前の哲学が自然哲学であったのに対して、ソクラテスによって「主観が自由であることを物語る〈道徳〉」(Vorl. VII, 1825/26, S. 129) が導入されたとした上で、ソフィスト達との違いについてはこうある。「思惟の措定活動や産出活動は、一面では主観的であって、思惟する人間の活動性によって措定されています。そしてそれは、主観が自分のもとにあるという自由の契機です。これこそ、精神の本性なのです。しかし、同じようにそれは、即且対自的に存在していて、客観的なものです。といっても、外面的な客観性ではなくて、精神的な普遍性のことを意味しています。これは真なるものであって、近世の用語法で言えば、主観的なものと客観的なものとの統一です」(Vorl. VII, 1825/26, S. 129)。

ヘーゲルの見るところ、ソクラテスにあって、その思索は、人間の思惟という主観性において存立して、自由を契機にしている点で精神の本性を体現するとともに、精神の普遍性という意味で客観的な思索にもなっている。このソクラテスの思索にヘーゲルは、近世哲学に通じるものをみたのである。だからこそ、「ソクラテスの立場は、ギリシア的な原理や生活の現実に反している」（Vorl. VII, 1825/26, S. 163）とされて、罰せられることになる。無媒介的に自然や習俗と調和の状態にあった古典古代にあって、主観性を覚醒させる契機となり、人間の内面を拓いた上で客観的な思索を呈示したソクラテスが、時代との軋轢によってまみえなくてはならなかった運命である。もとより、ソフィスト達の思想も、主観的な思惟に立脚していた点で同じように見なされる。「すべてのもの、すべての内容、すべての客観的なものが、意識、それも思惟する意識との関連においてしか存在していないということが含意されています。思惟する主観性、この本質的な契機がここで言表されているのです」（Vorl. VII, 1825/26, S. 124）。この点でカントに通じることとさえ指摘されたのである。

むろん、哲学の境地は普遍的な真理を認識せんとする思索にある。それが、客観的な妥当性を持つにせよ、自由な思索が主観性において成り立つのも事実である。とはいえ、主観的な〈私念〉とは違っていて、「勝手な主観的な表象」（Vorl. VI, 1819, S. 110）ではないのは勿論である。二五―二六年の講義では、キリスト教において信仰を自らの内に抱くことを通して、人間と神が一つになり、無限で神的な価値と主観的な原理との統一が実現されたことを念頭に置いて、自由な主観性が古代に比して、近代ではより具体的になったことが明かされる。「私達は本来、二つの理念を持っています。つまり、知としての主観的な理念と、それから実体的で具体的な理念です。この原理の展開や彫琢が今、問題になっていることです。この実体的なものが思想の意識に達するということ、対自的に自由であるものを知るということ、これが現代哲学の原理なのです。古代と違うのは、はるかに具体的な仕方になっていることです」（Vorl. VI, 1825/26, S. 275）。自由の具体化の違いが古代と近代を分ける。

一八二七―二八年の講義では、こう語られる。「第二〔段階の思想の形態〕は、自らを規定する思想、すなわち概念です。この概念を私達は、ギリシア的な世界において出現するのを見ます。ここでは既に注意したように、自由が出現するわけです。つまり人格的な自由、主観的な自由が出現するのでして、その結果、思想は自らを対自的に規定することができます」(Vorl. VI, 1827/28, S. 310)。この年の講義でヘーゲルは、自由を称揚し、「権威性」に対して口をきわめて反駁する。「哲学が、ありとあらゆる権威から自由であるということ、一切の内面的な権威からも外面的な権威からも独立的な、自由な思想という哲学の原理を貫徹するために必要なのは、哲学が自由な思想を把握するに至ること、哲学が自由な思想から出発すること、自由な思想が原理であることなのです。自分の思惟、自分の確信を抱いたからといって、権威から自由だということではまだないのです」(Vorl. VI, 1827/28, S. 303)。

ヘーゲルは、ギリシアで主観的な自由が出現したと見るとともに、キリスト教世界において、無限の客体との統一という課題に直面して、今日では「主観性と客観性との関係や認識の本性」(Vorl. VI, 1827/28, S. 311) が哲学の基礎を成しているとする。こうした主観と客観との対立が、哲学の歴史における進歩、展開の原動力となったと考えられている。従って、今日になって達成された思想の自由という主観性は、ギリシア哲学において既に主観性が覚醒したと見られていたにしても、決して、そうした素朴なギリシア的な主観性ではない。「思想の価値は、主観の側面にある、と考えられています。ですが哲学においては、なるほど思想も対象とされますが、しかし、ただ主観的なものとして、すなわち私達の内なる内面的な活動として対象とされるのではありません。むしろ思想は、客観的に普遍的であるという意味で対象とされるわけです」(Vorl. VI, 1827/28, S. 309)。つまり、〈主観〉といっても、客観に対立する限りの主観ではなく、主観と客観との、自由と必然との、思想と存在との対立を認識している思想という意味での〈主観〉だと考えなくてはならない。

こうして見ると、一八二五年頃を境にヘーゲルにあって、哲学における〈思想の自由〉が強調され、それとともに、既にギリシア哲学において主観性の覚醒を見たというように捉え直された、と考えることができる。こうした

〈変奏〉の外的な機縁については、既に明らかにされている。(1) しかし、ここで看取され得るのは、哲学史そのものの構成の変化である。つまり、〈素朴で無媒介的な自然と精神との統一から、分裂を経た上での自己意識的な反省へ〉という構造から、ギリシア哲学にあって主観性が覚醒し、今日のドイツ哲学に到って主観的な自由が自覚されたという構造へ転化したと見ることができる。〈未分化の統一から、思想の自由の意識化へ〉という構成で、自由の理念の実現に向けた〈思想の展開〉を論じていたヘーゲルは、その後期になって、〈主観的自由の覚醒から、無限な客観との対峙を経て、主観における自由の意識化へ〉という〈循環的な自己発見〉を描くことになったのである。

そうであるなら、ヘーゲルの「哲学史講義」は、完成した自らの哲学体系への導入部どころか、それ自身が哲学の歴史の完成を目指して展開していたのかもしれない。超越論的な主観の体系化、あるいは『精神の現象学』の体系化と言えるかもしれない。ソクラテスから出発するのか、それともソクラテスに常に帰るのかの違い、と言ってもいいかもしれない。そして、ヘーゲルの時代に、自らソクラテスの「無知の知」を標榜した思想家がいた。

三　〈主観的な自由〉の意義をめぐるヤコービの位置付けの変奏

一八二五―二六年の哲学史講義は、緒論の部分だけでなく、全体を通して『講義録選集』に収載されている。そこでは、従来伝えられてきた版と、ヤコービの位置が違っている。つまり、従来の版では、ヤコービ―→カント―→フィヒテ―→シェリングという順に並んでいたが、今回の講義録選集では、カントからフィヒテを経て、ヤコービそしてシェリングへと続いている。そのヤコービについてヘーゲルが論じたドクメントとして、我々は、『スピノザ書簡』や『フィヒテ宛公開書簡』を論じた一八〇二年の『信と知』を知っている。そして、一八一七年の

『ヤコービ著作集』第三巻への批評」でも、ヤコービについて再論している。ここでは、ヤコービがスピノザ主義の研究を通して、自分の立場を確立して、「カント哲学の出現に立ち会った」(GW. XV, S. 8) と、カントに先立つ歴史的な位置を与えているのである。では、一八二五年のヤコービ論の観点は、それらと違うのであろうか。

哲学史講義でヘーゲルは、ヤコービの思想の功罪を述べながらも、基本的に高く評価している。ヤコービは、無制約なものが認識されるというのなら、無制約なものであることを止めるであろうと主張する一方 (Vgl. Vorl. IX, 1825/26, S. 166)、「信仰」という名の〈直接知〉を求めた。それをヘーゲルは、〈批判〉に立脚したカント哲学に対して、直接的な形であれ、〈知〉の実現を求めようとすることを通して、カントの二元論的な矛盾を解消せんとした企てだと、解釈するのである (Vgl. Vorl. VI, 1825/26, S. 172)。

ヘーゲルの見るところ、カント哲学は、意志が自立的であり、自発的であり、自律的だということを、つまり意志の自由を明らかにした点に歴史的な意義を持っていた。『実践理性批判』原版五八頁を踏まえて、次のように叙述する。「意志というのは、自由たること、自己自身を規定することです。意志は自立的であって、絶対的な自発性であり、自律的 (autonomisch) です。意志は、自らの目的のためだけに、自らの自由を持つことができるのです。このことがカント哲学の偉大な重要な規定です」(Vorl. IX, 1825/26, S. 168)。さらに五一頁を踏まえてこう続ける。「しかし、意志にとっては、意志そのものから汲み尽くされた目的、自分の自由の目的しかありません。これが大いなる進歩でした。つまり、この原理が樹てられ、人間の自由こそが、人間がこれをめぐって回るところの究極の枢軸であって、究極の絶対的に確固たる最前線なのです。この最前線はそれ以上展開されないので、人間は、自分の自由に対抗するものなら、いかなる形式であれ、どんな権威をも認めません。この偉大な原理をカント哲学は獲得したのです」(Vorl. IX, 1825/26, S. 168)。ただ、カントにあって神の存在は要請されるに留まり、二元論的な亀裂が哲学の世界にもたらされた。「カントにあって神はただ信じられ得るだけであって、実践理性の要請に他なりません。ヤコービの〈信仰〉はこれに関連しています。ここでヤコービはカントと一致するのです」（Vorl. IX, 1825/26, S. 172）。それだけではない。カントにあっては知ることのできない彼岸へと架橋するものとして、ヤコービの〈信仰〉をヘーゲルは捉える。ヤコービにしてみれば、神や絶対的なもの一般、無制約なものは、媒介的に証明されたり把握されたりこそできないが、直接的に確実に知ることができる我々の内なる啓示だ、というのである。

反面、ヘーゲルが指摘するように、「宗教的な内容のためにとっておかれていた〈信仰〉という表現が、ヤコービにとっては、直観的な知の意味で、どんな種類の内容にとっても用いられる」（Vorl. IX, 1825/26, S. 174）ことになった。ヤコービは、日常的な事柄の認識にまで〈信仰〉の範囲を拡張したのである。もとより直接知は、理性による哲学的な認識に対立するとされた。しかし、ヤコービの把握では、悟性が有限なものの啓示であるのに対して、理性は、即且対自的に存在するものの知であり、神の啓示だともいう。「哲学の根源は存続しなければならない。人間の認識は、啓示から出発するが、それは摂理を啓示する限りの理性、つまり啓示された自由なのである」（Jacobi: Werke. Bd. 4-1, S. XXIIf. (Buchgesellschaft)）。要するに、ヤコービが忌避したのは、媒介的で論理的な知であった。

しかし、ヘーゲルにしてみれば、知が直接的であるなら、そこには、〈批判〉や〈論理〉が欠如しているのであって、知という限りは、自らの内で媒介されていなくてはならない。「〈考えること〉はすべて、直接的なものではありますが、まさにこの〈考えること〉は、自己自身におけるプロセスであって、運動、生動性なのです。すべての生動性は自らの内における運動であり、プロセスであって、媒介されています」（Vorl. IX, 1825/26, S. 177）。直接知の功績は、むしろ、〈自由の原理〉の称揚に捉えられる。「こうした直接知の立場には、人間の自由を、人間的精神を承認するという偉大さがあります。その人間の自由のうちに、神についての知の起源があるのです。すべての外面性、権威は、そこでこの原理において止揚されています」(Vorl. IX, 1825/26, S. 178)。ヘーゲルの見るところ、精神の自由という主観的な原理であろうと、客観性を獲得しなくてはならない。従って、神は信じられなくてはならないとされることこそ、直接知の限界であって、そこに、絶対的なものを認識せんとする立場への移行の必然性が示されている、というのである。

こうしたヤコービ論を講ずる八年前、ヘーゲルは、当時刊行されつつあった『ヤコービ著作集』第三巻への批評を発表していた。そこでのヤコービの思想に対する基本的な評価は、「哲学史講義」での評価に通じるものがある。「ヤコービにおいて明らかなのは、確固たる感情である。すなわち、真なるものは、これの最初の直接的なあり方では、無媒介的なものではない精神にとっては不十分なものであるという感情であり、すなわち、真なるものはまだ絶対的な精神としては捉えられていないという感情であった」(GW. XV, 9)。しかしながら、ヘーゲルが拠って立つ〈理性〉の立場からしてみれば、「理性にまで進展する意識は、直接的なものがこのように真理であることや〈感性を信ずる〉ということを、容認しはしない」(GW. XV, 9f.) という。したがってヘーゲルにしてみれば、ヤコービ自身にあって、直接的な〈信仰〉や〈感情〉では哲学たり得ないことが、自ずと示されていた、というわけである。

ヤコービは、媒介的な思惟を斥けたが、ヘーゲルは、〈否定的なもの〉を媒介として思索を進める。否定的なものが〈すべての規定は否定である〉という形で、有限な事物にのみ帰せられるなら、〈有限なものが止揚されていること〉という否定態の否定態に、実体が想定されることになる。その場合の否定は、実体の外部で生じることになりかねない。ヘーゲルはむしろ、実体そのものの内に、否定の原理を読み込もうとする。それが、ヘーゲルにしてみれば、絶対的なものをただ無媒介的に〈実体〉として捉えるか、それとも媒介的に、自覚的に〈精神〉として捉えるかの違いに繋がる。「絶対的なものが単に実体としてのみ規定されているのか、あるいは精神として規定されているのかという違いは、もっぱら次の違いから来ている。すなわち、思惟は自らの有限性と媒介とを無化し、自らの諸々の否定態を否定し、こうして一なる絶対的なものを捉えるに到ったわけだが、そうした思惟が、自ら絶対的な実体を認識するに際してすでに何を行なってきたかということについて、意識しているか、それとも意識していないか、という違いに基づいているのである。ヤコービは、絶対的な実体から絶対的な精神へのこうした移行を、自らの心の奥底で行なっていたし、御しがたい確信（Gewißheit）の感情に動かされて、〈神は精神であり、絶対的なものは自由で人格的である〉と叫んだのであった」（GW. XV, 11）。

　ヤコービの論点は、「心胸」を主観的な目的として尊重するところにあった。既に、一八〇二年の「信と知」でのフィヒテ批判で際立たされた論点ではあるが、ヤコービは「心胸」の崇高さ、尊厳を、フィヒテの自我の主観性に対して主張する。ヘーゲルは「信と知」での叙述をなぞるように、『ヤコービ著作集』第三巻への批評」でも、ヤコービのフィヒテ批判から同じ箇所を引用する。「安息日に麦の穂をむしり取ろうとします。しかも、その理由はただ、私が空腹であり、そして掟は人間のために作られたものであって、決して人間が掟のために作られたのではないからです。（……）と申しますのは、私は私の内にあるもっとも神聖なる確信（Gewißheit）をもって私は、絶対的に普遍的な理性法則の純粋な文字に反するそうした犯罪のためにも、免責特権（privilegium aggratiandi）こそが、人間の本来的な至上の権利（Majestätsrecht）であり、人間の尊厳と人間における神的な自然の勝利であると知っているからです」（GW. IV, 380f.; GW. XV, 20）。これを「信と知」では、法則性と客観性の無視だと指摘する。これに対して「『ヤコービ著作集』第三巻への批評」では、「特殊なあり方をしている意志、権利、義務、法律を理解して承認することも重要」(GW. XV, 21) と論評した上で、「自己意識が自らの内に知る絶対性を、これほど熱っぽく、しかも気高く語ることは、他の誰にもできない」(GW. XV, 20) と、ヤコービが、〈自己意識〉という主観性のかけがえのなさ、尊厳を称揚したことを、高く、親しく評価する。ヤコービの挙げているデズデモナ、ピュラデス、ティモレオンに即しながらヘーゲルは、彼らの行為が高貴でかけがえのないのは、人間の内面における自由の聖化だと捉える (Vgl. GW. XV, 21)。それも、ただ単に「心胸」の聖化というだけでは片付けられない、外的な法律との軋轢、桎梏を自覚するなかで自由が讃えられているのを、ヘーゲルは読み取ったのである。

四　哲学史の論理と構造をめぐる変奏

『哲学史講義』の従来のテクストでは、ヤコービについては、超自然的なものを無条件に知ろうとする直接知について否定的に語られている。顕彰されるのは、精神の自由を承認したという点である。「精神の自由の内に神についての知の起源があるというのなら、この原理においては、あらゆる外面性、権威性は止揚されています。しかし、それは原理だといっても、ただ、精神の自由の原理でしかないのも事実です。精神が自分のもとにあるという精神の自由や独自性が承認されていて、精神がこうした意識を自らの内に持っているというのは、私達の時代の偉大さです。ですが、これは、まだ抽象的でしかありません。なぜなら、そこから進んで、自由の原理がもう一度純粋な客観性にならなくてはならないからです。私に思い浮かび、私の思いついたことがすべて、私の内に啓示されるからといって、真であるわけではないのです」(SW. XX, 329)。

ヤコービの立場の偉大さと欠陥とに対するこのような総括は、ほぼ同じ文章で『講義録』にもある（Vgl. Vorl. IX, 178）。これに続きヘーゲルは、直接知の立場ではむしろ神は知られ得ぬままであることを『使徒言行録』一七章二三節を踏まえながら論じ、媒介された認識へ移る必然性がヤコービによって明らかにされたと捉える。ヘーゲルのヤコービ論は必ずしも整合的だとはいえないふしがある。そうではあるが、カント哲学とヤコービ哲学とが通底していることを踏まえた上で、「人間が端的に確固たるもの、揺るぎないものを自らの内に見出す」（Vorl. IX, 168）点にカント哲学の偉大な原理があると、ヤコービの箇所で述べたのは、主観性に人間性の尊厳を帰した点ではヤコービも偉大だとヘーゲルが考えていたからであろうか。それが、ヤコービの位置の変更に繋がった要因かどうか、定かではないにせよ、また、ミシュレ自身のノートが由来している二三－二四年の講義は、それ以外の年度の講義に比して独特だったとも報告されている（Vgl. Vorl. IX, S. IX）にせよ、ヤコービの思索の境位だった〈主観性〉をヘーゲルが重く受けとめたのは事実なのである。

しかし、これだけではない。我々は、〈主観的な自由〉がギリシア時代についても認められるようになったのは、体系期にあっても後期のことであることを既に確認している。一八二〇年の草稿では、タレスを論じながら、ヘーゲルはこう書いている。「最高の理念の主観性の規定、つまり神の人格性の規定は、非常に豊かで内包的なので、ずうっと後世になってからの概念です」（Vorl. VI, 1820, S. 41）。そもそもヘーゲルは、「ギリシア人やローマ人達は、精神の自由の概念については何も知ってはいませんでした。つまり、人間が人間として自由に生まれたのであって、人間は自由なのだ、ということを知らなかったのです」（Vorl. VI, 1820, S. 36）とまで言い切っている。こうしたギリシア像からしてみれば、ギリシア哲学において主観的な自由の出現を捉える（Vgl. Vorl. VI, 1827/28, S. 310）把握は、ヘーゲルにおける哲学史の構造の転換だと見ていいかもしれない。そうだとすると、その背景には、歴史の捉え方や哲学の歴史的な展開を裏づける〈論理〉に変化があったのであろうか。

従来伝えられてきたテクストには、哲学体系の歴史的な展開を論理的な展開で基礎付けようとする次のような叙述がある。「歴史における哲学の体系の順序（Aufeinanderfolge）が、理念の諸々の概念を規定する論理的な導出における順番と同一であることを、私はこの〔哲学史の〕理念からして主張します」（SW. XVIII, S. 49）。ヘーゲルの哲学史が哲学史の哲学たり得たのは、こうした観点に基づいて、哲学の歴史の基底にある理念を捉えることを課題とされたからである。「たとえ哲学自身の現象が歴史であるにしても、その現象はただ理念によってのみ規定されていますが、このことを認識することが、まぎれもなく哲学の本務なのです」（SW. XVIII, 50）。ところが、実にミシュレの伝えるこの箇所は、ミシュレの典拠として示されてはいないが、一八二〇年の講義草稿にある叙述なのである（Vgl. Vorl. VI, 1820, S. 27）。すでにヘーゲルは、一九年の講義では、「歴史において叙述されるものは、思想的な概念においても存在しています」（Vorl. VI, 1819, S. 115）と、歴史と哲学体系との並行関係を語っていた。一八二〇年の草稿でヘーゲルは、哲学の端緒を、「最も教養形成されていないもの、自らの内で最も展開されていないもの」（Vorl. VI, 1820, S. 40）だとしている。〈無媒介的で未展開のもの〉から媒介を経て、〈理念の自己実現〉に向けて歴史が展開するという、目的論とも言い得るような捉え方で、歴史的展開は基礎付けられている。だが、その背景にあったのは〈論理と歴史の相即性に基づいて、歴史を把握する〉という戦略であった。哲学の揺籃期から近世に至るまで、〈自由な思索〉を枢軸にして哲学史が構成されるには到っていない体系期の前半にこそ、強調されたものなのであった。

二三―二四年の講義では、「哲学の歴史の概念は、論理的な理念において基礎付けられます」（Vorl. VI, 1823/24, S. 162）と、哲学史を講じるには、哲学の論理に予め通じていることが必要だとされる。事実、ヘーゲルはこうも語る。「哲学の体系を歴史において知るためには、哲学を洞察しておかなくてはなりません。したがって、哲学のこうした系列において、一つの体系化（Systematisierung）もしくは展開（Entwicklung）を提示するというのが、それを既に知っている教師の本務です」（V. Bd. 6, 1823/24, S. 157）。ここに見られる解釈学的な含意を強めながら、二五―二六年の講義では、〈自己発見〉のイメージでこう語る。「哲学という学問は、自己自身を考えるという思索のプロセスであるからして、自由な思索の展開です。そして全体は、この展開の統体性、自らへと還帰して全面的に自己自身に留まっている循環（Kreis）であって、循環それ自身は、全面的に自己自身に到ろうとしているのです」（Vorl. VI, 1825/26, S. 219）。哲学体系をバラバラにではなく、歴史として捉えるためには、論理学を修めていなくてはならないことをヘーゲルは主張する。「哲学の歴史の研究は、哲学そのものの研究、とりわけ論理的なもの（das Logische）の研究です」（Vorl. VI, 1825/26, S. 222）この主張の背景には、哲学の歴史を極めるなら、哲学体系の再構成に通じるが、それは、理性の本性によって基礎付けられているからであって、その根拠は哲学史においてではなく、哲学そのものにおいて考察される（Vgl. VI, 1825/26, S. 220）、という考えがある。ここでヘーゲルは、〈論理と歴史の相即性〉を前提してはいないし、論理的な図式に頼ってもいない。あらためて哲学的な認識の展開を基礎として、ヘーゲルは自由な思索の展開を歴史として再構成しようとしていたことが見て取れるのである。

二七―二八年の講義では、「哲学は自己自身を捉える思想であって、これは自らを概念として、理念として形成します」（Vorl. VI, 1827/28, S. 288）と語られた上で、「概念の継起は、個々の体系の認識に同時に一致します」（Vorl. VI, 1825/28, S. 288）とされる。体系の歴史的な展開の〈認識〉は、自由な思索の自己実現の具合をめぐって、概念の論理的な〈進展〉と重ね合わされる。ただ、哲学体系が進展することを理解するために例として挙げられるのは、論理と歴史の相即モデルではない。「論理学において講師（Dozent）は、有論から始めます。進んで行くなかで、この〈有〉はなるほど保持されますが、それは其処へと深められるわけです」（Vorl. VI, 1827/28, S. 290）。ここで語られているのは、哲学の教師たる〈我々〉の立場から見た、初学者における認識が自己確証へ向かう必然性である。思想史を解釈する際の〈循環〉を基礎付けようとしたと言えるかもしれない。こうして「体系期」と、おしなべて称される時期のヘーゲルにあっても、〈自由〉の位置と意味をめぐって、哲学史の構造は、〈論理的な進展と歴史的な発展との相即モデル〉から〈自由な思索による自己発見モデル〉へと、変奏を見たのである。

哲学の歴史を「発見の旅」（Vorl. VI, 1829/30, S. 313）と規定する二九－三〇年の講義では、自由なギリシア的な生活から、自由な思想が現出したところに、哲学の端緒を捉えながらも、全体として、自由の思想化に向けての歴史的展開が再構成されている。「自由なギリシア的な生活において概念は自由なものとして明らかになり、自らを考える」（Vorl. VI, 1829/30, S. 348）という、「精神が自由なものとして自らを意識する」（Vorl. VI, 1829/30, S. 333）ところに哲学への出発が捉えられた上で「哲学の歴史においては、ただひとつ、思想と思想の自由な展開だけが目的」（V. Bd. 6, 1829/30, S. 329f.）だとする観点から、「思想の自由の原理」（Vorl. VI, 1829/30, S. 336）、「理性の自由」（V. Bd. 6, 1829/30, S. 344）を実現することに向けた精神の自己展開が再構成されている。そこではいわば、〈論理構成に基づいた目的論的な自己実現モデル〉と、一八二五年以降の講義に見られた〈循環的な自己発見モデル〉との綜合が試みられていると言えるかもしれない。「論理学における行程と哲学の歴史における行程とは、即且対自的に一にして同一であるに違いありません。この行程が現出するのは、我々が、自己展開する思惟の進行を正しく捉えて、歴史的（geschichtlich）に現出するものと、学問的であるものとを顧慮しながら、しかるべき区別をする時です。ですから、たとえば、一面からすれば、違いがあります。ですが、眼目、つまり結節点においては、論理的なものにおける進行と、歴史における進行とは一つであるに違いありません」（Vorl. VI, 1929/30, S. 323）。

いやしくも哲学の歴史を講じる者ならば、思想の歴史的な展開の基底に論理の展開を読み解くことが前提だ、というわけである。〈我々〉が精神の自由を、歴史的に確立された思想として打ち樹てるところに、ヘーゲルにおける哲学史が辿りついた形を見ることができるのである。

結語　思想の自由と革命の貫徹

思想の歴史的な展開から論理の進展を読み取ること、これが二九―三〇年の講義で課題にされた。「論理学の進行（Fortgang）は、哲学史の進行のための証拠（Beleg）であるとともに、逆もまた成り立ちます。歴史的な展開における諸形態は、具体的な形式において明らかになります。これらの形態を捉えることができるためには、論理学の諸原理を際立たせて、それを哲学史において認識できなくてはなりません」（Vorl. VI, 1829/30, S. 323）。ここでヘーゲルが語ろうとしているのは、論理と歴史のいわば直接的な対応ではない。思想史を論理的に再構成するためには、全体を見通す〈我々〉の立場に立たなくてはならない、という、解釈学的な循環だと言ってよい。「哲学史の緒論では私達は、事柄の概念に、論理的なものにこれ以上深く立ち入ることはできません。むしろ私達は、それについてただある表象を思い浮かべさえすればいいのです」（Vorl. VI, 1829/30, S. 318）。

哲学史の論理と解釈の存立機制を完成しようとしていたヘーゲルにあって、哲学の出自は、精神が自らの生命溢れる自然的な形態の亡びにあって、それを反省的に超出するところに捉えられた。「さらに進みますと思想は、観念的な世界を、かの実在的な世界と対立するなかで産出して、理念的な世界へと逃亡（entfliehen）します。そこで、哲学が出現するとされるのなら、一つの断絶（Bruch）が実在的な世界において出来しているに違いありません。哲学は、思想の端緒となった没落の宥和なのです。この宥和は、理念的な世界において出来しまして、地上の世界が思想にとってもはや満足できないものなら、そこへと思想が逃亡してゆくのです」(Vorl. VI, 1825/26, S. 239)。ヘーゲルはこの現実の世界の没落に、哲学の登場を捉える。

「哲学がその抽象を拡大しつつ、灰色に灰色を重ね塗りながら、登場する時、青春や生動性の新鮮なものは過ぎ去ってしまっているのです。なるほどそれは、宥和をもたらしはしますが、その宥和は現実そのものにおいてあるのではなく、思想の世界においてあるのです」(Vorl. VI, 1825/26, S. 239: Vgl. SW. XVIII, S. 71)。精神は世俗的な国家に充足を見出せなくなった時に、思想の世界に、時には宗教という形で、宥和を求めて逃亡する。だが、その哲学が行なうとされる現実からの逃亡は、必ずしも逃避的なものではなく、ヘーゲルはそこに、哲学が既存の現実に対立するという「革命的な原理」(Vorl. VI, 1829/30, S. 344)を捉えていたことに注意しなくてはならない。「哲学の内容は、現実の自由に対立しているものとして、理性の自由なのです」(Vorl. VI, 1829/30, S. 344)。勿論、近代社会においては、自由が実現されるようになった。従って「外面的な歴史は、自ずから、本質的なものへ、真理との宥和、思想との宥和へ、つまり〈即且対自的に真であるもの〉に駆り立てられます。そしてそれが、国家、つまり理性的な世俗的世界なのです」(Vorl. VI, 1829/30, S. 344)と、「宥和」が語られる。その宥和の実現をヘーゲルは、「地上における神の国」(Vorl. VI, 1829/30, S. 349)と呼ぶ。だが、それは決して、哲学と宗教の調和でも、宗教と国家の調和でもなかった。むしろ、国家の内で哲学が主導する形で行なう、芸術、宗教、思想、一切の吸収合併だったのかもしれない。

二九―三〇年の講義から想起されるのは、青年期のヘーゲルの論調や、歴史的に展開する宗教が、〈自然的で根源的な統一〉から〈自由と主観の最高の享受〉を経て哲学へと止揚されるところに、知における宥和の達成が想定されたイェーナでの「自然法講義」である。還暦を迎えたヘーゲルは、青年期へ還ったかのように、あらゆる権威から思索の自由を擁護しつつ、哲学の歴史を講じる。まさにヘーゲルは、翌年の講義で、こうも語っていた。「子どもは少年になります。子どもが子どもとして達成した能力は、少年になっても続いてゆきます。けれど少年は、若者になりますし、若者は大人になります。そしてこの時、若者の理想は没落して、基礎になります。ですが、教養形成や技量、思想の展開は、壮年期へともたらされます。すべてのこれらの段階にあって、同じ個人が存在しているのですが、ますますより展開されているのです。したがってそれは、それぞれの段階の特殊な諸規定を、否定することであり、同時に保存することでもあるのです」(Vorl. VI, 1831, S. 357)。

「自我は最も単純なものですが、無限に自己自身の内で豊かです」(Vorl. VI, 1831, S. 357) と語ったヘーゲル、自らの内に無限の可能性を信じていたのであろうか。しかし、この言葉を学生に遺して、わずか三日後に、ヘーゲル哲学の精神がヘーゲル自身の言葉で語られる機会は永遠に失われた。ヘーゲルの思索の展開が完結した時から、その解釈はひとえに〈我々〉の手に委ねられることになったのである。

〔註〕

(1) たとえば、山崎純『神と国家――ヘーゲル宗教哲学』(創文社) の第二章、第三章を参照されたい。

(2) たとえば、ズールカンプ版全集で「哲学史講義」は第一八巻から二〇巻までを占めているが、その冒頭、一八巻の一一頁から一五頁の中頃、「c) Hieraus [ergibt sich] das Verhältnis zur Philosophie selbst.」までは、ホフマイスター版の『哲学史への緒論』の三頁から七頁に対応するテクストである。ところが、そのあとに続く「Bei der Geschichte der Philosophie……」から、ホフマイスター版では、一八一六年のハイデルベルクでの講義とされている残りのテクストすべてが、実に、一八二三年の講義草稿のテクストだ、と、最新の『講義録選集』ではされている。ズールカンプ版では一五頁から、途中の「A. Bestimmung der Geschichte der Philosophie」という表題を含めて、二八頁の最初の段落の末尾、「Namen der Philosophie teilen.」まで連続している。ところが、そのズールカンプ版では、次からは、『講義録選集』によると一八二〇年の草稿の一五頁のテクストから三行、さらに一八頁のテクストから八行ほど入り込んで、その次に「a) 私念の倉庫としての哲学の歴史」という表題が補われた上で、またしても、『講義録選集』の一五頁からの文章がズールカンプ版の二九頁の末尾まで続く、という具合である。そしてズールカンプ版の三〇頁から三三頁までは、対応する文章を『講義録選集』に探すと、一四一頁以降、つまり一八二三年—二四年のテクストに準じていて、三四頁から三五頁かけては、二〇年の講義草稿のうち一六頁から一七頁までに対応している。

このようなテクストの繋がりを『講義録選集』に対応させようとしても、錯綜したり、輻輳したりしていて、入り組んでいるので一義的には対応を確定できないが、とりあえず、次のように関連付けることは可能であろう。

右の欄から、「ホフマイスター版」「講義録選集第六巻」「ズールカンプ版」の、それぞれ対応する、あるいは対応が読み取れる箇所の頁付けをアラビア数字で記す。○の内の数字で示すのは、その頁での段落番号である。段落が次の頁に続いている時は－で、段落の切れ目がない場合は→で示した。

実線は対応関係のないことを示し、……は対応関係が読み取れる箇所を示し、線が引かれていない箇所は、完全に対応することを示す。従って、……で示されている対応は、とりあえず考えられる対応関係でしかない。

ズールカンプ版	講義録選集	ホフマイスター版
	142	88②
	142	89①
		挿入②
35②	142	③
③	143	90②
6②	19	
7②	19②-20	
③	20②	
④		
8①	143③	
②	144	
③	21	
9②	145	
③	145	
④	145	
40②	――	233③
③	215②	108④-109
1②	215③-16	→109①
③		110②-111
2②		112④-113
3②		
③		114②
4②		115③-116
5②		116②-117
③	218②	112｜1
6②	23-24	32①
③	24	32②
④	24	32③
7①	24-25	32④
②	25	32⑤-33
③	25	33②
58①	25-26	33③
②	26-27	34①-③
59②	27	34④-35
③	27-28	→35
50②	28-29	35②-36
③	29②	36②
51①	29③	36③

ズールカンプ版	講義録選集第六巻
92③	173
3②	173-174
4②	175③
③	175④
5②	176②
6②	
③	177②
7②	178②
8②	178③
③	178③
④	255①
9②	255③
100②	256③
1②	256④-257
2②	257④
③	258②
102④	258③
103	259
4②	
③	
④	
5②	
6②	
7②	
③	
④	
8②	262②
9②	263②/184③
110②	
③	
④	263③/184④
111②	263③
2②	264②
3②	186②
③	187②
4②	188②
5②	189②
③	189③

ズールカンプ版	講義録選集第六巻	ホフマイスター版
76③		
④		
7②	165①	161②
8②	166②	162③
9②	242④	159②
80②	244②	159③
1②	244④	159③
③	63②	42②
2②	64-66	42③
3②	67-68	45②
4②		
5②		
③		
6②	66-67	43-44
7②	67	44-45
8②	68②	46②
9②	69	47
③	70	47
90②	70	48
1②	71②	48②
2②	172②	174
	72	50
92③	→73	51
3②	74-75	52②
4②	75	53②
③	75-76	③
5②	76-77	54
6②	77-78	55②
③	78-79	56②
7②	79-80	57②
8②	→80-81	58
③	81	59②
④	31②	③
9②	31③-32	④
100②	32②	60②
1②	32③-34	③
2②	34-35	61②
③	35-36	62②

ズールカンプ版	講義録選集第六巻	ホフマイスター版
③	→31①	37②
2②		
3②		
4②	224	122
③		
④	34②-36	61② 63
5②		125-6
6②		128
7②		137-8
③	34	61
8②		140
9		140
60②	40②-41	141
1①		
②		
2①	46②	70②
②	43③-44	142/68②
	46-47	70③
3②	44②	142-3
4②	47-48	71②
	48	72②
65②	48-49	72③
	49-50	73
66②	50-51	74
7②	53	74②
→68	53	75
→69	36②	63②
69②	57-58	38②
70①		
②		39②
71①	238④-9②	
②		
2②		39②
3①		
②		
4②		
5②		
6②		

ズールカンプ版	講義録選集第六巻
6②	189③
7②	190②/265②
8①	192③
②	192②-③
9②	266②-267①
120②	267②-③
③	268②
1②	268③
③	269②
2②	195②
③	196
3①	196④
②	270
4②	270②
③	270③
125②	271②
6①	272③/199②
②	199③
7②	
8②	200②
9②	201②
130②	202②/275②
1②	202②
③	203②
④	276②
2②	276③
③	276④
④	359①-360②
3②	360③
4②	361②
③	361③
④	362②
5②	362③-363③

一応、右のように対応関係を想定できようが、必ずしも一義的に断定できるものではない。とはいえ、ヘーゲル自筆の草稿が残っている部分のテクストに関しては、従来の版を『講義録選集』に対照させるなら、その典拠は一目瞭然である。それ以外の、聴講者のノートに基づいてテクストが創られた部分に関しては、ミシュレの編集したテクストは、年度も、筆記者も違う「哲学史講義」の幾つかの受講ノートから、モザイクのように合成されていることが分かる。これによって、ヘーゲルの「哲学史講義」は、変奏を伴い二六年に亙り講じられたにもかかわらず、単一の講義録へと平板化されてしまったと言える。

ホフマイスター版にしても、ヘーゲルの自筆のノートを伝えるとともに、典拠を明記しつつ受講生のノートを編集してテクストとしているが、大きな問題を残している。ハイデルベルクでの講義ノートとされている箇所のうち、三頁から七頁の「…Philosophie selbst.」までは、決定版全集の三頁から八頁までに収載されているように、ハイデルベルクで一八一六年の八月の終わりから十月の終わりまでの間に成立した講義ノートである〔Vgl. GW. XVIII, S. 357〕。ところがそれに続く、七頁の下から六行目からの「Bei der Geschichte……」以下の文章は『講義録選集』によれば、一八二三—二四年のベルリン大学での冬学期のための自筆草稿を、誤って転用したものだと見做されているのである。しかも、ホフマイスター版七七頁以下の「III　一八二三年から二七—二八年のヘーゲルの講義による緒論」は、ミシュレの編集に倣ったかのように、年度の違う各種のノートによって合成されているのもまた、明らかな事実である。ここにも、単一のテクストへの志向を見て取れる。

『講義録選集』には、一八二〇—二一年冬学期のためのヘーゲルの自筆草稿も併せ収載されているので、それらのテクストと、従来の版との関係を次に見る。あらためて、年代の違う草稿を重層的に合成するとともに、変奏されたものを単一の相

ズールカンプ版	ホフマイスター版	1820年講義草稿 講義録選集	全集
69②	38②	57	70④
71①	(39②)	(59③)	
82①-83①	(42②—43)	(63②-66)	
86②：88①	(43-45①)	(66-67①)	
83②：84②	(45②-46①)	(67②-68①)	
88②-92	(46②-49)	(68②-72)	
	59②	81	94

83②
84②-86②

書き加え

ズールカンプ版	ホフマイスター版	1823年講義草稿 講義録選集	全集
15⑨	誤まってハイデルベルク草稿とされる 7⑨	1①	95
28①	17③	12③	106③

ズールカンプ版	ホフマイスター版	1820年講義草稿 講義録選集	全集
	21	5	36
28⑧	(24②) (26②)	(15①) (18①)	
28③	(24②)	(15①)	
29②	(25②)	(16①)	
34	(26①)	(16③)	
35①	(26①)	(17)	
36②	(27③)	(19)	
37③	(29①)	(20②)	
46②	(32①)	(23②-24)	(53)
51③-52	38①	31①	
	59③	31②	
54④	(61②)	(34②)	
55	(→63)	(35②-36)	
62②	(68③)	(43③-44)	
	75②	53	70③

講義録選集第六巻

決定版全集第一八巻

で編集したところに、従来のテクストが成り立っていたことが確認できる。今日では、一八二〇—二一年冬学期のための講義草稿の初めの部分を拡張するところから、一八二三—二四年冬学期のための講義草稿が執筆されたとも考えられているのである〔Vgl. GW. XVIII, S. 365 u. 368〕。

（付記） なお、本稿の成稿にあたっては、Pierre Garniron: Hegels Geschichte der Philosophie der Moderne. Eine Untersuchung auf der Grundlage verschiedener Berliner Nachschriften. In: *Logik und Geschichte in Hegels System*. (Frommann)、さらに、Franz Hespe: Die Geschichte ist der Fortschritt im Bewusstsein der Freiheit. In: Hegel-Studien Band 26. (Bouvier) から多大な教示を得るとともに、柴田隆行『哲学史成立の現場』（弘文堂・一九九七年）、山口誠一『ヘーゲルのギリシア哲学論』（弘文堂・一九九八年）から触発されたことに、謝意を表する。

あとがき

本書、『ドイツ観念論の歴史意識とヘーゲル』は思いがけないきっかけから上梓の運びに到った。といっても、こうした形で本にしていただくなら、最終章の「『哲学史講義』における重層と変奏」初出時、創文社から刊行されている『ヘーゲル哲学への新視角』に収められた際に、編集の労をおとり下さった小山さんによってその後興された知泉書館にお願いすることしか考えていなかったので、些かあわただしい誕生ではあったが、生まれ出たわが子は愛おしい限りである。改めて、人の繫がりや〈縁〉というものは有り難いものだとの思いしきりである。

本書は、これまで筆者が発表してきた、ヘーゲル研究、ならびにドイツ観念論研究の中で、「歴史意識」に関するテーマに繫がるものだけをセレクトして、一八世紀末における「哲学史」の成立をめぐる外的事情や哲学的な問題を概観するところから、ヘーゲル哲学の生成に到る思想史的な基底への照射、さらに、シェリングとヘーゲルにおける「歴史哲学」の存立機制についての解明、そして、哲学史と解釈の成り立ちをめぐる解釈学的な問題を明らかにしつつ、最終的には、ヘーゲルの哲学史を読み直すことが、根本的なヘーゲル像の転換を迫ることに収斂するという構成のもとで成り立っている。一連のテーマとはいえ、別々の機会に、かなりの時間差を置いて、スタイルも幾分異なった形で執筆することを求められた論考から成り立っているので、統一的な論述にするための相当の加筆・修正を施したが、文脈上、重複した叙述が残ってしまったことを、ご寛恕賜りたい。それぞれの章の初出は、次の通りである。

まえがき　「訣別と克服――時代に対するヘーゲルの哲学的批判とその論理」（法政大学出版局刊『ヘーゲル読本』一〇

三―一一二頁、一九八七年）
第一章　「哲学と哲学史――テンネマン、ブーレ、アスト、ヘーゲル」（世界思想社刊『ヘーゲル哲学の現在』一四五―一五八頁、一九八八年）
第二章　「哲学の歴史が作られる現場」（岩波書店刊『現代哲学の冒険⑧　物語』二三九―三〇四頁、一九九一年）
第三章　「ラインホルトの根元哲学が目指すもの」（日本哲学会刊『哲学』四一号、一二二―一三二頁、一九九一年）
第四章　「関係と超出――ヘーゲルの思想形成とラインホルト」（理想社刊『理想』六三二号、一一四―一二五頁、一九八六年）
第五章　「歴史が物語られる時――ドイツにおける新旧論争と、シェリング及びヘーゲルにおける歴史哲学の成立」（新潟大学教養部刊『新潟大学教養部研究紀要』第二三集、一―二三頁、一九九二年）
第六章　「物語の解釈と歴史の再構成――初期シェリングにおける歴史意識の出発」（日本シェリング協会編・晃洋書房刊『シェリング年報』第七号、二六―三二頁、一九九九年）
第七章　「歴史と物語――ヘーゲルの歴史哲学における物語」（神戸大学哲学懇話会刊『愛知』一二・一三合併号、四二―五四頁、一九九六年）
第八章　「懐疑の自己実現と無限性――講義と著作を通してイェーナ期ヘーゲルを貫いたモチーフ」（世界思想社刊『ヘーゲルを学ぶ人のために』二六―四五頁、二〇〇一年）
第九章　「知の内に約束された宥和への途」（情況出版刊『ヘーゲル――時代を先駆ける弁証法』一四四―一六一頁、一九九四年）
第一〇章　「精神と文字――理解と解釈のよすが」（新潟大学人文学部刊『人文学研究』一一六輯、四九―六七頁、二〇〇

五年）
第一一章「哲学史講義」における重層と変奏（創文社刊『ヘーゲル哲学への新視角』二二九－二五三頁、一九九九年）

このように列挙してみると、それぞれの発表された時の状況がありありと想起されて、いくばくかの感慨を禁じえない。初出の執筆時のいろいろな思いや問題意識に拘泥する余り、それぞれの論稿に改訂を施して本としてまとめることは、長い間ためらわれてきた。だが、そのような妙な潔癖症は、不思議なことに筆者に子どもが授かったことを契機に、いつしかすっかり消えてしまった。そもそも、子育てには、思い出に浸っている暇などないだけでなく、何よりも、〈過去〉へのこだわり以上に、限りない〈未来〉が開かれている。父親としても、五歳と二歳の、達生、充生に、形として仕事を残すことが責務のように思われるようになったのが正直な気持ちであった。

そんな折りに、熊野純彦氏からお誘いをいただいて出来たのが、『ヘーゲル――生きてゆく力としての弁証法』（NHK出版、二〇〇四年）だった。筆者のヘーゲル研究は、三つのテーマを軸に展開されているが、そのうちの一つは、同書で結実を見たような、ヘーゲル哲学における懐疑論の意義についての研究である。二つ目は、本書で追究されたように、ドイツ観念論のなかでヘーゲルを相対化しつつ、そのヘーゲルの哲学史や歴史哲学へと彫琢されてゆく歴史意識を研究することである。ヘーゲルはもとより、ドイツ観念論の魅力を出来るだけ紹介したいという課題が果たされたかどうかは、読者諸賢のご判断に委ねざるを得ない。

そして、三つ目のテーマが、ラインホルトの表象一元論からヘーゲルの「意識の経験の学」へと収斂する、つまりドイツ観念論を主導する意識論がダイナミックに形成される思想史のドラマを、スピノザの実体形而上学の主体化という理路のなかで明らかにすることである。もとよりこの問題設定は既に、助手時代の論稿、「意識と経験

――ヘーゲル『精神の現象学』の成立をめぐって」（神戸大学大学院文化学研究科刊『文化学年報』第四号、一九八五年）、ならびに「端緒と実体――失われたヘーゲルの『ヘルダー批評』をめぐって」神戸大学大学院文化学研究科刊『文化学年報』第六号、一九八七年）から始まり、さらには「事実から事行へ――ヘーゲルによるシュルツェ批判、クルーク批判の前哨」（弘文堂刊『講座 ドイツ観念論⑤ ヘーゲル』一九九一年）、そして「ヘーゲルとスピノザ――主体と実体」（講談社刊『知の教科書 ヘーゲル』二〇〇四年）などで展開されているが、今後の研鑽に委ねられている課題でもある。これからも、多くの方々からのご理解、ご教導を賜りたく願い上げる次第である。

振り返れば、こうした形で出版できることなど、まるで夢のように思い描いていた時分もあった。幾度となく、研究を続けることを諦めかけたこともあったが、こうして研究をまとめることが出来たのも、その都度、いろんな形で励ましていただいた多くの方々のお蔭である。そもそも、安部公房の文学作品から「人間疎外」の問題に導かれて新潟大学人文学部哲学科に入学した筆者が、ルカーチの物象化論からヘーゲルへと向き直ったのは、深澤助雄先生から、学問の面白さや厳しさを伝えられるなかで、ヘーゲル研究の手ほどきを受けたからであった。

筆者が研究対象としてヘーゲルを読むにあたって導きとなったのが、加藤尚武先生の「青年ヘーゲルにおける疎外論の出発」ならびに「青年期ヘーゲルの生の弁証法」――いずれも現在は、『ヘーゲル哲学の形成と原理』（未来社、一九八〇年）に所収――であった。それだけに東北大学大学院で、最先端のヘーゲル研究を展開しておいでの加藤先生に直接のご指導を受けることができたのは、有り難いというよりむしろ感動的でさえあった。いや、何よりも、先生のお傍でお話しを伺うだけで嬉しかった。加藤先生からは、今日に到るまでいろいろな折りに執筆や発表の機会を賜り、「理性の狡知」とは違うけれど、思いがけない形で筆者の研究意欲を引き出して下さり、苦境のなか研究を続けるエネルギーとなってきたことを省みるに、〈絶対的なもの〉に感謝したい思いで一杯である。

四半世紀になるにもかかわらず、当時、加藤先生のご指導のもとで研究に励み、今も先生を慕って集う先輩方との長年のご交誼も、筆者の大きな力となっている。とりわけ座小田豊さんには、多年にわたっていろんな局面で支えて頂いたことに心から御礼を申し述べたい。

神戸大学大学院では、清水正徳先生から、まるで父親であるかのような、公私の分かちないご厚情を賜った。筆者が助手に就いた時には既にご退官なさっていて何もご恩返しが出来なかっただけでなく、今となっては、本書をご覧に入れることさえ叶わないことは寂しい限りである。

それだけに、筆者の両親が生を得ているうちに本書の刊行を見たことは、せめてもの孝行と言えるかもしれない。筆者が神戸大学の助手を任期満了で辞さざるを得なくなった際に父親は、〈驕慢〉に堕ちずにすむ良い機会だと心配する風もなかったと聞く。直後に父親は病いを得たが、両親の支えがあったからこそ、その後の四年間にわたる身過ぎ世過ぎの生活を耐え抜くことが出来た。今日まで研究を続けることができたのは、両親のお蔭に他ならない。

ヘーゲルを読み始めて三〇余年、さまざまな局面、境涯で、多くの方々からご指導とご支援を賜ることができたのは幸いだった。極めて短い時間の中で編集作業に携わって下さった髙野文子さん、本書の趣旨と構成をお話し申し上げたところ、二つ返事で上梓をお引き受け下さった知泉書館の小山光夫社長のご尽力によって、『ドイツ観念論の歴史意識とヘーゲル』が陽の目を見た。ここまで本書にお付き合い下さった読者の皆さん、有り難うございました。

二〇〇五年三月一二日

栗　原　　隆

人名索引

ナ・ハ　行

マ〜ラ　行

書 名 索 引

ア　行

カ　行

サ　行

タ　行

ナ　行

ハ　行

栗 原　隆（くりはら・たかし）

1951 年新潟県生まれ。新潟大学人文学部卒業。東北大学大学院文学研究科博士前期課程修了。神戸大学大学院文化学研究科博士課程終了，学術博士。神戸大学助手などを経て，現在，新潟大学人文学部教授。専門は，ドイツ観念論哲学，ならびに応用倫理学。
〔主要著訳書〕『講座・ドイツ観念論⑤ ヘーゲル——時代との対話』（共著，弘文堂，1991 年），『ヘーゲル哲学への新視角』（共著，創文社，1999 年），『新潟から考える環境倫理』（新潟日報事業社，2002 年），『ヘーゲル——生きてゆく力としての弁証法』（NHK 出版，2004 年），『大学における共通知のありか』（共編著，東北大学出版会，2005 年），G. W. F. ヘーゲル『イェーナ体系構想』（共訳，法政大学出版局，1999 年）ほか。

〔ドイツ観念論の歴史意識とヘーゲル〕　ISBN4-901654-70-5

2006 年 3 月 25 日　第 1 刷印刷
2006 年 3 月 31 日　第 1 刷発行

著　者　栗　原　　隆
発行者　小　山　光　夫
印刷者　向　井　哲　男

発行所　〒113-0033 東京都文京区本郷1-13-2
電話03(3814)6161 振替00120-6-117170
http://www.chisen.co.jp
株式会社 知泉書館

Printed in Japan　印刷・製本／藤原印刷